本书获得聊城大学学术著作出版基金和
聊城大学博士科研启动基金资助

新农村社区体育共生发展模式研究

薛明陆◎著

中国社会科学出版社

图书在版编目（CIP）数据

新农村社区体育共生发展模式研究/薛明陆著．—北京：中国社会科学出版社，2017.5

ISBN 978-7-5203-0417-7

Ⅰ．①新…　Ⅱ．①薛…　Ⅲ．①农村—社区—体育工作—发展模式—研究—中国　Ⅳ．①G812.4

中国版本图书馆 CIP 数据核字（2017）第 096283 号

出 版 人　赵剑英
责任编辑　卢小生
责任校对　周晓东
责任印制　王　超

出　　版　中国社会科学出版社
社　　址　北京鼓楼西大街甲 158 号
邮　　编　100720
网　　址　http：//www.csspw.cn
发 行 部　010-84083685
门 市 部　010-84029450
经　　销　新华书店及其他书店

印　　刷　北京明恒达印务有限公司
装　　订　廊坊市广阳区广增装订厂
版　　次　2017 年 5 月第 1 版
印　　次　2017 年 5 月第 1 次印刷

开　　本　710×1000　1/16
印　　张　16.25
插　　页　2
字　　数　264 千字
定　　价　70.00 元

凡购买中国社会科学出版社图书，如有质量问题请与本社营销中心联系调换
电话：010-84083683

内容摘要

农村社区体育对于增进农村居民健康、推动新农村社区建设、促进农村新型城镇化发展具有深远的意义，是新农村社区建设的重要内容之一。受城乡二元经济社会结构和体育事业重竞技、轻群体传统思想的双重影响，农村体育发展严重滞后的现象已经成为不争的事实，对农村社区体育的研究也相对薄弱。新农村社区体育既需要对其理论体系进行创新以指导新形势下农村社区体育发展，实现农村社区体育的科学发展；又需要对农村社区建设和新型农村城镇化背景下农村社区体育发展实践规律进行探索，为充实农村社区体育发展的理论体系提供实践依据。新农村社区建设和农村新型城镇化为农村社区体育发展带来了难得的发展机遇，也为农村社区体育的研究提供了广阔的实践平台。本书以社会共生理论为指导，以农村社区体育发展为研究对象，运用文献资料法、归纳演绎法、社会调查法、数理统计法等研究方法，分析了农村社区体育发展的社会意义和价值，基于山东省新农村社区建设实验全覆盖示范单位的农村社区体育发展实证调查材料，对新农村社区建设实验全覆盖示范单位社区体育现状进行诊断，剖析农村社区体育系统共生发展中存在的问题及产生的原因，对构建新农村社区体育共生发展模式进行了有益尝试，并提出了新农村社区体育共生发展的对策。

研究结果如下：

（1）对农村社区体育发展历程进行了研究。包括：对农村社区体育发展支撑理论进行了梳理；对农村社区体育发展阶段进行了划分并分析了其阶段特征；从共生主体、共生资源、共生规范和共生实践四个层面对山东省新农村社区建设实验全覆盖示范单位的农村社区体育共生要素现状进行了调查和诊断，分析了农村社区体育共生发展的影响因素。

（2）对新农村社区体育发展的内外共生关系进行了分析。分析了新农村社区体育各共生主体间共生关系建立、维系和演化的条件，认为新农村社区体育发展过程具社会共生发展需要的基本构成要素健全，同时具备了内、外共生关系建立、维系和演化的各种条件，其共生发展是一种合理的社会存在，使新农村社区体育共生发展模式的构建具有了基本的理论假设和依据。

（3）提出了农村社区体育共生发展模式构建的目标和指导思想，建立了农村社区体育发展的共生机制，确立了农村社区体育共生发展的内、外共生发展体系的框架结构，并对体系的构成要素进行了分析，最后从提出了树立社会发展共生观、培育农村社区体育共生主体、优化配置社区体育资源共生关系、健全农村社区体育共生发展的约束条件（共生规范）和优化农村社区体育共生关系五个方面提出了新农村社区体育共生发展的对策。

关键词　农村社区体育　发展模式　共生机制　共生关系　共生规范　发展对策

目　录

第一章　导论

第一节　问题的提出

中国传统的城乡二元社会结构在城乡之间树起一道坚实的壁垒，城乡发展失衡的社会格局在我国已经成为不争的历史事实。新中国成立之初，党和政府坚持“以农补工、以乡养城”的工业优先发展社会发展战略，我国城乡关系先后经历了城乡交流、城乡阻隔和城乡分离三个发展阶段。[①] 到20世纪80年代，虽然党和政府对城乡关系的认识有所转变，城乡发展的政策也有所调整，城乡关系的坚冰呈现融化的趋势，但由于既成的城乡发展失衡的现实、人们思想和政策执行上的惯性以及强调“效率优先”市场经济运行机制的共同作用，城乡之间的差距继续呈现扩大趋势，我国农村各项事业的发展远远落后于城市，“农业、农村、农民”问题日益突出。作为一个传统的农业大国，“三农”问题是我国社会主义和谐社会建设的瓶颈，已经成为我国社会健康发展道路上的重要羁绊。

为突破我国社会发展的障碍，从根本上解决“三农”问题已经迫在眉睫。打破传统的城乡二元经济结构，改变城乡对立格局，走城乡统筹、城乡一体化发展的道路是我国经济、社会科学发展的必然历史选择。为改变我国农村发展滞后的局面，2005年，党的十六届五中全会明确提出了建设社会主义新农村的重大历史任务，要求按照“生产发展、生活宽裕、乡风文明、村容整洁、管理民主”的要求推进新农村建设。2006年颁布的《中共中央关于构建社会主义和谐社会若干重大

① 铁明太：《中国特色统筹城乡发展研究》，湖南人民出版社2009年版，第39页。

问题的决定》中提出，要“扎实推进社会主义新农村建设，促进城乡协调发展”，说明社会主义新农村建设是我国构建和谐社会的必然要求，也是中央在对我国总体上进入以工促农、以城带乡发展阶段做出正确判断的基础上做出的重大战略决策，是为彻底解决“三农”问题、推进农村城镇化而采取的重大举措。为服务于社会主义新农村建设，确保新农村建设目标的实现，2006 年党的十六届六中全会首次提出新农村社区建设的任务。同年，民政部发布《关于做好农村社区建设试点工作推进社会主义新农村建设的通知》，对新农村社区建设的重要意义、抓好新农村社区建设试点以及对新农村社区建设的组织领导等工作提出具体要求，我国新农村社区建设的大幕从此正式拉开。新农村社区建设是社会主义新农村建设的重要内容，也是全面推进新农村建设的有效途径。我国的新农村社区建设以城市社区为模板，结合当前我国农村发展的实际情况，避免实行“一刀切”，采取先实验再推广，由点及面，有计划、有步骤、分层次地逐步展开。2007 年，民政部印发《全国农村社区建设实验县（市、区）工作实施方案》，提出了“全国农村社区建设实验县（市、区）”承担的主要任务、申报“全国农村社区建设实验县（市、区）”的条件，以及“全国农村社区建设实验县（市、区）”确定的条件，为我国新农村社区建设的实施提供具体指导。2009 年，民政部发布《关于开展“农村社区建设实验全覆盖”创建活动的通知》，明确了“农村社区建设实验全覆盖”创建的指导思想、标准及工作要求，制定了全国新农村社区建设实验全覆盖示范单位自荐表。新农村社区建设工作开始深入推进，全国各地纷纷开始探索新农村社区建设模式，中国农村城镇化发展的雏形基本形成。“十二五”期间是我国新农村社区建设深入开展的重要历史时期，新农村社区建设实验区范围不断扩大，建设思路逐渐清晰，建设力度逐渐增强，我国农村城镇化进程有了实质性的跨越。为探索新农村社区建设的途径，总结新农村社区建设经验，推广新农村社区建设模式，从 2009 年起，民政部在全国先后确定了 4 批“新农村社区建设实验全覆盖示范单位”，其中，山东省有 27 个县、市、区获批新农村社区建设实验全覆盖示范单位。新农村社区建设实验全覆盖示范单位是我国新农村社区建设的领头羊，代表了我国未来新农村社区建设的发展趋势。

新农村社区建设强调“民生为本”，改善农民的生活条件、提高农民的生活质量和幸福指数，因此，新农村社区建设应以新时期农民的生产、生活需求为导向，完善包括文体娱乐服务在内的各项农村社区服务体系，改善人居环境，走城镇化、宜居化的道路。农民的健康问题是决定其生活质量和幸福指数高低的前提，农民只有拥有健康才会拥有高质量、高水平的生活，其幸福指数才会高。随着农民人均收入的不断增加，生活水平的不断提高，农民对健康的关注程度也有了大幅度提高，追求健康将成为新时期农民的基本生活需求。农民膳食结构的改变、不良生活方式，导致“富贵病”“文明病”等为城市居民所“独享”逐渐“惠及”农村居民，再加上我国农村医疗服务体系不完善造成的“看病贵、看病难”问题，农民的健康需求在其生产生活需求中的地位逐渐上升，因此新农村社区建设应着力满足农村居民的健康需求。

农村居民的健康除需要健全完善的农村医疗卫生服务体系做保障外，体育锻炼和健身则适应了“现代文明病”以预防为主的特点，成为农民健康保障的深度依赖的重要手段。农村社区体育是指在农村社区开展的，在相关部门支持下，发挥政府行政部门和群众团体两方面的作用，以农民为主要参与对象，以增强体质、丰富农村社会文化生活、促进社会主义物质文明和精神文明建设为主要目的而积极有序地开展的区域性、群众性体育活动。[①] 农村社区体育的发展是增强农民体质、增进农民健康的重要支撑，理应成为新农村社区建设的核心内容，在新农村社区建设的各个领域都应有所体现。同时新农村社区规划和建设大多是对农村的自然村、行政村进行撤并而形成的，农村居民的集居程度提高，人口的数量和密度都在增加，为农村社区体育的开展提供必要的人口条件，而新农村社区基础设施和服务体系的健全，为农村社区体育的开展奠定了物质基础和环境条件，因此，农村社区体育在新农村社区建设的社会大潮中获得了难得的发展契机和广阔的发展平台。如何借新农村社区建设的东风，寻求新农村社区体育发展的理论支撑，探索新形势下农村社区体育发展模式，则是摆在人们面前的一个重要课题。

共生一词首先由德国真菌生物学家德巴里（Anton Debary，1879）提出，最初是一个生物学概念，意指不同生物种属按某种物质联系而生活在一起，是生物长期进化过程中逐渐与其他生物走向联合，共同适应

① 王凯珍：《社区体育》，高等教育出版社 2004 年版，第 107 页。

复杂多变的环境，互相依托，各能获得一定利益的一种生物之间的相互关系。① 20 世纪五六十年代，“共生”思想和概念逐渐引起社会学、经济学、管理学等诸多领域专家的关注，各个领域的共生理论逐渐形成并得到进一步发展。

社会共生理论即是共生思想和概念被应用于社会学领域，用于解释社会现象、解决社会问题，探讨社会的生存和发展，其中以复旦大学胡守钧教授《社会共生论》最具代表性。胡守钧教授首次从社会存在论的视角提出“社会共生”的概念，认为“共生是人的基本存在方式”；人们为了生存，必然建立起一种相互依存、谁也离不开谁的密切关系，这种“关系”就叫“共生”，它是人类社会的普遍存在；“社会共生”是“社会和谐”的事实前提和基础，而构建“和谐社会”又是为了社会能够更好、更合理的“共生”。②“社会共生”既然是人的基本存在方式，是人类社会的普遍存在，自然对社会的各个领域具有普适性。农村社区体育是我国农村居民健康、文明、科学生活方式的一种必然选择，必然符合社会共生理论，遵循社会共生发展的规律。

中国的体育事业长期以来坚持普及与提高相结合，但在相当长的一段历史时期内侧重于提高，特别是 20 世纪 70 年代末的“文化大革命”结束后，出于国家政治和外交的需要，尽快展示中华民族的自强不息和强大，政府体育行政部门在体育资源有限的情况下，制定了奥运战略，实施竞技体育优先发展的模式。20 世纪 90 年代中期，我国先后颁布了《奥运争光计划纲要》和《全民健身计划纲要》，开始进入竞技体育和群众体育协调发展时期，但由于我国群众体育基础差，参与主体群体庞大、地域分布广阔且差异性大，公共体育设施数量不足和公共体育服务需求量大且呈现出多元化特征，再加上体育部门政策执行的历史惯性，我国群众体育事业虽然得到迅速发展，却依然无法形成覆盖城乡的体育服务体系，群众体育发展滞后的局面在短期内难以彻底得到改观。目前社区体育是我国群众体育活动开展的主要形式，在社区体育发展过程中，城市社区体育率先兴起并领先于农村体育的发展。传统的城乡二元

① 李民：《民族地区高校产学研合作服务地方经济建设的理论与实践》，中南大学出版社 2010 年版，第 17—19 页。

② 胡守钧：《社会共生论》，复旦大学出版社 2006 年版，第 3—6 页。

经济社会结构，使农村在基础设施、社会服务、文化生活等各个领域均滞后于城市，且由于我国农村社区建设起步晚、基础差，造成我国农村社区体育发展严重滞后，形成体育系统中最为薄弱的一个版块。

新农村社区体育是我国全民健身计划和新农村社区建设两大领域的交融。在我国这样一个传统农业大国中，占人口绝大多数的农村居民的健康是关系国计民生的大事，必然引起国家和社会的足够重视。大力发展农村社区体育，健全农村社区医疗卫生、文体娱乐和社会保障等服务体系，是增进农村居民健康的科学举措，也是新农村社区建设不可或缺的内容之一。新农村社区建设不但不能以牺牲农民健康为前提，更应该着眼于增强农民体质、增进农民健康，大力推进社区体育的开展，丰富农村社区居民的精神文化生活，这既是全面建设社会主义小康社会的要求，又是和谐社会建设的要求。农村社区体育是一项需要全体社区居民共同参与，涉及社区各级各类组织的社会活动，其参与的各主体间必然存在着共生关系；农村社区体育作为一个社会子系统，与新农村社区建设的各个子系统之间的共生关系也是一种客观存在。在探索我国新农村社区建设模式的历程中，农村社区体育在社区建设中的核心地位并不突出，农村社区体育在主体素质、组织体系、资源占有、规则约束等方面落后于农村社区建设的其他领域。新农村社区体育发展既缺乏科学理论体系的支撑，又缺少实践探索的成功经验。

本书借助社会共生理论，以新农村社区体育共生发展模式为研究对象，对山东省新农村社区建设实验全覆盖示范单位（27 个县、市、区）的农村社区体育共生要素现状进行诊断，分析农村社区体育共生发展中存在的问题及产生问题的原因，探索新农村社区体育共生发展模式。将社会共生理论运用到新农村社区体育发展领域中，以崭新的视角研究农村社区体育，将为新农村社区体育发展搭建广阔的理论平台，丰富了新农村社区体育发展的理论体系，是我国全民健身理论在社会主义新农村建设新形势下的创新，也是对新农村社区建设理论的丰富和充实，从宏观上为新农村社区体育的发展提供理论指导。

农村社区体育作为农村体育发展实践的新探索，是我国全民健身计划在新农村社区建设中的有益尝试。从社会共生论的视角，分析新农村社区体育发展所具备的共生要素、存在的共生关系，构建新农村社区体育共生发展模式，为我国农村社区体育探寻新的发展途径，是我国农村体育在社会主义新农村建设伟大历史时期的有益尝试。本书有利于推动我国全民健身计划在新农村有效实施，丰富新农村社区建设的内容，加快新农村社区建设的进程；有利于增进新时期农村居民的健康，提升农村居民的生活质量，增强农村居民的幸福指数，丰富农村居民的文化生活；将对缩小城乡差距，推动城乡一体化，实现农村、农业、农民现代化，促进我国农村小康社会建设伟大目标的实现提供帮助。

第二节 研究对象和研究方法

一 研究对象

本书以我国新农村社区体育的共生发展模式为研究对象，选择山东省新农村社区建设实验全覆盖示范单位（以下简称“新农村社区建设示范单位”）进行实地调研。

二 研究方法

（一）研究方法论

方法论是从哲学的高度总结人类创造和运用各种方法的经验，探求关于方法的规律性知识，是具有普遍意义的一般理论，对某一具体对象的研究具有理论性指导作用。方法论并非是具体的研究方法，而是一种方法理念，对具体研究方法产生重要的影响，决定着研究方法的选择和运用。社会共生是一种普遍的社会存在，适用于一切社会行为和实践。农村社区体育是人类社会存在和实践的形式，社会共生同样存在于其发展之中。新农村社区建设对农村体育发展提出了新的要求，也为农村体育提供了难得的发展机遇。解决新农村社区体育遇到的新问题，尚处于探索阶段，没有成功模式可供借鉴。既不能单纯依靠传统体育理论去解决农村社区体育在新农村建设时期发展所面临的新情况、新问题，也不能选择不适合农村社区体育发展的所谓“新理论”作为农村社区体育发展的理论支撑；既不能照搬城市社区体育发展模式而脱离农村经济、社会的实际情况，也不能因循守旧而在传统农村体育发展道路上停滞不前，需要探索一种农村社区体育内部诸要素之间及其与新农村社区建设互利共生、和谐发展的农村体育共生模式。

农村社区体育共生发展既是一种社会存在，又是一种社会实践，其共生发展模式的构建要围绕共生关系基本要素的培育和健全、共生关系的建立和优化等核心问题来展开。农村社区体育作为一个系统，最终为了实现农村社区居民的全面发展，因此构建共生发展模式过程中需遵循理论联系实际、以人为本、系统分析、具体问题具体分析等原则。首先，通过文献资料法，对社会共生理论进行梳理和归纳，深入掌握社会共生的本质和规律，对社会共生关系的基本要素构成以及社会共生关系形成、维持和演化的条件进行分析和归纳；对新农村社区建设的政策、指导思想和原则、内容等理论体系透彻把握，为构建新农村社区体育共生发展模式奠定理论基础。其次，运用归纳法和演绎法，对新农村社区体育发展实践存在的问题和规律进行探索，分析社会共生理论是否适用于农村社区体育的发展，并根据农村社区体育发展实践演绎出一些基本的判断、结论和规律，再把这些研究成果应用到社区体育发展的规划和实施层面研究中去，但因缺乏第一手实践资料，所得出的基本判断、结论和规律具有较强的主观性，需要通过社会调查进行检验。由于山东省新农村社区建设实验全覆盖示范单位范围广、数量多，要获得较为全面、翔实的农村社区体育共生发展资料，问卷调查法是最为合理有效的研究方法，运用问卷调查法对目前农村社区体育共生关系构成要素的总体状况进行描述和概括，可以较真实有效地获得农村社区体育共生发展的实际的、总体的状况，但获取的资料只是农村社区体育共生发展的静态和整体资料，对于社区体育共生发展过程的动态过程和不同社区体育的特殊性和差异性的掌握，需借助其他社会调查方法，如访谈法，对问卷调查法进行有益的补充，运用数理统计方法对调查结果进行分析和处理，得出农村社区体育共生发展现状中规律性的东西和存在的问题。最后，以社会共生理论为主干，运用多种理论，从农村社区体育共生要素现状，共生关系形成、维持、演化条件出发，构建农村社区体育共生发展模式，为新农村社区体育探索一条和谐、共生的发展路径。

（二）具体研究方法

1. 文献资料法

通过 CNKI、VIP、超星以及中华数字书苑数据库查阅 1998—2012 年和农村社区体育有关的学术论文及专著，内容涉及共生理论、公民社会理论、城乡统筹和一体化、新农村社区建设、农村社区体育等领域，通过对其进行选择和梳理，对课题相关领域的研究现状进行归纳和总结，把握相关领域研究的前沿与热点，探寻相关领域研究的空白或不足，抓住课题研究的切入点。

2. 归纳法和演绎法

在文献研究、现状研究基础上，通过理论抽象，树立对新农村社区体育共生发展相关概念的理性认识，对新农村社区体育共生发展存在的主要问题有了初步认识。本书在借鉴国内新农村社区建设先进实践经验的同时，通过演绎法分析社会共生理论是否适合新农村社区体育的发展，对农村社区体育共生关系的要素及其形成、维持和演化条件进行分析，再对获取的数据和资料进行归纳分析，从理论层面构建农村社区体育共生发展模式，从实践层面提出农村社区体育共生发展的对策。

3. 社会调查法

（1）问卷调查法。为了解新农村社区体育的共生要素的现状，设计农村社区体育现状调查问卷，分为关于新农村社区体育的调查问卷（领导卷）和关于新农村社区体育的调查问卷（居民卷）两套，以新农村社区建设示范单位（27 个县、市、区）为调查对象，在每个示范单位中选择农村社区体育开展较好的 3 个社区，实施典型抽样，每个社区采用随机发放的方式进行调查。

①问卷的效度。新农村社区体育现状的调查问卷领导卷和居民卷的效度，分别请 15 位具有高级职称的相关领域的专家做了两轮鉴定，每位专家均提出了两次修改建议，根据这些建议分别进行了两次修改后，再由 15 位专家进行评定。评定方法采用社会调查常用的 5 级评定法，在得到了 15 位专家的全部认可后定稿（见表 1－1），说明问卷内容设计效度较高。

表 1－1　　专家对问卷的评定结果

单位：%

问卷	很可行	较可行	可行	较不可行	不可行
Ⅰ	45	46	9	0	0
Ⅱ	52	34	14	0	0

②问卷的发放。考虑到新农村社区建设起步有先后之分，且建设模

式各具特色，各地经济社会发展水平差异性较大，农村社区体育发展进度不一，为全面、真实地掌握新农村社区体育共生要素的现状，本书以新农村社区建设示范单位作为调查对象（见表1-2），采用分层抽样和典型抽样相结合，选择鲁西、鲁南、鲁中、鲁东、鲁北地区的新农村社区建设示范单位中社区体育开展较好的社区发放调查问卷，其中领导卷发放540份，居民卷发放5400份。

表1-2　新农村社区建设示范单位

批次	单位名称	数量
1	诸城市、黄岛区	2
2	章丘市、文登市、龙口市、莱州市、招远市、青州市、滨州市经济开发区、沾化县	8
3	潍城区、寒亭区、坊子区、高密市、寿光市、昌乐县、城阳区	7
4	德城区、齐河县、兖州市、汶上县、泰山区、滕州市、枣庄市市中区、张店区、博山区、胶南市	10

③问卷的信度。问卷的信度采用重测信度检验，选择枣庄市市中区西王乡西王社区，重复发放问卷两次，每次发放的份数分别为10份和50份，两次发放间隔的时间为1个月，两次调查对象均相同。对两次问卷调查结果进行相关系数计算，计算结果为：领导卷为0.894，居民卷为0.953，相关系数较高，说明两套问卷的信度都较高。

④问卷的回收及调查基本情况。回收领导卷487份，有效问卷463份，有效回收率85.7%，领导卷的调查对象的基本情况见图1-1；居民卷共回收5276份，有效问卷为4985份，有效回收率92.3%，居民卷调查对象的基本情况见图1-2、表1-3和表1-4。

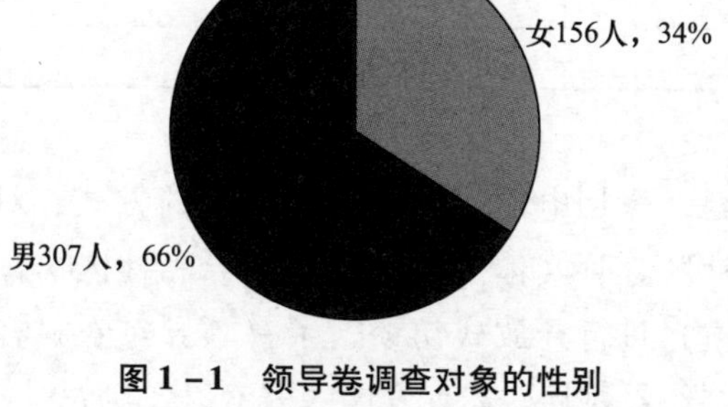

图1-1　领导卷调查对象的性别

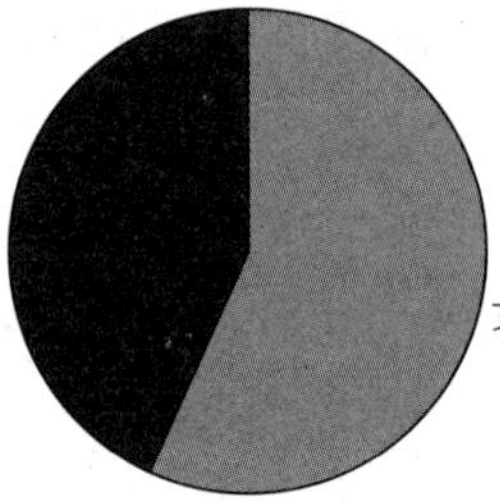

图 1－2　居民卷调查对象的性别情况

表 1－3　年龄分布情况

年龄	人数（人）	比例（%）
20 岁以下	98	2.0
20—29 岁	87	1.7
30—39 岁	1452	29.1
40—49 岁	1794	36.0
50—59 岁	967	19.4
60 岁及以上	587	11.8
合计	4985	100

表 1－4　教育程度分布

学历	人数（人）	比例（%）
大学及以上	53	1.1
大专	113	2.3
高中	1637	32.8
初中	2472	49.6
小学	710	14.2
合计	4985	100

（2）访谈法。采用电话访谈和当面访谈的方式，对新农村建设示范单位的部分社区分管文体卫生的基层领导和社区居民（以体育骨干和积极分子为主）进行开放式访谈，了解领导对农村社区体育开展中存在的问题、制约农村社区体育发展的因素以及对农村社区体育未来发

展的观点和看法，作为农村社区体育共生发展模式构建的重要参考。

4. 统计与计量分析法

运用 SPSS13.0 等相关的数据统计软件，对“新农村社区建设示范单位的农村社区体育共生发展现状”的问卷调查数据进行统计处理。

三　研究技术路线

本书研究的技术路线如图 1－3 所示。

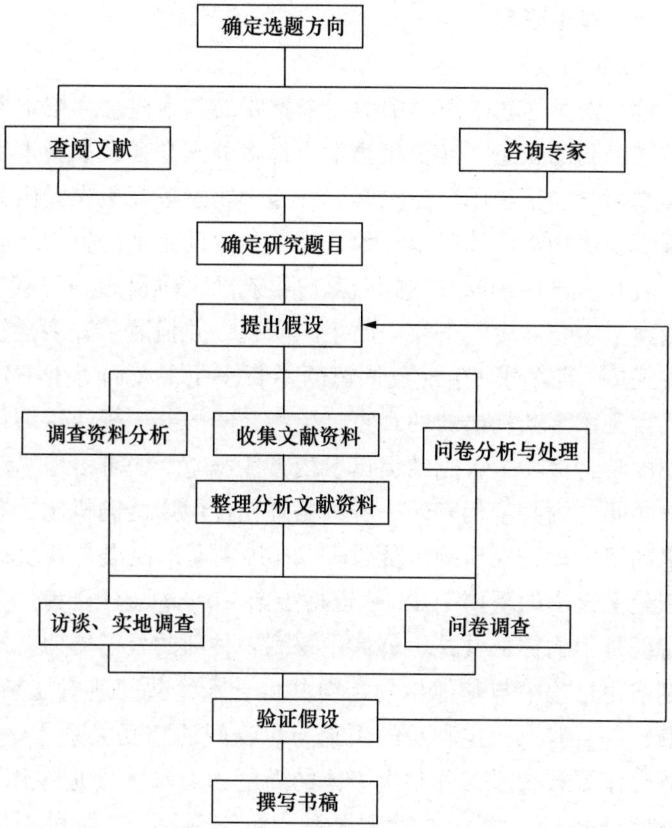

图 1－3　本书研究的技术路线

四　研究假设

新农村社区体育作为农村居民的一种健康、科学、文明的社会生活方式，是农村社区居民社会生活方式的理性选择，也是一种社会客观存在，应遵循普遍的社会共生规律。

新农村社区体育的各参与主体之间及社区体育系统与新农村社区建设之间以社区体育资源为纽带，遵循以社区体育政策法规为核心内容的约束条件，存在普遍的共生关系。

第三节 文献综述

一 共生理论研究

（一）生物共生

共生是生物科学和生态学中的一个重要的基本概念，被定义为不同种属生活在一起的状态，涉及生物学中许多分支学科，如微生物学、寄生虫学、真菌学、植物学、昆虫学、细胞生物学等。最先提出共生概念的是德国真菌生物学家德巴里，他认为，共生就是不同生物之间密切生活在一起（Living Together）的共栖、共存的一种状态。[①] 1884 年，德巴里又论述了生物共生、寄生、腐生等问题，并描述了许多生物间的各种共生方式。[②] 随着对共生现象认识的不断深化，人们对生物之间普遍存在的共生关系不断提出新的观点，生物之间的共生规律逐渐被揭示出来。如德国学者保罗·布克纳提出了内共生概念，并指出，“动物和植物微生物之间的内共生代表了一种曾是补充性但广泛的机制，它能以多种方式提高宿主动物存活的可能性”，内共生理论提出是共生研究在生物进化理论上迈出的重要一步。[③] 道格拉斯（Douglas）认为，共生体最主要的特征是生物体从其共生群体中得到一种新的代谢能力，从而使生物在长期演化过程中与其他生物走向共生合作，共同适应复杂的环境，相互依赖，各自获取一定利益的生物与生物间的相互关系。[④] 共生作为一种新的合作方式，对培养共生个体的新能力有很大促进作用。而 Ahmadjian 和 Paracer 则认为，共生是一种自组织现象，生物种群间主要是出于生存需要而按照某种方式互相作用、相互依存，从而形成协同演

① 邱仁富：《文化共生论纲》，《兰州学刊》2008 年第 12 期。

② 杨晓红、王春华：《奥妙植物学》，西南师范大学出版社 2007 年版，第 147 页。

③ 武春友：《资源效率与生态规划管理》，清华大学出版社 2006 年版，第 11 页。

④ 肖东生、石青：《基于共生理论的湖南“3 +5”城市群区域合作研究》，《湖南社会科学》2011 年第 5 期。

化、共同生存的共生关系。① 欧洲生物学领域强调共生的互利内涵，如斯科特（Scott，1969）指出："共生是两个或多个生物，在生理上相互依存程度达到平衡的状态。"② 哈佛大学爱德华·威尔逊通过对昆虫、鸟类的研究，对群体共生现象做了科学的归纳，认为自然生物中存在着群体寄生、偏利共生和互利共生的现象，并对三种共生进行了详细的分析和总结，使人们对共生模式有了更清晰的认识。综上所述，共生是生物个体基本的生存方式，不同生物个体在共生中适应彼此的生存环境，并在共生中相互依赖、彼此获利，共生关系的平衡是不同生物最理想的生存状态。共生不仅存在于生物个体之间，也存在于生物群体之间，是生物界普遍存在的现象，生物共生理论涉及的领域和范畴越来越广泛，为其在其他领域的研究奠定了坚实的基础。

（二）社会共生

随着共生理论在生物学领域中的不断发展和成熟，共生理论开始向生物学之外的领域延伸，其触角逐渐伸向社会学、生态学、管理学等领域，社会共生理论就是生物共生理论在社会学领域的应用。关于社会共生理论的研究，以复旦大学胡守钧教授的专著《社会共生论》最具代表性。胡守钧首次从社会存在论的视角提出"社会共生"概念，认为"共生是人的基本存在方式"，人们为了生存，必然建立起一种相互依存、谁也离不开谁的密切关系，这种"关系"就叫"共生"，它是人类社会的普遍存在。③ 胡守钧从社会存在论角度首次提出了"社会共生"的概念，并从人性论角度揭示了社会共生的机制——"斗争与妥协的互动"。④"社会共生"是"社会和谐"的事实前提和基础；承认"社会共生"是构建"和谐社会"的认识前提，而构建"和谐社会"又是为了社会能更好、更合理地"共生"；系统地介绍了社会共生的概念、社会共生论的视角、社会共生关系的基本要素、社会共生关系的分类、社会共生关系的基本结构、社会共生系统、共生实践与共生规范、社会共生机制、社会共生关系的形成、维持和演化、人性和组织的伸展、社会

---

① 肖东生、石青：《基于共生理论的湖南"3+5"城市群区域合作研究》，《湖南社会科学》2011 年第 5 期。

② 胡守钧：《社会共生论》，复旦大学出版社 2006 年版，第 3—6 页。

③ 同上。

④ 同上。

共生的纽带等一系列社会共生的内容。[①] 胡守钧从宏观上对社会系统的共生关系、共生规律、共生机制进行了归纳和概括，对当前建设社会主义和谐社会有着重要的理论价值和现实意义。

鉴于共生是人类的基本生存方式，社会大系统中的各子系统均遵循共生规律，共生理论对所有的社会实践活动具有普适性，对人、组织、社会的生存和发展有着重要理论意义和应用价值，因此，人们对于共生理论在社会学领域的应用研究涉猎范围非常广泛，涉及政治学、经济学、文化学、环境科学、教育学、管理学、体育学等诸多领域，研究成果颇丰。比如：李燕在从哲学层面把握共生理念的基础上，尝试建构一种共生教育理论体系以为解决当前教育的单向度发展问题提供一种价值选择与实践规范，并以此重新审视当前的教育理论与实践[②]，该成果对当前教育实践中存在的问题剖析得较为深刻，虽然在理论体系的架构上尚存在有待完善的地方，却为当代教育的多元化共生发展提供了一种崭新的理论支撑，是对当代教育发展的一种有益探索；张旭运用共生理论，从城市系统角度对城市可持续发展进行研究，对城市系统共生条件进行了分析，建立了城市共生系统；通过对城市共生系统的结构、功能、可持续发展目标实现过程及概念模型的分析，构建了城市共生系统可持续发展评价指标体系；运用主成分分析法、弹性分析法和数据包络分析等方法建立了城市共生系统可持续发展状态评价和可持续发展能力评价模型；提出了我国城市可持续发展对策。[③] 该研究对预防和解决我国由于城市迅速发展而形成的“城市病”具有重要理论意义和实践价值，尽管将共生理论应用城市的可持续发展尚处于探索阶段，许多思想尚不成熟，也缺少必要的实践验证，但该成果为我国未来城市治理提供了一种崭新的视角和思路。肖东生、石青运用共生理论对湖南以长沙、株洲和湘潭三个城市为中心，一个半小时通勤为半径，对包括岳阳、常德、益阳、娄底、衡阳五市在内的八市城市群的区域合作进行了研究，分析了该城市群区域合作的共生条件，构建了共生模式，提出了区域合

---

① 胡守钧：《社会共生论》，复旦大学出版社 2006 年版，第 3—6 页。

② 李燕：《共生教育论纲》，博士学位论文，山东师范大学，2005 年。

③ 张旭：《基于共生理论的城市可持续发展研究》，博士学位论文，东北农业大学，2004 年。

作共生的机制选择[①]，这是共生理论在城市群发展的区域合作领域的有益尝试，为我国区域经济的优化发展提供了新思路。除此之外，共生理论的研究还包括文化共生研究、企业共生研究、产业群共生研究以及环境系统共生研究等。

共生理论在体育领域的研究较少，主要集中于体育系统内部要素共生、体育与传媒的关系、体育文化发展、体育教学、体育与社会的关系、城乡体育发展等领域。体育系统内部要素共生研究主要体现在不同主体之间的共生关系研究，如郭修金、胡守钧从社会共生理论的视角辩证分析教练员与运动员共生关系有：师徒身份下的伦理共生、权利义务下的平等共生、收益分配下的互利共生、事业追求下的业缘共生等主要类型，表现出身份拟制的伦理性、合作过程的契约性、利益分配的公平性、价值目标的一致性等基本特征[②]；正确认识教练员与运动员社会共生关系的类型与特征，积极构建、优化两者共生关系，有利于开创两者和谐共生关系的新局面，对新时代强调不同体育主体多元利益诉求的新型教练员与运动员关系的和谐发展有重要的理论意义，为我国体育管理中如何处理不同体育主体间的各种关系提供理论借鉴。体育与传媒领域的研究主要是不同体育领域与传媒之间的共生现象、共生关系、共生效应探析，比如：王麟认为，体育与传媒之间存在着一种天然的、利害与共的亲和关系其间相互影响、彼此促进的关系，决定了传媒与体育相互依托、相互作用的共生关系，并在相互影响下走向共同发展，两者合作并进的过程与联袂成为体育和传媒两大产业发展的必然[③]；尹宝成从社会学、文化学、经济学的角度分析了大众传媒与“阳光体育运动”的共生效应[④]；吴正中分析了大众传媒对体育的积极影响，以及体育对大众传媒促进作用的阐述，来探讨体育与大众传媒的共生效应[⑤]；谭政典、肖某文分析了传媒和体育结合的原因及结合过程中应注意的几个问题，阐明了它们相互影响、彼此促进的关系，指出传媒与体育相互依

① 肖东生、石青：《基于共生理论的湖南“3+5”城市群区域合作研究》，《湖南社会科学》2011年第5期。

② 郭修金、胡守钧：《我国教练员与运动员社会共生关系的基本要素研究》，《成都体育学院学报》2011年第7期。

③ 王麟：《后奥运时期体育与传媒共生效应探究》，《中国报业》2011年第16期。

④ 尹宝成：《大众传媒与“阳光体育运动”的共生效应》，《传媒观察》2009年第8期。

⑤ 吴正中：《浅析体育与大众传媒的共生效应》，《辽宁体育科技》2005年第3期。

托，正在形成一种休戚与共的共生效应。① 总之，自从体育与传媒领域合作关系产生之后，二者之间的彼此依存、互利互惠、合作共进、共生共荣的关系就已经形成并将长期发展下去，为进一步促进大众传媒与体育运动的合作提供理论参考。体育文化领域共生研究主要集中于不同体育文化系统之间共生关系的研究，如白晋湘、杨斌等探讨了中国传统体育与民族舞蹈两种不同社会活动模式的文化系统，在其发展的历程中呈交互、分化、吸纳、共生的关系②，为传统体育与民族舞蹈的发展提供理论支撑；刘杏芝论述了全球化背景下世界体育文化对民族体育文化形成的冲击和挑战，探讨了体育全球化背景下世界体育文化与民族体育文化多元共生体育发展模式③；王满福、魏烨论述了在全球化的背景下，中西方体育文化在冲突、交流、融合中，应当走一条和而不同、各美其美、美美与共的和谐发展之路。④ 共生理论对体育文化发展研究的贡献在于强调不同文化系统之间的冲突、斗争、交流、融合和包容，多元共生、和而不同是不同体育文化发展的普遍规律。体育教学领域的研究主要集中于在体育教学过程中利用共生效应的方法研究、公共体育课与专业课之间的协调发展研究。体育与社会关系领域的研究体育产业、体育赛事以及体育旅游与社会其他子系统之间的共生关系的探究，如体育产业、体育赛事与城市发展；体育旅游与和谐社会构建的共生发展研究。城乡体育发展研究主要集中于城乡学校体育和群众体育的统筹发展问题，如徐振波运用共生理论的共生单元、共生模式、共生环境、共生界面等相关原理对城乡学校体育系统进行分析，提出了城乡学校体育协调发展的对策⑤；刘红建、孙庆祝等运用共生理论从共生单元、共生模式、共生环境、共生界面对城乡群众体育统筹进行分析，认为推进小城

---

① 谭政典、肖某文：《论体育与传媒的共生效应》，《广州体育学院学报》2000 年第 3 期。

② 白晋湘、杨斌等：《交互、分化、吸纳、共生——论中国传统体育与民族舞蹈的历史渊源》，《北京体育大学学报》2001 年第 2 期。

③ 刘杏芝：《体育全球化——世界体育文化与民族体育文化的和谐共生》，《山东师范大学学报》（人文社会科学版）2006 年第 4 期。

④ 王满福、魏烨：《美美与共：全球化背景下中西体育文化的共生》，《成都体育学院学报》2007 年第 2 期。

⑤ 徐振波：《从共生理论看城乡学校体育的协调发展》，《南京体育学院学报》（自然科学版）2010 年第 2 期。

镇、农民工体育建设，提高城乡群众体育共生单元的关联度，创造有利条件，构建城乡群众体育统筹的互惠共生模式，建立健全城乡群众体育共生体制，优化共生环境，构建多元化共生界面，注重城乡群众体育统筹的界面畅通等是促进城乡群众体育协调发展的有效途径。①

综上所述，共生理论在社会各个领域中的应用研究成果颇多，人们已经意识到共生理论可以解决社会实践中的诸多问题，是指导社会和谐发展的科学理论。但共生理论在社会诸领域中的应用研究刚刚起步，成果内容、形式零星分散，尚未形成完整的体系，很多领域的共生研究依然处于空白状态，如共生理论对农村社区体育发展研究的成果尚未发现，共生理论的社会应用研究潜力很大，有待进一步挖掘。

二 新农村社区建设研究

自从2006年我国提出新农村社区建设的历史任务之后，随着新农村社区建设实践的不断推进，农村社区建设的研究成果如雨后春笋般迅速涌现，从学术论文到专著都可以说是硕果累累。在专著方面主要针对农村社区服务、农村社区规划、建设、管理、政策法规与改革等方面的研究。如詹成付、王景新的《中国农村社区服务体系建设研究》从理论基础、服务体系建设总体状况、服务体系建设的区域特色、服务体系建设的可行性、服务体系的结构与功能、服务体系建设的价值及政策取向、服务体系建设任务、重点工程、体制机制等方面对农村社区服务体系建设进行研究，并对不同区域农村社区服务体系建设的现状展开调查，为我国农村社区服务体系的建设提供理论和实践上的指导。② 该专著中虽然提及农村文体服务的有关内容，但篇幅较少，更倾向于农村社区基础设施、生产和经济发展服务研究。农村社区体育服务体系的建设并未被当作农村社区建设的专项内容，说明农村社区服务体系建设侧重于农村生产和经济发展的建设，农村居民的生活服务尤其是精神文化生活服务的建设在农村社区建设伊始是被忽视的，农村社区体育服务体系建设在新农村社区建设中自然未引起足够的重视。陈明泉主编的《村庄社区规划与管理》中介绍了村庄社区规划概念及其与新农村建设的

---

① 刘红建、孙庆祝等：《共生理论视角下我国城乡群众体育的统筹发展》，《首都体育学院学报》2009年第5期。

② 詹成付、王景新：《中国农村社区服务体系建设研究》，中国社会科学出版社2008年版。

关系以及村庄社区规划的意义、目标、政策、原则、基本要求、建设模式，并从资金筹措、产业、环保、防灾方面对村庄社区的规划工作进行了详细论述，提出了村庄社区建设规划的实施程序，并探讨了村庄社区管理的原则、目标、内容以及村庄社区管理的形式和规范，对我国农村社区规划和建设具有重要的实践指导意义。[①] 该专著侧重于农村社区环境的宏观规划、运作和管理的研究，并未涉猎农村社区居民文化体育生活等微观层面的规划和管理研究。周同芬、党晓虹等的《农村社区管理学》则将管理学的理论框架应用到农村社区建设中，并结合实例对农村社区管理体制、模式进行了探讨，从人口、文化、环境、卫生服务、财务、土地、治安、服务、社会保障等方面论述了农村社区管理的主要要素和内容，并提出农村社区发展的路径。[②] 该专著内容涉及农村社区建设的诸多领域，研究范畴非常全面，但唯独缺少农村社区体育的管理的相关内容，仅在农村社区文化管理中对农村社区体育管理略微提及，是该成果美中不足的一点。戚学森主编的《农村社区建设理论与实务》一书汇编了关于我国农村社区建设理论与实践成果，其中包括中国农村社区建设的起源与发展、农村社区建设的含义和重要意义、农村社区建设的环境分析、农村社区建设的内容、模式及其保障措施、农村社区服务体系等一系列理论内容，同时对我国乡村社区建设与国际经验作一比较，并介绍了不同区域农村社区建设模式的实践成果。[③] 但是，该成果中依然没有专门突出农村社区体育的发展问题，农村社区体育在新农村社区建设中依然缺乏独立的地位。

目前各类期刊关于新农村社区建设的学术论文数量颇丰，但主要集中在新农村社区建设模式探讨、新农村社区建设中政府职能转变、新农村社区建设发展思路几个方面。如吕静、孙赫呈以黑龙江省依安县依龙镇为例探讨了新农村复合社区模式的实践经验，并提出复合型社区建设的具体思路[④]；石良提出了社区服务圈的概念，并分析了新农村社区建

① 陈明泉：《村庄社区规划与管理》，高等教育出版社 2011 年版。

② 周同芬、党晓虹等：《农村社区管理学》，知识产权出版社 2010 年版。

③ 戚学森主编：《农村社区建设理论与实务》，中国社会出版社 2008 年版。

④ 吕静、孙赫呈：《东北地区新农村社区建设模式的实践研究》，《吉林建筑工程学院学报》2011 年第 2 期。

设中社区服务圈建立的必要性和发展思路。[①] 在政府职能转变方面则强调以乡镇政府为代表的基层组织应明确职能转变的服务化、企业化、市场化、社会化、透明化的价值取向，打造适应新农村社区发展的服务型、节约型、掌舵型、创新型及阳光型的基层政府。新农村社区的发展研究主要集中于如何满足、如何调动农民参与积极性、新农村社区环境建设和新农村社区建设发展路径选择方面，如陆佩华、王英利等揭示了新农村社区建设中村民参与存在的意识薄弱、形式单一、组织机构短缺等问题，并提出加强教育引导、健全机制、拓展参与渠道的对策[②]；杜漪提出了新农村社区建设的城郊型、集镇型和村落型三种模式，并对三种模式的特点及适宜范围作了分析[③]；甘信奎则分析了我国新农村社区建设的背景和现实条件，并提出我国新农村社区建设的总体思路和步骤。[④] 新农村社区建设的环境研究重点在于新农村社区建设的环境规划、房屋建筑设计、空间布局等研究。

总之，对于新农村社区建设的研究成果颇丰，其理论体系日渐健全和完善，我国新农村社区建设理论模型基本形成，为新农村社区建设实践提供了科学的理论指导。但因为我国农村地域辽阔，经济发展水平、地理环境、风俗习惯等差异性较大，农村社区建设适用的模式也不尽相同，因此，没有统一的、普适的理论体系，各地新农村社区建设还要根据本区域的实际情况，在科学理论指导下总结经验，深入探索，找出适合自己的新农村社区建设模式。从学术论文来看，多是对新农村社区建设实践经验的总结，对新农村社区建设思路的探索，多集中于微观层面的研究。从研究现状的总体归纳来看，新农村社区建设研究的成果要么过于宏观，要么过于微观，缺乏中观层次的研究，在整个社区建设研究中缺乏涉猎农村社区体育建设。

三　城乡一体化发展研究

鉴于我国目前存在的城乡差距过大，农村发展落后，有关城乡一体

① 石良：《新农村社区建设新模式——“社区服务圈”》，《重庆科技学院学报》（社会科学版）2011 年第 20 期。

② 陆佩华、王英利等：《新农村社区建设中的村民参与问题研究》，《南通职业大学学报》2009 年第 2 期。

③ 杜漪：《新农村社区建设的路径选择》，《当代经济研究》2009 年第 8 期。

④ 甘信奎：《中国当代新农村社区建设的现实条件及路径选择》，《理论学刊》2007 年第 1 期。

化发展的研究主要集中于在社会各个领域破除城乡壁垒，缩小城乡差距，加快农村发展，走农村城镇化发展道路，是对我国建设社会主义新农村建设发展道路的探索。在这些研究领域中，公平以及服务和资源的均等化是重要的指导思想，工业反哺农业，城市支持农村是基本原则，城市起着农村发展的导向作用，实现农村城镇化，城乡一体化是最终目标。具体而言，分析目前我国城乡差距过大、农村发展滞后的历史原因和现状，构建城乡一体化评价指标体系、统筹城乡发展中政府职能转变、财税政策改革、公共服务（教育、文化、科技、交通、水电、通信、医疗卫生、社会保障等）均等化发展是研究的核心内容；推动农村改革、促进农业发展、提高农民人均收入是研究要解决的关键问题；优化农村人居环境、政策环境、文化环境是城乡一体化研究共同关注的领域。另外，城乡一体化研究还包括人居环境规划、人力资源管理、农民权益保障等一系列问，对城乡一体化发展区域实践的调研以及对城乡一体化进程中农村问题（空巢老人、留守妇女儿童、农民工等）进行研究，涉猎范围广，成果显著。城乡一体化发展已经成为包括学术界在内的社会各界人们的共识，对于统筹城乡发展，实现城乡一体化是我国处理新型城乡关系、走可持续发展道路的必然选择，城乡一体化发展的研究成果已经完成初步积累，对我国城乡一体化发展实践经验有了进一步的归纳和总结，并上升到理论层面，但是，对于在国家统筹城乡发展的政策支持下，如何立足自身开展农村社区建设，实现城乡社区建设发展有效接轨的研究成果尚不多见。

城乡一体化理论在体育领域的应用研究也非常广泛，可称为城乡体育一体化研究，主要包括不同区域城乡体育一体化发展研究和不同体育领域的城乡一体化研究两个方面。其中区域城乡体育一体化发展研究，以骆秉全的《首都城乡体育发展一体化研究》一书最为系统、全面和深刻。该书集中了对首都城乡体育发展一体化研究的一大批研究成果，系统地回顾了首都城乡体育发展的历程、对首都城乡体育发展的差距及产生的原因并提出对策、对首都城乡体育发展一体化现状展开详细的调查、探讨了首都城乡体育发展一体化的模式、构建了首都城乡体育发展一体化的指标体系和对首都不同区域的城乡体育的不同领域的发展一体化进行了研究。[1] 该成果对发达地区城乡体育发展一体化具有重要的参考价值和实践意义；武俊昊，金向红等以苏南地区为例，对城乡体育发展的体制、财政投入、公共体育服务、组织管理等方面差异进行梳理和分析，并提出统筹城乡体育发展规划，构建城乡体育公共服务、体育组织管理一体化体系，建立多元化的融资途径等措施，推动城乡体育一体化发展[2]；娄方平对三峡库区城乡体育的组织、活动、场地设施等进行调查与分析，并从经济、文化、组织化程度三个层面分析了三峡库区城乡体育发展的差距，提出构建三峡库区城乡体育的一体化发展模式，从制定三峡库区城乡体育一体化发展目标出发，围绕政策制定、经费投入、场地设施、组织管理和活动开展五个重点发展方向规划三峡库区城乡体育的一体化发展，提出了促进三峡库区城乡体育一体化发展的对策建议。[3] 在不同体育领域城乡一体化研究方面，以体育公共服务城乡一体化研究居多，如刘红建、高雯雯等认为，公共服务与城乡一体化是体育公共服务城乡一体化发展的理论基础；体育公共服务是体育公共产品和服务行为的总称；体育公共服务城乡一体化发展具有丰富的科学内涵[4]；刘红建、孙庆祝等从组织结构、体育资金、体育活动、体育设施、体育指导、体育政策、体质监测等方面对江苏省 6 个县级市进行了多种方式的调研，发现江苏省部分县市城乡体育公共服务发展存在政府体育公共服务职能结构单薄、城乡公共体育财政仍然不均衡、公共体育活动城乡互动不足、体育场馆设施布局不甚合理等问题，并提出了建立城乡统一的体育行政管理体制、建立覆盖城乡的公共体育财政体制、加大农村体育场地设施建设、合理规划体育场馆设施布局、多渠道培养社会体育指导员队伍等对策建议[5]；赵峰、孙庆祝等运用文献资料法、特尔菲法、AHP 等方法，探讨了城乡体育公共服务一体化的内涵；构建

---

① 骆秉全：《首都城乡体育发展一体化研究》，人民体育出版社 2011 年版。

② 武俊昊、金向红等：《苏南城乡体育发展差异及一体化发展研究》，《体育科学研究》2012 年第 1 期。

③ 娄方平：《三峡库区城乡体育一体化发展模式及对策研究》，《重庆大学学报》（社会科学版）2009 年第 3 期。

④ 刘红建、高雯雯等：《体育公共服务城乡一体化发展的理论基础及概念解析》，《体育成人教育学刊》2011 年第 1 期。

⑤ 刘红建、孙庆祝等：《江苏省城乡体育公共服务一体化发展研究》，《山东体育学院学报》2011 年第 6 期。

了城乡体育公共服务一体化评估指标体系，并确定了各指标的权重并对江苏省 8 个市（县）进行了综合评估。[①] 另外，有学者对城乡一体化发展背景下的学校体育、农村体育和公共体育文化进行了研究。总之，体育城乡一体化研究的主要焦点在于城乡体育发展差距的差距及成因、如何评估城乡体育发展的一体化、城乡体育发展一体化的模式和路径选择以及城乡一体化发展背景下农村体育的发展问题，均强调城乡体育的统筹和协调发展。在城乡体育一体化发展的研究成果中人们多立足于政策扶持的视角，但是，对如何立足自身探索农村社区体育发展的新模式，缩小与城市社区体育发展差距的研究成果较少，农村社区体育发展被动、自主发展能力不强将成为实现城乡体育一体化发展的“瓶颈”。

四　社区体育研究

随着我国社区建设的不断推进，社区体育研究也逐渐深入，并取得了丰硕成果。但是，由于城市社区发展在先，农村社区建设刚刚起步，社区体育的研究成果也以城市社区体育研究为主。樊炳有的《社区体育论》是较早对社区体育的概念、功能、地位、社区体育建设的内容、社区体育管理以及社区体育发展模式进行探讨的学术成果，是对我国社区体育理论的丰富和发展[②]；陈旸的《社区体育服务绩效评价》构建了社区体育服务绩效评价的指标体系以及社区体育服务居民满意度指数模型，并从新公共管理视角出发探讨了提升社区体育服务绩效的路径[③]，该成果提供了对我国社区体育服务评价的标准和依据，为我国社区体育服务的发展提供了参考和方向，但该评价体系和满意度指数模型并未突出区域差异，基本以城市社区体育的发展为模版建立的，关于农村社区体育服务并未涉及。农村社区体育的研究成果较少，多集中于对农村社区体育发展的个案研究，如宋秀丽的《新型农村社区体育研究：以东尉社区为个案》分析了东尉社区成立前后体育活动开展的变化情况，对东尉社区体育活动的开展进行了调查，揭示了东尉社区体育存在的问题及制约因素，提出东尉社区体育组织管理的运行模式和发展对策，是

---

① 赵峰、孙庆祝等：《城乡体育公共服务一体化评估指标体系研究》，《吉林体育学院学报》2010 年第 6 期。

② 樊炳有：《社区体育论》，北京体育大学出版社 2003 年版。

③ 陈旸：《社区体育服务绩效评价》，北京师范大学出版社 2011 年版。

对我国新农村社区体育发展实践的一种有益探索[1]，该成果是对我国新农村社区体育发展的先进典型进行个案研究，其社区体育发展模式可以为经济发展水平较高地区的农村社区体育提供一种借鉴；王凯珍的《社区体育》一书，除介绍了社区基本理论、城市社区服务与社区建设、社区体育基本理论之外，还增加了农村社区体育、小城镇社区体育的内容，介绍了农村社区体育的概念、特征，农村社区体育活动的内容、组织管理体系和参与状况，分析了农村社区体育发展的制约因素，特别提出了农民体育科学素养的问题，并对农村社区体育的发展趋势做出展望，虽然农村社区体育和小城镇社区体育部分内容不多，却为我国农村社区体育建设提供了理论指导和实践帮助。[2]

在学术文献方面，以不同区域社区体育参与现状、不同区域社区体育服务现状、不同区域社区体育现状及发展策略、学校体育资源与社区体育发展等方面的研究为主，集中于城市社区体育的研究成果较少，多数是对全国或不同区域农村社区体育服务、社区体育文化、社区体育资源、社区体育制约因素、社区体育发展模式或对策的研究，研究成果大多是对农村社区体育建设实践经验的总结，处于经验积累阶段，还没有上升到理论层面。比如：罗湘林在其博士学位论文《村落体育研究——以一个自然村为个案》采用田野调查等研究方法，对湖南省一个普通村落体育活动问题进行个案研究，对村落体育的内涵、结构因素、活动特征、发展机制和功能进行深入研究，并提出了我国村落体育发展的对策，对村落体育发展的前景进行了论述[3]，该成果从历史学和人类学的研究视角，对我国村落体育的发展演变进行了归纳和论述，对我国农村体育研究无论是研究方法上还是研究内容上都是一种宝贵的参考和借鉴，但因研究时效问题，没有同新农村社区建设的背景联系起来；平永忠、任保国从农村和农村管理人员两个视角研究山东省乡镇政府在新农村社区体育建设中的作用，探索新农村社区体育建设中乡镇政府工作的规律和特点，认为乡镇政府负有贯彻党和政府关于新农村社区体育工作的政策方针、做好新农村社区体育的宣传教育工作、筹集体育经费、检

---

① 宋秀丽：《新型农村社区体育研究：以东尉社区为个案》，北京体育大学出版社 2011 年版。

② 王凯珍：《社区体育》，高等教育出版社 2004 年版。

③ 罗湘林：《村落体育研究——以一个自然村为个案》，博士学位论文，北京体育大学，2005 年。

查评估农村社区体育工作，为山东省乃至全国广大农村地区的新农村社区体育建设提供参考[①]；周平、熊少波等对湖南省高校体育资源服务农村社区体育现状进行调查分析，发现高校体育资源丰富，但服务于社会，特别是服务于农村社会的发展欠缺，构建了高校体育资源与农村社区共享的模式，提出了高校体育资源服务农村社区的对策，对于提高农民素质、全面深入地开展全民健身活动有着重要的意义[②]；李秋萍从文化学视角论述了我国农村社区体育在构建和谐社会中的重要意义，提出了树立科学发展观、以乡镇为突破口、农村学校为主导、因地因时制宜开展特色项目的农村社区体育发展构想[③]；钟霖、瞿静等从理论上探讨了新农村社区体育的概念、内涵、特点、建设目标和建设步骤等，分析了新农村社区体育的意义[④]；刘庆青认为，改革推动力、政府调控力、科技促进力、文化推动力、经济保障力是新农村社区体育发展的主要动力要素[⑤]；马新民、刘凤婷等分析了构建和谐农村社区体育的意义，提出了构建新农村社区体育的指导思想、工作目标、基本原则、基本模式以及和谐社区体育的保障措施，为推进新农村建设目标下和谐农村社区体育的发展和建设提供理论参考。[⑥] 另外，还有对某省、市（区）农村社区体育发展的现状进行调查或总结、农村社区体育文化建设的研究。综合关于农村社区体育研究的成果来看，依然缺乏必要的理论基础和支撑，难以形成体系，说明农村社区体育的研究还有待于进一步深入，这也为本书的研究提供了切入点。

---

① 平永忠、任保国：《乡镇政府在新农村社区体育建设中的作用——以山东省为例》，《武汉体育学院学报》2011 年第 1 期。

② 周平、熊少波等：《高校体育资源服务农村社区体育现状及对策研究》，《广州体育学院学报》2011 年第 1 期。

③ 李秋萍：《和谐社会视野下农村社区体育发展的构想》，《农业考古》2008 年第 3 期。

④ 钟霖、瞿静等：《社会主义新农村建设时期我国农村社区体育发展探析》，《北京体育大学学报》2008 年第 7 期。

⑤ 刘庆青：《农村社区体育发展的动力要素分析》，《北京体育大学学报》2007 年第 6 期。

⑥ 马新民、刘凤婷等：《建设社会主义新农村目标下构建和谐农村社区体育的思考》，《北京体育大学学报》2007 年第 9 期。

第二章　新农村社区体育发展的理论基础、意义和历程

第一节　新农村社区体育发展的理论基础

一　新农村社区体育发展的相关概念

（一）农村社区

1. 社区

（1）社区的概念。社区是社会学的一个基本概念，源自拉丁语，本意为关系亲密的伙伴或共同体。①“中文社区”一词是 20 世纪 30 年代由以费孝通为首的燕京大学的学生从英文（community）翻译过来的。作为社会学中通用的一个范畴，“社区”一词自从由德国社会学家 F. 滕尼斯提出发展至今，其含义变化非常大。关于社区概念的理解，不同的学者也是智者见智、仁者见仁，出现了社区概念的不同表述。国外学者对社区表述主要有：

滕尼斯认为，社区是一种由具有共同习俗和价值观念的同质人口组成的、关系密切、守望相助、存在一种富有人情味的社会关系的社会团体②，强调社区是一种社会共同体。

美国学者 B. 菲利浦斯认为，社区是居住在某一特定区域的、共同实现多元目标的人所构成的群体。③

美国学者 R. E. 帕克认为，社区是“占据在一块被或多或少明确地

① 张兴杰、游艳玲等：《农村社区建设与管理研究》，华南理工大学出版社 2007 年版，第 4 页。

② 徐永祥：《社区发展论》，华东理工大学出版社 2000 年版，第 29 页。

③ 同上。

限定了地域上的人群汇集"[1]，强调社区的区域性。

日本学者横山宁夫认为，社区具有一定的空间地区，它是一种综合性的生活共同体。[2]

美国学者伯纳德和桑德斯提出，社区是居住于特定地区范围内的人口；社区是以地域为界并具有整合功能的系统；社区是具有地方性的自治自决的行动单位。[3]

国内学者中具有代表性的社区概念表述如下：

郑杭生认为，社区是进行一定的社会活动，具有某种互动关系和共同文化维系力的人类群体及其活动区域。[4]

陈江玲、林子英指出，社区是在一定区域范围内，一定的社会成员依据一定的规范和制度组织起来的社会共同体。[5]

冯钢认为，社区是以一定地理区域为基础而形成的，具有一定共同意识和共同利益的社会群体。[6]

王凯珍认为，社区是指在一定地域内，按一定的社会制度和社会关系组织起来的，具有共同人口特征的地域生活共同体。[7]

上述观点基本上代表了国内外学者对社区概念的理解，其他学者的观点虽然在表述上有所差异，但大同小异，都包含在上述观点中。

在社会学中，社区和社会是一个相对的概念，我们认为，社区实质上就是指区域性社会，即地区社会，是社会的缩影，是一定地域范围内人们社会生活的共同体。具体可以表述为：社区是一定地域内按照一定社会制度和社会关系组织起来的、具有共同人口特征的地域生活共同体。

（2）社区的构成要素。社区的构成要素一般包括一定数量的人口、一定的地域、社区的特色文化、社区意识、社区组织和社区生活

① 吴新叶：《社区管理学》，北京大学出版社 2008 年版，第 17 页。

② ［日］横山宁夫：《社会学概论》，上海译文出版社 1983 年版。

③ 李丽、夏冬等：《对中外社区、社区体育概念界定与发展流变的若干研究》，《沈阳体育学院学报》2012 年第 5 期。

④ 同上。

⑤ 陈江玲、林子英：《社会学》，广东经济出版社 2000 年版，第 133—135 页。

⑥ 冯钢：《社会学》，浙江大学出版社 2004 年版，第 106—110 页。

⑦ 王凯珍：《社区体育》，高等教育出版社 2004 年版，第 17—19 页。

设施。[1]

①一定数量的人口。根据社区的概念，社区是社会的缩影，具有共同的人口特征，因此一定数量的人口构成了社区居民，是社区存在的前提。社区居民数量决定了社区的规模，社区中每个成员并不是孤立的个体，而是彼此间存在着各种社会关系，人们的生活、工作、学习等社会活动是在社区成员的社会关系中进行的。一定数量人口是社区构成要素的主体，是社区生活的创造者，社区物质要素的创造者和使用者。

②一定的地域。社区既然是在一定地域内的社会生活共同体，一定范围的地域就是社区构成的基本要素之一。一定的地域为社区居民提供社会生活的空间、资源。社区所处地域的地理位置、地理环境、地质条件、气候条件等都会对社区发展产生重要影响。良好的地域环境是社区持续快速发展的前提条件之一。

③社区的特色文化。每个社区都有各自不同的形成过程、历史传统、地理条件、发展水平、风俗习惯，等等，形成了各具特色的社区文化。社区文化是社区居民在长期的共同生活中积淀而成的，是社区能够成为相对完整和相对独立的社会实体的重要条件和特征。每个社区在所倡导的精神价值和风俗习惯、社区制度、社区成员行为特征以及社区物质生活设施等各个文化层面上体现出自己的独特性。

④社区意识。每个社区居民都具有一定的社区意识，即社区居民对自己所属社区的认同、喜爱和依恋等心理上的归属感。这种归属感是社区生活对其成员心理长期影响的结果。社区之所以成为一个长期稳定的社会生活共同体，社区居民强烈的社区意识有着直接关系，社区意识有利于增强社区居民间的凝聚力，促进社区结构的稳定性和社区自身的独立性。

⑤社区组织。社区是一个有组织、有秩序的社会实体。作为社会生活的共同体，社区中存在许多公共事务需要处理，社区体育组织则是履行这一使命的重要因素。社区中的行政组织、社会团体、自治组织等均负有对公共事务进行管理的责任，是社区成为一个结构合理、层次分明、秩序井然的社会系统的关键要素。

⑥社区生活设施。社区成员在社区内的生活、工作、学习等社会活

---

① 樊炳有：《社区体育论》，北京体育大学出版社 2003 年版，第 4 页。

动必须有必要的物质载体，这些物质载体就是社区的生活设施，缺少必要的生活设施，社区居民的生活就像空中楼阁、难以为继。因此每个社区在规划和发展中都必须对社区生活设施进行大量投资建设，使社区居民拥有良好的生活、居住条件。一个社区生活设施的数量和质量，决定着该社区的发展水平。

（3）社区的基本特征。社区的基本特征特征包括地域性、共生性、亲密性和专门性。①

①地域性。地域性是指社区总要占有一定的地域，必要的地域空间是社区居民社会活动及从事社会活动所依赖的基础设施、生产生活设施的重要空间载体。社区作为社会生活共同体，必然要存在于一定的地理空间中。地理空间不是指单纯的自然地理区域，而是社会空间和地理空间的结合体，是社区存在和发展的最基本的物质基础，也是人们社会活动的制约条件。

②共生性。社区作为相对完整而独立的生活共同体，社区成员及社区内的社会群体、社会组织、机关团体等，通过彼此间的社会交往，相互联系、相互影响，形成相互依赖、相互制约的网状关系而共同生活在一起。社区成员在这种网状关系中相互协调、各取所需、彼此获利，能够稳定而持续地生活在一起，这正是共生的特性。

③亲密性。社区成员及社区内的社会群体、社会组织、机关团体等之间存在着亲密的社会关系，彼此之间在经济、政治、文化活动和日常生活中形成多种多样的社会关系，并以此为纽带共同聚居在一起。社区成员的共同需求、共同活动、共同的生活目标、彼此共同遵循的行为规范以及共同生活的区域范围，使人们之间的交往频率极高，彼此之间的人际关系非常亲密。

④专门性。社区具有多种功能，如社会服务功能、社会化功能、社会控制功能、社会参与功能等，但具体到某个社区，其功能非常明确和专门化。社区功能的专门化不是指社区功能的单一化，而是某个社区在其诸多社会功能中具有其中一个主导型功能。很多社区的划分是以其功能的不同为依据进行划分的，每个社区都应有一个特别突出的、专门化的功能。

---

① 樊炳有：《社区体育论》，北京体育大学出版社 2003 年版，第 8 页。

2. 农村社区

按照经济结构、人口密度、规模大小、组织特征、文化模式等标准，社区可分为城市社区、集镇社区和农村社区三种类型。[①] 关于农村社区的概念众说纷纭，没有统一的表述。具有典型代表性的观点如下：

张兴杰、游艳玲等认为，农村社区也称乡村社区，是主要以农业生产方式为基础聚集起来的生活共同体，强调生活共同体的业缘聚集方式。[②]

苏俊峰、宋明爽认为，农村社区是以农业生产劳动为基础，基本由同质性农业人口组成的社会结构简单、人口密度稀疏的地域性社会。该概念也强调农业生产劳动的业缘聚集方式，但将农业人口确定为社区人口已经不适应社会主义新农村的实际情况。[③]

谷中原指出，农村社区是指以地缘为纽带，以农业生产为基础，基本由同质劳动人口组成的社会结构简单、人口密度较低的地域社会。[④]

刘畅提出，农村社区是指以农业生产为基础的规模较小、社会结构比较简单、人口密度较低的地域性生活共同体。[⑤]

郑茂良认为，农村社区也称乡村社区，是指以农业为主要活动聚集起来的人们生活的共同体。[⑥]

综合上述农村社区的概念，考虑我国新农村社区建设实际以及农村社区的特点和功能，本书认为，农村社区是在一定的地域范围内，以农业生产为主要谋生手段，由具有共同人口特征的群体构成的、规模较小、社会结构简单、具有独立社会功能的区域性社会生活共同体。新农村社区则是为适应我国社会主义新农村建设历史要求而由政府民政部门根据不同地域农村特点，按照“地域相近、规模适应、群众自愿”的原则进行科学合理的规划形成的社会生活共同体。

目前，我国新农村社区建设的模式大体包括以下三种：一村一社区模式、一村多社区模式和多村一社区模式。其中，一村一社区模式是指

---

① 周同芬、党晓虹等：《农村社区管理学》，知识产权出版社 2010 年版，第 6 页。

② 张兴杰、游艳玲等：《农村社区建设与管理研究》，华南理工大学出版社 2007 年版，第 5 页。

③ 苏俊峰、宋明爽：《农村社会学》，中国农业出版社 1995 年版，第 128 页。

④ 谷中原：《农村社会学新论》，武汉大学出版社 2009 年版，第 118—132 页。

⑤ 刘畅：《农村社会学》，华中科技大学出版社 2008 年版，第 49 页。

⑥ 郑茂良：《社会学概论》，经济科学出版社 2006 年版，第 124 页。

以建制村区域设立社区，在一个村委会区域范围内开展农村社区建设的做法，其特点为一个村委会即一个社区，将村委会和社区合而为一，统称为“社区村民委员会”，实现管理与服务职能的有机统一，扩充和强化了村委会的服务功能，以集体经济为社区投资的主要经费来源。由于村委会在社区建设中起主导作用，且身兼行政管理和服务两大职能，受传统思想的影响，在旧行政管理体制的惯性驱动下，社区村民委员会在很大程度上会被政府当作准行政机关，行政管理职能被认为扩大化，服务职能被弱化，因此该模式的社区建设中容易造成民间和社会力量的缺失，这是一村一社区模式的缺陷。一村多社区模式是指在一个村委会内设立多个社区，适用于建制村辖区过大，管辖多个自然村，故采取一村多社区模式。该模式的特点为由于村民自治组织领导力不够或不能适应当地农村社区建设的需要，选择在当地设立更加合理的社区地域范围开展农村社区建设，适用于组织机构分散、村民居住地域分散的农村，能够更加充分发挥农民在社区建设中的主观能动性，促进基层民主在社区的进一步延伸，同时能够推进农村民间组织的发育和成长，促进农村社区自治能力的提高。多村一社区模式是指在原有自然村落基础上根据距离规划一个集中村开展社区建设，服务半径为2—3公里，一般覆盖4—6个村庄，农民群众步行到社区服务中心不超过30分钟。该模式的特点为以乡镇驻地、中心村或经济发展强村等为社区建设中心，成立以服务职能为主的社区服务中心，能够有效地整合社区资源，多方位筹集社区建设投资，充分发挥中心村或经济强村对落后村的带动作用，打破了原有的村落结构，有利于农村经济和文化的整合，形成优势互补的社区发展结构。虽然我国各地新农村社区建设进程不一、地域分布各有特点、经济发展水平参差不齐、风俗习惯各有不同，但总体而言，不外乎这三种建设模式。

（二）农村社区体育

1. 农村社区体育概念

社区体育是我国社会体育的重要组成部分。关于社区体育的概念，国内比较公认的是王凯珍对社区体育做出的界定：社区体育指以基层（微型）社区为区域范围，以辖区内的自然环境和体育设施为物质基础，以社区成员为主体，以满足社区成员的体育需求、增进社区感情为主要目的，就地就近开展的区域性体育活动。社区体育的构成要素包括：①社区成员；②为保证社区体育活动开展而建立的体育组织；③必要的场地设施；④一定数量的社会体育指导员；⑤各种具体的体育活动；⑥必要的体育经费保证。① 社区体育首先在城市发展起来，后逐渐辐射和延伸至农村。

农村社区体育是新时期推动我国全民健身计划在广大农村全面开展的重要形式，也是增强农民体质、增进农民健康、提高农民生活质量的有效途径。新农村建设背景下新型农村社区的建立和发展，则为农村社区体育的发展提供了良好的机遇和平台。农村社区体育的概念目前尚处于探索阶段，众多学者因研究视角不同，给出了不同的界定和表述，但是，大多是在社区体育概念下按照地域性和时空性延伸出来的一个下位概念，未突出社会主义新农村建设背景下农村社区建设和发展的特点。鉴于本书立足于新农村社区体育的发展，认为农村社区体育概念的界定必须结合新农村社区建设的特点和实际情况。宋秀丽认为，以中心村为依托，通过资源整合，引导地域相邻的几个村庄居民集中居住，在近期内形成的介乎城镇化与超越传统农村之间，集居住、生产、生活、休闲、购物、物业管理于一体，具有现代化功能的新型空间行政单元内，以自然居住生活环境和体育设施为物质基础，以驻地居民为主要对象，以满足居民的体育需求、增进居民的身心健康、提高居民生活质量为目的，就地就近开展的区域性体育活动。② 这一概念概括了新农村社区规划和建设的原则，又符合社区体育内涵，更适用于新农村社区体育的特点。

2. 农村社区体育特征

（1）地域特征多样性。我国农村地域辽阔、民族众多。在长期历史发展过程中，不同历史时期、不同地域环境、不同民族，因其自然环境、风俗习惯、气候条件、地理因素、经济发展水平不同，形成了形式多样的传统性区域体育文化。这些区域性体育文化经过长期的实践、演变和丰富后流传下来，形成当地农村社区居民崇尚、喜爱并内化于心的社区体育文化，是农村社区体育的重要内容。

---

① 王凯珍：《社区体育》，高等教育出版社2004年版，第17—19页。

② 宋秀丽：《新型农村社区体育研究：以东尉社区为个案》，北京体育大学出版社2011年版。

（2）社区体育活动的季节性。农村社区体育作为农村社区居民闲暇时间的一项重要社会活动，表现出明显的季节性特征。虽然随着农村社会生产力水平的提高，农村社区居民的闲暇时间日益增多，但依然受传统农业生产方式影响，具有很强的季节性。农忙季节社区体育活动开展少或暂停，农闲季节社区体育活动才能够有组织、有计划地开展。另外，在农村传统节日也是社区体育活动开展比较集中的时候，如端午节、元宵节、重阳节等节日。

（3）社区体育服务对象的同质性。这与农村社区居民的同质性是密切相关的。由于农村社区人口密度较低，聚居规模小，社区居民从事的谋生方式和主要职业类同，其家庭结构、文化背景、经济收入水平、风俗习惯等各个领域差异性较小，因此，农村社区成员具有同质性。农村社区体育服务的对象是所有社区居民，社区居民的同质性决定了农村社区体育服务对象的同质性。

（4）农村社区体育形式简单、项目多样。受农村社区地理环境、经济发展水平、居民体育科学素养等条件的制约，加上农村社区居民对体育锻炼认识上的不足，专业性和技术性要求较高的体育项目对体育场地、器材、设施的要求也比较高，农村社区的体育场地、设施、器材配备的标准本身不高，因此，上述体育项目很难在农村社区中开展。农村社区成员更喜欢那些技术要求低、趣味性强、参与度较高的体育项目。

（三）发展模式

关于模式的概念有如下表述：

“模式”一词在辞海的解释为：事物的标准样式。[①]《现代汉语词典》的解释为，事物的标准样式或使人可以照着做的标准样式。[②] 还有的学者将模式理解为范本的意思。

模式是从事物中抽象出某些特征，构成某种事物的标准形式。

从以上对模式概念的理解可以看出，模式是一种典型，可以供人们学习的样式。

发展模式最初是产业经济学和发展经济学的常用语之一，后来逐渐

---

① 倪文杰、刘家丰：《现代汉语常用辞海》第一卷，中国建材工业出版社 2001 年版，第 532 页。

② 《现代汉语大词典》下册，商务印书馆 2000 年版，第 2104 页。

被人们应用到其他领域。关于发展模式的概念，不同学者研究的视角和层次不同，对发展模式的表述也不尽相同。

比如，童星从发展社会学视角给出了发展模式的宏观界定：指不同时空下不同国家从传统向现代转化的一种经验总结概括，或曰现代性的各种因素在不同国家不同条件下的组合方式①；虞月君从产业经济学的角度出发，认为发展模式是在既定的外部发展条件和市场定位的基础上，通过国家、产业和企业内部和外部的一系列结构所反映出来的一种资源利用方式②；百度百科对发展模式的界定为：一个国家、一个地区在特定的生活场景中，也就是在自己特有的历史、经济、文化等背景下所形成的发展方向，以及在体制、结构、思维和行为方式等方面的特点，是世界各国家或地区在实行现代化道路过程中对政治、经济体制及战略等的选择③，这一概念的表述倾向于从管理学视角对发展模式进行表述。综合上述发展模式的概念表述，本书认为，发展模式是指一个国家或地区在经济、社会演进过程中形成的发展目标、体制、策略等经济、社会资源优化配置方式的选择，是适合国家、区域发展的各种经济、社会等资源因素的最优组合方式。

（四）共生

共生是生物科学中的一个非常重要的基本概念，它涉及生物学中许多分支学科如微生物学、寄生虫学、真菌学、植物病理学、昆虫病理学、原生动物学、病毒学、细胞生物学等，甚至可以提高到生物哲学的范畴。“共生”一词首先由德国著名真菌学奠基人德巴里提出，他认为：共生就是不同生物密切生活在一起。④ 德巴里对共生概念的表述仅仅解释了生物共生的一种表象形式，生物共生的本质和规律并未被揭示出来。随着共生研究的不断深入，人们对共生概念的理解逐渐演化、发展。在欧洲，共生概念被限定为两个有机体在一起相互有利的范围。虽然两个有机体间的相互有利在生物数量上存在局限性，但共生的互利本质被揭示出来。英国生物学家斯科特在 1969 年明确地提出，共生是两

---

① 童星：《发展社会学与中国现代化》，社会科学文献出版社 2005 年版，第 253 页。

② 虞月君：《中国信用卡产业发展模式研究》，中国金融出版社 2004 年版，第 49 页。

③ 百度百科，http://baike.baidu.com/view/4946591.htm。

④ 邱仁富：《文化共生论纲》，《兰州学刊》2008 年第 12 期。

个或多个生物，在生理上相互依存程度达到平衡的状态。[①] 突破了共生概念中生物数量的局限性，强调共生关系的平衡有利于生物的共生。原生动物学家戴尔·S. 韦斯（Dale S. Weis）指出："共生被定义为几对合作者之间的稳定、持久、亲密的组合关系。"[②] 说明短暂的组合关系不是共生。美国生物学家玛格丽斯又从生态学角度指出："共生是不同生物种类成员在不同生活周期中重要组成部分的联合。"[③] 这个概念突出了生物间利害关系的动态化，说明共生关系的不稳定性。现代生态学将整个地球视为一个大的生态系统——"生物圈"。认为生物圈中共生现象普遍存在，即生物圈内，各种各类生物间以及与外界环境之间通过能量转换和物质循环密切联系起来。物质是通过生态循环保持着生物圈的继往开来生生不息，此谓广义共生的概念。狭义的共生是指生物之间的组合状况和利害关系。

20 世纪 50 年代，共生的概念和思想不再属于生物学领域的专利，本来由生物学家使用的共生方法和原理开始为一些社会学家接受并初步运用到社会学领域，共生概念的内涵不断延伸和扩大，于是社会共生、文化共生、产业共生、教育共生等一系列概念就出现了。胡守钧认为：社会共生是不同的个人密切生活在一起[④]，借鉴了德巴里的对共生的定义，但又发展了德巴里共生的内涵，认为共生关系发生在个人、组织、国家、社会之中，且是一种普遍的社会存在。

二 共生理论

共生理论源起于生物共生现象，涉及生物学、生态学、社会学、经济学、教育学、文化学、人类学等诸多学科，并且在各自领域中形成一套较为独立的理论体系。作为新农村社区体育的发展，需要从生物学和社会学视角进行研究，因此，需要从生物共生理论、社会共生理论中寻找其理论支撑。

（一）生物共生理论

共生理念的产生，比较公认的是关于猫与三叶草的经典例证：三叶草靠土蜂传授花粉才能完成生活史，而姬鼠喜欢吃土蜂幼虫。姬鼠一

① 胡守钧：《社会共生论》，复旦大学出版社 2006 年版，第 1—2 页。
② 同上。
③ 同上。
④ 同上。

多，土蜂就减少，三叶草便无法授粉。姬鼠家族的壮大又受到猫的影，因为猫爱吃鼠。所以，猫越多，三叶草就长得越好。[①] 猫和三叶草这对表面上无任何关联的生物体却产生了相互依存、互惠共生的关系，共生理念最早产生于对这种现象的认知中。

共生（symbiosis）一词来源于希腊语，顾名思义，是共同生活的意思。因此首次提出生物共生概念的德国真菌生物学家德巴里就强调共生是不同生物密切生活在一起，不同生物长期、密切、共同生活在一起，是一种生物生存现象。[②] 德巴里还将生物中的寄生现象也纳入生物共生的范畴，认为寄生是一种特殊的共生现象。生物共生理论实际上是对达尔文生物进化论的一种有益补充，达尔文的生物进化论认为，自然界中生物之所以能够进化，主要是因为彼此之间互相竞争、弱肉强食，最终导致适者生存、不适者被淘汰的结果。生物之间相互对立、彼此斗争诚然是生物进化的重要动力，但在自然界中生物之间也存在着彼此依赖、相互帮助、共同获利的现象，也是生物进化的动力之一，彼此斗争、适度妥协才是生物进化的完整动力机制。1884 年，德巴里论述了生物共生、寄生、腐生现象，描述了诸多生物间的共生方式。[③] 随着生物共生理论的发展，生物共生概念的内涵和外延有了较大的变化和扩展。弗兰克和普费弗（Frank and Pfeffer）分别提到了土壤真菌与森林植物根系形成的复合体可能为共生关系的观点，并将这种复合体命名为菌根。[④] 迈林（Meilin）通过实验证实了真菌与根的共生性。菌根是真菌与植物根系形成的互惠和谐共生联合体已经达成共识，菌根在生态学领域的理论和生产上的重要作用也成为科学家们目前研究的热点。美国学者麦克杜戈尔提出了“合体共生”和“离体共生”概念[⑤]，其中，离体共生现象在自然界中更为普遍，例如，牛与草之间的共生就是离体共生。麦克杜戈尔认为，自然界中共生无所不在，任何生物的生存形式都是一种共生，这被认为是一种宝贵的科学思想。1969 年，斯科特明确地提出：

---

① 杨晓红、王春华：《奥妙植物学》，西南大学出版社 2007 年版，第 147 页。
② 同上书，第 147—149 页。
③ 同上。
④ 同上。
⑤ 同上。

共生是两个或多个生物在生理上相互依存的程度达到的平衡状态①，说明共生生物的数量至少是两个。1967 年，波士顿大学的马吉利斯（Margulis）在《理论生物学杂志》发表了“连续内共生理论”，提出细胞器起源于细菌之间的互利共生融合的观点。② 1970 年，她又正式提出了细胞共生学的理论。1981 年，又从生态学角度指出：共生是不同生物种类成员在不同生活周期中重要组成部分的联合。1982 年，戈尔夫（Golf）提出：共生包括不同程度的寄生、共生和共栖。③ 综上所述，生物之间的共生关系是一种动态变化的，不是一成不变的。

我国学者倪达书通过长期的稻田养鱼研究，提出了“稻鱼共生理论”，指出在水稻生长季节，稻鱼共生于稻田生态系统中，促进了稻鱼双丰收。④ 随着人们对生物共生认识的不断深化和拓展，生物共生概念日趋完善，生物共生理论越来越系统和成熟。

（二）社会共生理论

人是自然界中的一种特殊的生物体，共生理论自然也适用于人的生存和发展，而社会是共同生活的人们通过各种各样社会关系联合起来的集合，是由人构成的社会生活总体，因此，生物共生理论可以被借鉴、延伸应用到社会领域，形成社会共生理论。胡守钧运用生物共生理论，对人和社会的存在及发展选择做了阐释、概括，形成系统的社会共生理论。胡守钧的《社会共生论》是其社会共生理论研究的结晶，是借用了生物共生论某些概念研究社会共生现象而建立的一种社会哲学，强调社会共生以人人平等为前提，每个人生而平等，无论信仰、阶级、性别、职业、年龄等所有生物性和社会性的不同，只要尊重他人的公民权利，就能拥有同等的公民权利。⑤ 人、团体、阶级有不同利益，必然有冲突和竞争，但这种冲突和竞争不是要消灭对方，而是以共生为前提。⑥

社会共生论对社会共生现象进行描述，分析社会共生产生的原因，

① 杨晓红、王春华：《奥妙植物学》，西南大学出版社 2007 年版，第 147—149 页。
② 同上。
③ 同上。
④ 同上。
⑤ 胡守钧：《社会共生论》，复旦大学出版社 2006 年版，第 3—5 页。
⑥ 同上。

探索社会共生关系演化的动力机制以及优化社会共生关系的措施。社会共生是不同的个人密切生活在一起，共生是个人、组织和社会的基本存在方式，人人都存在于人与人、人与自然的共生系统之中。[①] 社会共生现象随处可见，家庭关系、亲属关系、生产关系、朋友关系等都是人类社会共生关系具体形式，共生关系不仅仅存在于社会的某个方面，而且遍布人类社会的政治、经济、文化、社区、社群、家庭等各个领域。[②] 社会是由各个层面的共生系统所组成的，和谐共生是在合理的度内分享资源，社会进步就在于改善人的共生关系，社会共生论就是要把社会共生现象当作客观事物来看待，从社会共生关系来观察社会。

社会共生的基本理论框架如下：

1. 社会共生关系的基本要素

社会共生关系必须由主体要素、资源要素和约束条件三个基本要素构成。[③]

（1）主体要素。社会共生关系的主体是人和由人构成的组织。人是构成社会的个体，社会的一切组织都是由人构成的，社会共生关系归根结底是人与人之间的共生关系。组织是指人们为实现一定的目标，互相协作结合而成的集体或团体。从某种意义上讲，组织是个人属性的扩大化，因此，组织之间的社会共生关系也是普遍存在的，任何组织，包括正式的、非正式的，合法的、非法的，常设的、临时的，官方的、民间的，政治的、经济的、文化的、教育的，都是社会共生关系的主体。

根据社会共生理论对共生主体的界定，农村社区体育系统内部的共生主体则是由参与体育活动农村社区居民和农村社区体育组织构成，其对农村社区体育参与状况决定了农村社区体育内部诸要素之间共生关系的形成、维持和演变。当然，农村社区体育作为新农村社区建设的子系统，也不可能孤立于新农村社区建设之外，其与新农村社区建设之间也存在外共生关系，因此，农村社区体育共生主体还包括农村社区体育系统自身及新农村社区建设其他子系统在内，农村社区体育与新农村社区建设其他子系统之间是否协调，决定着农村社区体育与其外部环境之间

---

① 胡守钧：《社会共生论》，复旦大学出版社 2006 年版，第 3—5 页。

② 同上。

③ 同上书，第 7—9 页。

是否能够和谐共生发展。

（2）资源要素。资源要素是社会主体间共生关系的纽带。胡守钧认为，资源乃是指在一定时间、地点、条件下，能产生某些效能以满足人之需要者，包括物质系列、精神系列、劳务系列和关系系列等内容。[①] 薛平在其《资源论》中提出：资源是在一定技术、经济条件下，能为人类利用的一切物质、能量和信息，是创造人类社会财富的源泉[②]，胡守钧对资源的理解相近。资源可分为自然资源和社会资源，自然资源是自然界中人类能够开发利用的物质和条件，包括光、热、水、空气、土地、空间、矿产、海洋、森林等；社会资源则是人类通过自身劳动，在开发利用自然资源的过程中形成的物质和精神财富，如人力资本、资金、技术、信息、知识、文化等。[③] 自然资源是人类社会赖以生存与发展的物质基础和保障，社会资源则决定着自然资源开发和利用的效率和效果，甚至资源开发利用的方法。社会主体之间通过以各类资源为纽带，产生各种共生关系，形成不同层面的共生系统。

根据社会共生理论对资源要素的阐述，结合农村社区体育发展的实际，农村社区体育的共生资源即是农村社区的体育资源以及支撑社区体育发展的其他资源。农村社区的体育资源包括体育的人力资源、财力资源、信息资源、物力资源等，而农村社区体育的支撑资源包括自然环境资源、交通设施和条件、卫生安全资源等一系列服务于农村社区体育发展的资源，这些共生资源是农村社区体育发生内外共生关系的纽带。

（3）约束条件。约束条件是指社会共生关系的各个主体都必须遵守的条件。[④] 任何社会共生关系，都存在约束条件，失去约束条件，社会共生关系就无从存在。[⑤] 社会共生的约束条件包括法律、道德、风俗习惯、宗教、意识形态、约定、规则等。约束条件对社会共生现象起着引导、规范的作用，任何社会共生关系都是在约束条件允许范围之内形成、维持和发展的，是保证社会共生关系正常、有序、优化的前提和

① 胡守钧：《社会共生论》，复旦大学出版社 2006 年版，第 7—9 页。
② 薛平：《资源论》，地质出版社 2004 年版。
③ 同上。
④ 胡守钧：《社会共生论》，复旦大学出版社 2006 年版，第 7—9 页。
⑤ 同上。

基础。

在农村社区体育共生体统的发展中，约束条件可以分为硬性约束条件和软性约束条件。硬性约束条件包括和社区体育有关的体育政策、法规、条例等，如《中华人民共和国体育法》《全民健身条例》《国家体育锻炼标准实施办法》《公共文化体育设施条例》《国家体委关于深化改革加快发展县级体育事业的意见》《社会体育指导员技术等级制度》《社会体育指导员国家职业标准》等，其他关于农村体育发展的相关政策、法规、条例、各体育项目规则等。硬性约束条件除对农村社区体育发展起到引导、规范作用外，还能够对破坏农村社区体育发展的实践活动进行约束和强制处罚。软性约束条件则是指不同农村社区的传统习俗、节庆习俗、农民的信仰、体育道德规范和体育精神等，虽然对农村社区体育共生关系不具备强制约束作用，但能起到内在的约束和规范作用，同样不容忽视。

2. 社会共生系统

（1）系统。所谓系统，由相互联系、相互依赖、相互制约、相互作用的若干部分，按照一定的方式，为了一定的目的组合而成的存在于特定环境之中并具有一定功能的有机整体。[①] 系统定义中包括系统、要素、结构和功能四个概念，表明要素与要素、要素与系统、系统与环境之间的关系。系统具有整体性、层次性、目的性、稳定性、相关性、动态性、有序性等特征。

（2）社会共生系统。社会共生系统可以定义为相互关联的社会主体的集。[②] 相互关联是指社会主体集 P 在共生关系集 R 中，R 中的一个社会主体 p 的行为不同于它在别的社会共生关系 R_1 中的行为。若在 R 和 R_1 中的行为没有差别，就没有相互作用，社会主体的行为就独立于共生关系 R 和 R_1。[③] 社会主体包括个人和组织。社会共生系统不是社会主体“累积的”，而是由社会主体“构成的”[④]，即由社会主体按一定结构方式联结而成。在社会共生系统中，各社会主体“构成的”方式不同，使各种社会共生关系具有各自不同的特征。社会是由人组成的，人

① 董肇君：《系统工程与运筹学》，国防工业出版社 2003 年版，第 7 页。

② 胡守钧：《社会共生论》，复旦大学出版社 2006 年版，第 12—17 页。

③ 同上。

④ 同上。

处在各式各样的共生关系之中，每个具体的共生关系都不一样。家庭、学校、企业、政党、医院、教会、军队等都是“人的复合体”。要了解这些“人的复合体”，不仅要知道各个成员的情况，还要知道各个成员之间的共生关系。总而言之，整个人类社会是个共生系统，大至一个国家、城市，小至一个社区、家庭都是一个社会共生系统。所有的社会组织包括农村社区体育活动都是社会共生系统。

（3）社会共生系统的主要特征分析。

①整体性。所谓整体性是指由要素构成的系统，具有要素所没有的性质。[①] 复合体的特征与元素的特征相比是新的或“突然发生的”。[②] 如果知道系统内各个元素及其之间的关系，就可以从元素的行为推导出系统的行为。系统不是各个元素的加合实体，系统的质不同于元素的质，也不是各个元素质的简单堆积。系统的整体性也就是系统作为一个具有质的规定的物所具有的性质。[③] 任何一个社会共生系统都具有质的规定性，这种质的规定性不是由人“累积的”，而是由人“构成的”。社会共生系统的特征不能还原为其成员特征的“累加”，因为构成方式对系统的特征具有决定性的影响。[④]

农村社区体育共生系统，其整体性特征非常明显。作为由农村社区居民、农村社区体育管理者、农村社区社会体育指导员、农村社区体育组织、农村社区体育器材设施、农村社区体育活动、农村社区体育资金以及农村社区体育方法等要素构成的有机整体，各要素之间彼此联系、相互作用，共同促进了农村社区体育的和谐共生发展。

②等级性。等级性又称系统的层次性，是指任何复杂系统都具有一定的层次结构，即可分为不同的等级。一方面系统是上一级系统的子系统（元素），而上一级系统又是更上一级系统的子系统（元素）；另一方面，系统又可以分为若干个子系统（元素），以此类推，可以将一个系统逐层分解，体现出系统的层次性（等级性）。社会共生系统具有等级性，社会共生系统内的个人及组织都具有双重身份，在相应的层次上，它是共生主体，具有独立的主体性，但在更高层次的共生系统中则

---

① 胡守钧：《社会共生论》，复旦大学出版社 2006 年版，第 12—17 页。
② 同上。
③ 同上。
④ 同上。

不是独立的共生主体，而只是共生主体的构成要素，失去部分主体性，层次越高，它对主体的影响力越弱。①

对于农村社区体育系统而言，也具有鲜明的层次性。对于农村社区体育系统而言，农村社区居民及农村社区体育组织是其内部共生关系的主体，在社区体育资源及支撑资源开发和利用的基础上，遵循社区体育发展的约束条件，通过掌握一定的体育技术、方法参与社区范围内开展的体育活动和竞赛，促进农村社区体育的共生发展。然而，在农村社区体育系统与新农村社区建设之间的共生关系上，农村社区体育和新农村社区建设的其他系统之间又形成新的共生主体，具有独立的主体性，而农村社区居民和社区体育组织则失去了部分的主体性，称为农村社区体育系统这一共生主体的构成要素，因此，农村社区体育系统具有层次性特征。

③稳定性。所谓系统的稳定性是指系统的结构和功能在涨落作用下的恒定性，即系统状态或状态序列或输入输出关系在涨落作用下的恒定性。一个系统是稳定的，是指该系统具有自身的度量规定，维持自己质的规定性的统一，使涨落引起的量变不会引起质变界限。系统质的规定不变，则系统是稳定的。系统的质一旦发生变化，系统将失去稳定性。② 系统稳定性出现问题，会导致两种演化趋势：一是机械化；二是集中化。

所谓机械化是指系统会逐渐瓦解，即系统将从统一的整体状态还原为各元素独立的状态，系统的构成性逐渐弱化为加合性。社会共生系统的机械化意味着该系统的质消失，系统死亡。研究系统的机械化对于认识社会有重要意义。对于危害社会的组织，要促使其瓦解，首先要设法割断组织成员之间的社会共生关系；对于有益于社会的组织，则要加强组织成员之间的共生关系。

社会共生系统的集中化就是系统中某个主体的地位和权力发生恶性膨胀，共生关系发生变化超越了共生规范，共生系统发生质变。要防止社会共生系统集中化，必须限制共生主体的地位和权力，保证每个社会共生主体或主体要素在地位和权力上的平等性。

---

① 胡守钧：《社会共生论》，复旦大学出版社 2006 年版，第 12—17 页。

② 同上。

农村社区体育系统同样具有社会共生系统的稳定性特征。农村社区本身就是一个稳定的社会生活共同体，农村社区成员构成具有同质性，其在社会活动内容、社区规范、社区意识和情感、从业状况、经济背景等方面都具有共同性和相似性，彼此之间形成了稳定和亲密的社会关系，因此，农村社区本身是一个稳定的社会实体系统。农村社区体育作为社区系统的一个子系统，其共生主体对体育活动具有长期、浓厚而稳定的兴趣，其从事的体育活动时间、内容、形式都具有相似性，社区成员因为共同的兴趣、爱好从事相同的体育活动，长期形成稳定的农村社区体育系统。

④适应性。系统要获得生存和发展，必须适应周围环境的变化，即系统的适应性。任何系统都存在于一定环境当中，系统和环境之间存在着物质、能量、信息的交换，环境的变化会对系统及系统的构成要素产生一定影响，从而引起系统及其要素的变化；系统结构及构成要素的变化，也是为了适应其周围环境的变化，并对其周围环境产生影响。社会共生系统的适应性是其维持与环境之间共生关系的能力，因此优化系统与环境之间的共生关系是增强社会共生系统适应性的重要举措。

农村社区体育系统跟社会其他共生系统一样，也在不断适应周围环境的变化。随着社会的发展，农村社区成员的人口结构、体育需求、体育科学素养、社区体育活动设施、经济发展水平以及社区风俗习惯等相关因素均在不断发生变化，农村社区体育参与的主体、体育组织、体育活动内容和形式只有适应周围环境的变化，才能不断地焕发生命力和活力，保持持续快速的发展。尤其是随着新农村社区建设的兴起和迅速发展，农村社区体育将要面临新的形势和环境，社区成员的生活条件得到较大的改善、基础设施数量和质量有了较大的提高、人居环境得到较大的优化，农村社区体育系统将会迎来一个崭新的发展契机。农村社区体育只有适应社会主义新农村建设大背景，对自身要素和结构作出及时、科学、合理的调整，才会焕发出勃勃生机和活力。

3. 社会共生规范和社会共生实践

（1）社会共生规范。社会共生规范是用文本（或口头）规定的共生关系。[①] 从宏观层面讲，有法律、道德、风俗、政策、宗教规则等；

① 胡守钧：《社会共生论》，复旦大学出版社 2006 年版，第 24—26 页。

从中观层面讲，有地方性法规、各种社会组织的章程等；从微观层面讲，有个人与个人、个人与组织、组织与组织之间的协议、合同。社会共生规范包括社会、组织、个人社会行为的各种约束条件。①

农村社区体育的共生规范在宏观上有体育法律、体育方针政策、传统体育风俗习惯、体育道德等。体育法律中对农村体育的相关规定，如《中华人民共和国体育法》中规定：国家发展体育事业，开展群众性的体育活动，提高全民族身体素质。体育工作坚持以开展全民健身活动为基础，实行普及与提高相结合，促进各类体育协调发展；国家提倡公民参加社会体育活动，增进身心健康；社会体育活动应当坚持业余、自愿、小型多样，遵循因地制宜和科学文明的原则；农村应当发挥村民委员会、基层文化体育组织的作用，开展适合农村特点的体育活动；乡、民族乡、镇应当随着经济发展，逐步建设和完善体育设施等关于农村体育的法律规范，对我国农村社区体育实践起到宏观上的引导和规范作用。体育方针政策对农村体育的相关规定，如《全民健身计划纲要》《全民健身条例》《国家体育锻炼标准施行办法》《国家体委关于加快发展县级体育事业的意见》等全国性体育方针政策中有关农村体育发展的规定，各地方体育方针政策中对农村体育发展的规定。另外，各体育活动的项目规则、体育运动提倡的各种道德品质、各地形成的体育传统、风俗习惯都是农村社区体育发展的共生规范。

（2）社会共生实践。社会共生实践是实际发生的社会共生关系。从宏观层面讲，社会共生实践有国家行为、政府部门行为、大规模的社会活动、宗教事务等；从中观层面讲，社会共生实践有地方政府行为、各种社会组织的活动等；从微观层面讲，社会共生实践有个人行为、家庭行为、小组行为等。由此可见，社会共生实践实际上包括社会、组织、家庭、个人的各种社会实践活动。②

农村社区体育属于社会基层的体育活动，因此，其共生实践大多发生在中观和微观社会层面上。根据我国体育竞赛管理体制，农村社区体育发生在宏观社会层面的共生实践应该以全国农民运动会为主。中观社会层面的社会共生实践则主要以各地举办的全民健身运动会和各地方性

① 胡守钧：《社会共生论》，复旦大学出版社 2006 年版，第 24—26 页。
② 同上。

群众体育活动、比赛中农村社区居民参与的项目为主。微观社会层面的共生实践是指各地基层农村社区开展的、全体社区居民共同参与的各种健身性、娱乐性的体育活动和比赛。本书对农村社区体育共生实践的研究，侧重于中观和微观社会层面的共生实践，面向基层农村社区体育活动的开展。

（3）社会共生规范的特征。人类社会共生规范有三个特征：一是复杂性，法律、道德、风俗、政策、宗教规则等内涵十分复杂；二是差异性，同为人类，不同地区和民族之间的共生规范差异很大，即使同一民族在不同时期的社会共生规范差异也很大；三是共生规范与共生实践的不一致性，共生规范和共生实践之间经常会出现明显的差异。共生规范和共生实践不一致之处的社会共生规范称之为灰色共生规范，灰色共生规范的特征包括：①潜在性，即没有向社会公开公布；②社会共生规范与社会共生实践不一致程度越大，灰色共生规范就越流行；③有较强的地域和行业特征。[①] 农村社区体育的共生规范符合社会共生规范的特征。

（4）社会共生系统的研究维度。社会共生系统需要从四个方面进行研究：①研究社会共生规范，包括社会共生系统中明文公布的规则、管理机构的内部明文公布但是对外绝对保密的规则、全系统内流行的潜规则、局部范围内流行的潜规则、管理机构内部流行的潜规则等；②研究社会共生实践，需要研究的内容包括社会共生系统管理机构如何运行、资源如何配置、成员如何生活等；③研究灰色共生规则，需要研究的内容包括灰色共生规则产生的原因、缩小社会共生规范与社会共生实践的差异等；④研究社会共生规范、灰色共生规范与社会共生实践三者的互动。对农村社区体育系统的研究也必须从上述四个维度展开。

4. 社会共生的基本纽带

社会共生的基本纽带是指资源—共生关系的基本要素之一。人们建立共生关系的目的是最大限度和最长久地获取资源，不同共生关系的建立是为了获取和利用各种不同类型的资源。为最大限度地实现资源的永续利用，必须充分了解资源的特性，通过合理的共生关系对资源进行合理配置。

---

① 胡守钧：《社会共生论》，复旦大学出版社2006年版，第24—26页。

现代社会资源的开发利用已经成为一个国家（地区）能否持续、稳定、快速、安全发展的基础性问题。全球范围的资源配置已经成为国际竞争的焦点，并且日趋激烈。随着社会的发展，一个国家（地区）自然资源禀赋已不再成为这个国家（地区）繁荣昌盛的决定性因素，社会资源对社会经济的作用日趋重要。资源的特征包括以下几个方面：

（1）具有自然和社会双重属性。资源的双重属性是由自然资源和劳动力资源的性质规定的。资源的开发利用必须符合自然规律和社会经济发展规律的要求，力求达到资源生态系统和经济系统的良性循环，以最少的自然资源消耗和劳动力消耗取得最大的经济效益和资源生态环境效益，确保人口、资源、环境、经济建设之间的协调发展。①

（2）具有无限性和短缺性。资源的无限性是指自然物转变为资源的流程是永无止境的。这是因为，人类认识和改造自然的能力是无限的，而自然界的物质变化是无穷无尽的，资源系统间物质能量的循环和转化维持着资源生态系统的平衡关系。自然界演化形成资源生态系统不一定符合人类的需要，人们能够通过深入认识资源生态规律，合理开发利用各种自然资源，建立新的生产力更高的资源生态系统，使可再生资源不断更新，永续使用。而演化成各种不可再生资源的自然物随着人类科学技术进步，将会有更多原本无用的自然物转变为有用物，源源不断地进入资源系统，因此，总体而言，资源是不会枯竭的。

所谓资源的短缺性，是指某些单个具体资源的供不应求，不能适应社会发展需要的一个资源经济概念。资源短缺一方面影响社会经济的发展，另一方面成为人们寻找新的替代资源的重要动力，推动资源整体的不断发展变化。

（3）资源具有实在性和稀缺性。所谓实在性，是指任何资源都是一种存在，独立于人的主观意识而存在。承认资源的实在性，是对资源进行合理开发和利用的前提。所谓稀缺性是相对人的需求而言的，凡是不能无限满足人的需求的资源都具有稀缺性。正是因为资源具有短缺性和稀缺性，人类才会因为获取更多资源而进行竞争甚至发生战争。社会共生关系是实现解决资源争端，对资源进行合理配置、共享的有效途径，以实现资源的合理、永续利用。

① 薛平：《资源论》，地质出版社2004年版。

农村社区体育共生资源是农村社区体育实践中共生关系形成的基本纽带，其资源的开发和利用必须兼顾共生资源的自然属性和社会属性，既遵循农村社区自然环境的发展规律，又要遵循农村社区社会经济发展的规律，以不破坏社区及其周围的生态环境为前提，同时社区体育资源的开发和利用要与社区经济、社会发展水平相适应，既不能超前也不能落后；由于我国新农村社区建设起步较晚，农村社区体育资源的开发和利用一直落后于城市社区，农村社区体育共生资源具备明显的短缺性和稀缺性，农村社区体育资源供不应求的局面将在很长的一段历史时期内存在和发展下去，因此，农村社区居民、组织以及农村社区体育系统与社区建设其他子系统之间都会为了获取更多的体育共生资源而产生竞争，如何做好社区体育共生资源利用和开发的协调、组织工作，建立良好的农村社区体育共生关系，是对农村社区体育资源进行合理配置、优化利用面临的至关重要的问题。

5. 社会共生机制

社会共生理论从人性的内涵出发，阐释社会共生机制。人性是指人的共同特性，是全人类的根性。对人性的认知应该跳出价值判断的窠臼，既不能说人之本性善，也不能说人之本性恶，而是强调人性的力图伸展。[①] 人性的力图伸展是指人力图伸展自己的属性，即人具有“自我实现”的欲望和能力。“自我实现”的内容：从广度上讲，涵盖经济、政治、文化、家庭、社区、社群以及社会的一切领域；从深度上讲，人生的根本价值在于“自我实现”的程度。人之本性力图伸展这一命题适用于所有人，人性伸展的善恶好坏，需要对人的具体行为进行价值分析。人性伸展需要资源，人性的伸展化作人的种种需求，为了满足人的需求，必须依赖各种资源。[②]

社会组织是由人构成的，是人的复合体，因此，社会组织具有人的属性，是人性的集成。人性的力图伸展是以社会组织为桥梁实现的，也就是人性的力图伸展可以延伸到社会组织本性的伸展。社会组织本身就是一个社会共生系统，虽然社会组织不同于人，但具有明显的拟人性。组织是人的工具，组织的能力是人的能力的放大，社会组

① 胡守钧：《社会共生论》，复旦大学出版社 2006 年版，第 45—50 页。
② 同上。

织的本性是人性的特殊表现，因此社会组织本性的力图伸展是社会组织的“自我实现”。组织的“自我实现”也需要资源，社会组织的“自我实现”，化为社会组织的各种需求，种种需求的满足也必须依赖各种资源。

社会共生理论从人或社会组织的本性、资源的特性来分析社会共生机制。所谓社会共生机制，是探讨社会共生关系因“何”产生、因“何”维系，社会共生关系因“何”而改变的问题。这个“何”是指社会共生机制。①

（1）人与人之间的互斥性。人性之伸展衍生各种需要，需要产生动机，动机驱动行动，行动达成目标，目标达成需要得到满足，需要的满足离不开各种资源。② 由于资源的稀缺性，人的需要则具有层次性和无限性，因此会引起资源的各种纷争。这些资源纷争发生在个人与个人之间、个人与家庭之间、家庭与家庭之间、家庭与团体之间、团体与团体之间、团体与国家之间、国家与国家之间，等等。矛盾与纷争可以说无处不在，无时不在。每个社会共生主体都追求利益的最大化，都想占有更多的资源，如果资源分配不合理，势必加剧社会矛盾，引发激烈的社会冲突，引起严重的社会后果，这实际上就是人与人之间互斥性的具体表现。③ 人与人之间因动物的欲望而存在互斥性，社会主体（个人和组织）因自我实现而存在互斥性。由于人与人之间互斥性导致社会各共生主体之间发生利益冲突，因资源争夺形成斗争。这里的斗争是广义的，利益主体间主张自己的权利而发生的摩擦、纠纷、冲突、对抗、战争等都属于斗争。

农村社区成员是一种特殊的社会群体，都力图伸展自己的体育属性，产生体育的各种需求，并由体育需求产生体育动机，从而形成对体育资源获取和利用的行为。由于农村社区体育资源数量和种类有限，农村社区成员在资源获取和利用的过程中也必然会产生竞争。社区成员个人之间、个人与家庭、家庭之间、家庭与团体、团体之间纷争不断，同时社区体育系统与新农村社区建设其他子系统之间也会因为对资源的争

① 胡守钧：《社会共生论》，复旦大学出版社 2006 年版，第 45—50 页。
② 同上。
③ 同上。

夺产生纷争。每个主体都想获得利益最大化，占有更多的资源，彼此间存在着这种互斥性。

（2）人与人之间的互补性。人性力图伸展需要资源，而很多资源都需要由他人来提供，因此人与人之间还存在着互补性。人与人之间的互补性，间接地表现为人与社会组织之间的互补：如个人与家庭、个人与其所在社会组织、个人与其他社会组织、个人与国家之间的互补等；社会组织与社会组织之间：如家庭与家庭、家庭与社会组织、社会组织与社会组织、家庭与国家、社会组织与国家、国家与国家之间的互补。① 人与人之间的互补性决定了社会各共生主体存在着利益互补，这种利益互补会导致社会共生主体间在争夺资源过程中相互妥协。“妥协”一词在这里也是广义的，且这种“妥协”无处不在。

农村社区体育系统中社区成员、家庭、组织以及农村社区体育系统与社区其他子系统间同时存在着互补性。这种互补性表现为：除社区公共体育资源外，社区成员、家庭、组织为最大限度地满足自己的体育需求会拿出各自的私有体育资源进行交换或共享，彼此各取所需，形成彼此依赖的共生关系；社区体育成员的体育活动多以群体的形式参与其中，群体成员间在体育活动参与中获得各自的情感体验、满足自己的体育需求，同一体育活动参与者或组织之间形成彼此依存的共生关系。因此，农村社区体育成员、家庭、组织以及社区体育系统和其他子系统之间存在着彼此的互补性。

（3）斗争与妥协——社会共生机制。人与人之间互斥性与互补性并存，决定了社会主体间在一定的社会条件下，围绕资源的获取而进行斗争和妥协。斗争与妥协的互动，是社会共生关系运行和演化的机理，也是社会发展活力的源泉。社会共生主体间经过斗争与妥协的互动，形成双方都满意的共生关系。社会共生关系是个双主体（或多主体）的控制环，相互控制的工具就是斗争与妥协。相互控制的关系很复杂，假如甲为主体，乙为控制对象，则有四种情况：甲输出斗争，乙反馈斗争；甲输出斗争，乙反馈妥协；甲输出妥协，乙反馈斗争；甲输出妥协，乙反馈妥协。假如甲是控制对象，乙是主体，情况

---

① 胡守钧：《社会共生论》，复旦大学出版社2006年版，第45—50页。

类似。[①]

社会共生关系是一种资源交换关系，无论是资源的直接交换，还是资源的共享，都是关于资源权利和义务的交换。而在交换过程中双方的控制问题可以概括为四种规律：①接受者越没有供给者需要他能给予回报的资源，则供给者的权力越大；②接受者越没有可替代的供给者可以求助，则供给者的权力越大；③接受者越是没有强制手段获取其所需要的服务，则供给者的权力越大；④接受者没有获得服务或找到替代物，则它不会使自己服从。由于社会共生关系形形色色，主体之间的斗争与妥协的形式与程度各不相同，研究社会共生关系之中的斗争与妥协，应具体问题具体分析。

由于农村社区体育共生主体间互斥性和互补性并存，围绕着社区体育资源的获取和利用，彼此之间存在着斗争与妥协。由于农村社区区域范围较小，彼此间的社会关系亲密，用斗争与妥协作为农村社区体育共生机制不太恰当，笔者认为，用竞争与合作来界定农村社区体育共生机制更为贴切一些。

6. 社会共生关系的建立、维系和演化条件

（1）社会共生关系建立的条件。①资源交换型社会共生关系建立的条件是双方必须拥有对方所需要的资源；资源共享型社会共生关系建立的条件是双方同时需要这种资源且资源存在。[②]

②社会共生主体具有自由选择权。社会主体具有意志，可以按照自己的意志进行选择，没有选择，社会主体间不可能有任何联系。两个主体如果都有自由选择权，要建立社会共生关系，必须要彼此都选择对方；两个主体如果只有一方有自由选择权，要建立社会共生关系，必须一方选择另一方，且另一方必须接受对方的选择；如果双方都没有自由选择权，建立的社会共生关系往往是第三方强迫下做出的选择。[③]

③社会共生主体间存在着斗争与妥协的互动，通过斗争，共生主体间彼此获得最大限度的“自我实现”；通过妥协主体间形成关于利益交

---

① 胡守钧：《社会共生论》，复旦大学出版社 2006 年版，第 45—50 页。

② 同上。

③ 同上书，第 50—54 页。

换和共享的相对平衡。在利益相对平衡的基础上，建立社会共生关系——共生秩序，两主体间的关系由混沌变为有序。[①]

④约束条件也是社会共生关系建立的条件之一。社会主体间的互动，会受到约束条件的约束力。

（2）社会共生关系的维系条件。

①社会共生关系的维系条件之一是社会主体间需要的资源必须长期而稳定的存在。如果资源不存在了，社会共生关系就将消亡。

②约束条件必须能够有效地发挥约束作用。[②] 如果约束条件失效，共生实践不遵守相应的规范，共生关系将无法维持。一种共生关系代表一种秩序。要维持这种共生关系，共生双方之间的斗争和妥协，就不能超越这种秩序的边界，即不能超越约束条件适用的范围。[③]

③在资源和约束条件相对稳定的前提下，斗争和妥协是维持现存社会共生关系的机制。稳定的社会共生关系是动态的，不是一成不变的，斗争和妥协保证社会共生关系在约束条件的限制下，在利益博弈过程中保持利益的相对平衡。

（3）社会共生关系演化的条件。

①斗争和妥协是社会共生关系演化的动力源泉。在现有约束条件下，共生主体间斗争和妥协的互动，是改变旧共生秩序建立新共生秩序的机制。[④] 共生主体处在某种社会共生关系之中，一方对现有的共生秩序不满意，发起斗争，试图超越共生秩序的边界获取更大的利益；另一方为维护自己的利益起来斗争。双方如不能再现有的共生秩序边界内达成妥协，则旧秩序不复存在。但双方彼此还需要对方的资源，想与对方共生，经过斗争和妥协，利益达到新的相对平衡，建立一种新的共生秩序，这就是社会共生关系的演化。[⑤]

②约束条件发生变化。约束条件除对斗争和妥协机制有约束和规范作用之外，还对社会共生关系具有导向作用。约束条件的变化会引起社会共生关系质的变化，引导着社会共生关系演化趋势。

---

① 胡守钧：《社会共生论》，复旦大学出版社 2006 年版，第 50—54 页。

② 同上。

③ 同上。

④ 同上。

⑤ 同上。

7. 社会共生论的价值观

价值观是对人生和社会的根本看法，包括善恶的基本标准，以及从这个基本标准出发所构造成的价值判断体系。[①] 社会共生论必须有自己的价值原则，它不仅要分析社会共生生态存在的原因，还要探索社会演化的动力机制，促进社会发展。社会共生论价值观核心是倡导建立一种合理的社会共生关系。[②] 所谓合理的社会共生关系，是指社会共生各利益主体间合理分享资源，只有构建合理的社会共生关系才能在资源交换和共享中照顾到所有的个人和群体。[③] 构建合理的社会共生关系的前提是提倡和主张人人平等，人人平等是社会共生论的价值内核。[④] 平等观念是人类文明进化的伟大成果，人人生而平等，自由是人的神圣权利，而保护人的自由，需要倡导民主。人人平等是相对的，因为人生来就有差异，且现实社会中的人千差万别。这里倡导的人人平等是指人的基本权利的平等。

新农村社区建设作为社会主义新农村核心建设内容之一，虽然在其指导思想中并未突出社会共生论的价值观，但从其建设的目的、原则、内容等方面看，均旨在倡导建立新农村社区建设与社会主义新农村、和谐社会、城市社区建设等各个领域建立一种合理的共生关系，而在新农村社区系统内部各系统间也遵循社会共生论的价值观，努力实现包括农村社区体育在内的新农村社区各系统之间合理的共生关系。构建新农村社区体育共生发展模式的最终目的就是要实现农村社区成员、组织及其与新农村社区其他子系统间在社区体育活动过程中实现资源的合理分享和交换，建立各主体间合理的共生关系，以保证大多数社区成员在社区体育活动中彼此利益的最大化。

8. 社会共生视角下人和组织的发展

（1）人的发展。个人要“自我实现”，就必须做出选择和行动，人在社会中的发展由一系列事业组成，是在事业产生的各种共生关系基础上最终达到“自我实现”的。个人发展可以理解为事业的成就。人要实现自己的发展，必须首先寻求与他人或组织建立一种社会共生关系。

---

① 胡守钧：《社会共生论》，复旦大学出版社2006年版，第55—58页。

② 同上。

③ 同上。

④ 同上。

建立共生关系的步骤如下：首先对自我进行正确分析，弄清自己所拥有的资源以及自己的需求；然后调查对方是否拥有自己所需的资源，对方的需求是什么；最后通过斗争和妥协，寻求适当的方式与对方交换和分享资源，建立共生关系。[①] 资源和事业之间是密切相关的，资源不仅是事业发展的重要依托，而且是事业发展的具体表现形式。人在共生关系中事业发展表现为两种形式：一是通过共生系统的运行，使自己拥有的资源增长；二是通过共生系统的运行，自己创造出新的资源。[②] 人要在事业上取得进一步发展，不仅要建立共生关系，还要优化共生关系。通过优化共生关系，可以在一定程度上满足共生各方的需求。任何共生关系都是由两个或两个以上的共生主体组成，每个共生主体都有自由选择权，而共生关系正是各方主体共同选择的结果，必须满足多个主体的需求。为满足各个主体需求，要经常评估社会共生关系的运行状况，不断调整共生关系，使之能运行下去。如果某一方需求得不到满足，共生关系就会出现危机，如果长期得不到满足，共生关系就不可能存在了。另外通过优化共生关系，可以提高共生关系的产生出效益，促使现有资源增长或创造新的资源。

（2）组织的发展。组织是个人的复合体，是个人本性的扩大，因此个人是社会共生主体，组织也是社会共生主体。组织的发展也以建立合理的社会共生关系为基础。

个人和组织之间存在着社会共生关系，个人加入组织是为了“自我实现”，组织吸纳个人也是为了“自我实现”，个人和组织之间既存在着互斥性，又存在着互补性。[③] 组织的发展必须兼顾个人和组织双方的“自我实现”，营造和谐的组织内部共生关系，以合理的分享资源。同时，兼顾个人和组织的“自我实现”表现为三个方面：一是个人与组织的收益同步增长；二是个人与组织的发展机会同步增加；三是个人与组织的素质同步增加。[④]

为防止组织系统的集中化，需要制定合理的约束条件，维护组织健康运行，建立严格的组织监督体系，防止个人或部分人权力的恶性膨

---

① 胡守钧：《社会共生论》，复旦大学出版社 2006 年版，第 76—79 页。

② 同上。

③ 同上。

④ 同上。

胀，导致组织内部共生关系失衡。①

为提高组织系统的适应性，首先要对组织环境了解清楚，其次要明确组织“自我”的需求；再次对组织系统内部进行改革；最后寻找组织在环境中的最佳定位。

构建新农村社区体育共生发展模式，建立农村社区体育内部主体间、农村社区体育与新农村社区建设各子系统间合理的共生关系，就是要满足农村社区成员、组织间体育属性伸展的需求，使农村社区居民能够充分利用体育及其支撑资源，在科学合理的共生约束条件引导和规范下，促进人在体育活动中的自我实现，或养成强健的体魄，或获得成功的体验，或满足交往的需要，或获得自我发展，最终促进农村社区居民的全面发展。

（三）共生理论对新农村社区体育发展的支撑作用

新农村社区体育是我国农村体育事业发展过程的一个新阶段，在我国社会主义新农村建设的历史大潮中，新农村社区体育发展既获得了难得的发展机遇，同时会面临诸多复杂的问题。诸如：农村社区体育与新农村社区建设的关系问题；农村社区体育与和谐社会建设的关系问题；城乡社区体育发展的关系问题；农村社区体育系统内部诸要素之间关系问题；农村社区体育与全民健身事业的关系问题等，如何处理好上述关系是新时期农村社区体育健康、持续发展的重要前提。要解决新时期农村社区体育发展中存在的诸多问题，最根本的就是用共生思想和理论去处理农村社区体育发展内部要素及其与周围环境之间的各种关系，因此，共生理论可以作为新时期农村社区体育发展的基础指导理论，对其发展模式和路径选择提供根本指导。

根据社会共生理论，新农村社区体育可视为一个共生系统，系统内部诸要素之间以及系统与环境之间存在着共生关系。用社会共生理念指导新农村社区体育的建设和发展，是新时期我国农村社区体育发展模式必然选择，也符合农村体育未来发展的大趋势。社会共生理论为农村社区体育的发展提供了方法论指导，对新农村社区体育的发展起着宏观和中观上的指导作用，开辟了我国农村社区体育发展的新视野。新农村社区体育由诸多共生要素构成，符合共生系统特征，具备社会共生条件，

① 胡守钧：《社会共生论》，复旦大学出版社 2006 年版，第 76—79 页。

遵循社会共生原则和机制，以构建合理的社会共生关系为目的，推动新农村社区体育共生发展。社会共生理论为构建新农村社区体育共生发展模式提供了理论框架，是新农村社区体育共生发展的支撑理论体系的主架，是贯穿农村社区体育发展模式的理论主线。

三 公民社会理论

（一）公民社会的内涵

“公民社会”一词是有英文词组 civil society 翻译而来的，译成汉语有三种概念表述形式：市民社会、公民社会、民间社会。[①] 关于公民社会的三种译名的内涵，我国著名的政治学家、学者俞可平教授作了深入的分析，他认为：“市民社会”是当前最流行的译名，也是英文“civil society”最为经典的译名，来源于马克思主义经典著作的中文译名，但由于马克思主义经典论著涉及较多的社会制度变迁以及阶级对立和斗争内容，市民社会往往作为资本主义社会的代名词，因此，在使用过程中往往带有贬义的色彩。[②] 中国台湾学者在翻译时多使用民间社会的概念表述，虽然它被认为是个中性译名，这一译名隐含了中国特定文化中传统的“民间社会与国家”的二元社会结构思维模式。[③] 中国台湾学者使用民间社会的概念，借以推进中国台湾的政治民主化进程。在研究中国近代社会时，这一概念被历史学家广泛应用，但不少学者认为，它过于边缘化，没什么特色。“公民社会”的表述则是一个褒义的概念，强调公民对社会政治生活的参与和对国家权力的监督与制约，因此逐渐成为众多学者共同认可的译名。[④]

公民社会是一个历史性范畴，在不同历史时期有不同的内容与形态，civil society 最早源于古希腊，被称为“城邦国家”；到了近代，公民社会又被称为“市民社会”或“资产阶级社会”，当代公民社会概念的内涵和外延又有了进一步扩展。关于公民社会的概念，在学术界也存在着很多分歧。常见的公民社会的定义有以下几种：

（1）联合国开发计划署的定义：公民社会是在建立民主社会的过程中与国家、市场一起构成的相互关联的三个领域之一。社会运动可以

---

① 梁丽萍：《政治社会学》，中央编译出版社 2009 年版，第 62—63 页。
② 黄波、吴乐珍等：《非营利组织管理》，中国经济出版社 2008 年版，第 22—24 页。
③ 同上。
④ 同上。

在公民社会领域中组织起来。公民社会中的各个组织（公民社会组织）代表着各种不同的、有时甚至相互矛盾的社会利益，这些组织是根据各自的社会基础、所服务的对象、所要解决的问题以及开展活动的方式而建立和塑造的。

（2）西方有些学者则认为：公民社会是介于公民与国家之间的各种志愿性协会，这些协会是公民向国家乃至整个社会表达自己意愿和利益的基本手段。

（3）俞可平教授则认为：公民社会是国家或政府系统、市场或企业系统之外的所有民间组织或民间关系的总和，是官方政治领域和市场经济领域之外的民间公共领域，被称为介于政府和企业之间的“第三部门”。[①]

（4）张乃和先生则认为：公民社会是由一些具有相应公民权利和意识的公民及其参与活动所构成的具有非政治或非经济意义的社会空间领域。[②] 在上述四个定义中，俞可平教授对公民社会所做的界定受到广大学者的普遍认同。

（二）公民社会的构成要素和特征

1. 公民社会的构成要素

关于公民社会构成要素，何增科在其专著《公民社会与第三部门》中做出如下归纳：

（1）私人领域。私人领域既包括私人自主从事商品生产和交换的经济活动领域，其中市场机制和私人产权是这一领域的构成要素；又包括个人领域（个人的家庭生活或私人生活领域），构成个人自我发展和道德选择的领域，个人在该领域中应享有充分的隐私权。

（2）志愿性社团。志愿性社团是指成员基于共同利益或信仰，加入或退出自愿，不以营利为目的，自愿结成的一种非政府非营利的社会组织。志愿性社团为公民提供参与公共性事务的机会和手段，提高了它们参政和解决公共事务的能力。许多公民社会理论认为志愿性社团是公民社会的核心要素，有人甚至认为公民社会就是志愿性社团。

（3）公共领域。公共领域是介于私人领域和公共权力之间的一个

---

① 何增科：《公民社会与第三部门》，社会科学文献出版社2000年版，第4页。

② 张乃和：《现代公民社会的起源》，黑龙江人民出版社2007年版，第181—185页。

领域，是一宗非官方的公共领域，是各种公众聚会场所的总称，公众在这一领域对公共权威及其政策和其他关系的问题进行评判。

（4）社会运动。现代社会运动在西方成为新社会运动，是在发达国家兴起的，为实现一定的社会进步目标，由不同国家、民族、阶级和阶层成员参加的，采取多种多样形式和方式开展的一种抗议和反对现存政府及其实行的某一政策的广泛群众性斗争，新社会运动并不追求打破国家机器和建立新政权。新社会运动在价值观上是反现代主义的，它反对把经济增长当作社会进步唯一标准的现代主义价值观，更关注现代化所导致的社会问题，而不是经济问题；它推崇人际关系的团结，反对集权的、等级制的科层体制；它更多的是追求个人自由，而不是物质利益和政治权力。新社会运动寻求一种全新的天人关系、人际关系、身心关系、两性关系、工作伦理和消费价值观。新社会运动仅仅要求改变现实的某一政策、某一措施、消除某种不合理的现象，改造某种不满意的状况。新社会运动采取一种大民主的、平等的组织形态和小规模的、分权的、开放的、流动的组织方式，在组织上具有分散性和不稳定性特征。新社会运动的社会基础广泛而又复杂，关注超越国家政治框架的问题，主张采取非暴力和文明抗衡的抗议方式。

2. 公民社会特征

（1）志愿性与合作性。公民社会组织不是因血缘或地缘关系组成的，而是成员基于共同利益或信仰而自愿结成的组织，具有志愿性和合作性特征。志愿性和合作性社会结构的存在为公民提供了参与公共事务的机会和手段，提高了他们的参与意识和参与能力。在各种非营利组织中，成员因彼此间的互惠互助而培养起感情并增进相互理解，可以避免产生极端主张和行为。各种志愿的、合作的社会结构的存在，是社会发展的重要条件。

我国农村社区体育系统可以认为是一个小型的公民社会组织，农村社区居民基于对体育长期而稳定的爱好、兴趣和需求，自愿结合为各种体育群体或组织，具有典型的志愿性和合作性，农村社区居民通过各种体育群体或组织获得了参与各种体育活动和比赛的机会和手段，增强了农村社区居民的体育参与意识和能力，在共同的体育活动中互惠互利、加强理解、培养感情，增进了农村社区体育主体间共生关系的亲密性。

（2）公开性和开放性。公民社会理论强调国家政务活动应该向社会公开、公布，接受社会全体成员的监督和制约；主张公共领域的开放性，反对国家对公共事务的垄断。公开性和开放性是公众在公共领域进行讨论和政治参与的前提条件。

农村社区体育作为国家全民健身事业的一部分，也应该向社会公开、公布，并接受社会全体成员的监督和制约。鉴于我国农村经济、社会发展水平相对落后，基层政府对农村社区体育的组织和开展负有不可推卸的责任，起着主导性的作用。但我国社会体育事业的发展趋势之一就是将全面走向社会化，打破政府对农村社区体育事业的垄断，发动社会力量开展社区体育活动是我国农村社区体育发展的必然选择。因此农村社区体育开展应该在基层政府主导下，由政府、社会组织和个人共同组织和开展，并及时对外公开公布社区体育活动开展情况及农村社区居民的体质状况，调动社区居民对农村社区体育参与和监督的积极性。

（3）非官方性。公民社会是介于私人领域和公共权威之间的一种非官方的公共领域，是各种公众聚会场所的总称。自由的、理性的、批判性的讨论构成这一领域的基本特征。非官方性使公众对公共权威领域及其政策的评判更加客观，讨论不受约束，更加敢于批判，突破了诸多局限性，有助于政府作出科学、合理、客观的决策。

我国新农村社区建设是完善村民自治、扩大基层民主的有效载体，村委会是农村社区基层自治组织而不是政府基层组织，起到服务社区居民的核心作用。农村社区基层组织都是在村委会领导下的非官方组织，因此农村社区系统本身就具备非官方性。农村社区体育的开展虽然以基层政府为主导，但其各级各类体育组织均属于社会团体或民间组织，社会团体是在国家或地方民政部门注册的群体，本身具有民间性，而农村社区体育的民间组织主要指农村社区内自发成立的基层体育组织，这类组织根本不需要民政部门的注册，只要村委会批准成立即可，因此更具有民间性。鉴于此，农村社区体育系统的非官方性也非常明显。

（4）横向协作。公民社会通过协作的横向纽带将社会成员联系在一起，公民之间不是垂直的领导与被领导、保护与被保护、统治与被统治的垂直权威关系，而是平等、互惠、互利的关系，公民社会组织运行上实行自我管理，在政治上体现出彼此平等。

农村社区成员、组织在参与体育活动的过程中处于一种平等、互惠、互利的共生关系中，成员、家庭、组织、社区间在开展体育活动中经常实行横向协作，通过某种体育活动或比赛联系在一起，彼此在社会地位上体现出平等性，这也是农村社区体育建立合理共生关系的重要条件。

（5）信任和容忍。公民社会中，成员之间相互帮助、彼此尊重和信任。虽然公民社会中，社会成员之间认识的不同、政治观点的不同以及利益上的冲突不可避免，但社会成员都本着求同存异的原则，容忍不同意见甚至是对立面的存在。正是社会成员之间相互信任和容忍，使其能够协调个人利益和集体利益之间的关系，避免损人利己的现象出现。

成员之间信任和容忍也是新农村社区体育共生发展的重要条件之一。新农村社区由于空间范围小，社区成员本身的同质性以及长期的共同生活使彼此之间形成稳定的、亲密的人际关系，而这种人际关系是建立在彼此信任和相互容忍的基础上的。社区成员参与社区体育活动的过程中，本身不具备很强烈的对资源的竞争性，更多的是体育活动中彼此的合作。因此，社区成员在体育活动中更加有助于相互交流，增进感情，彼此间相互帮助、彼此尊重和信任，即使出现一些争端和矛盾，也能够相互容忍。农村社区成员彼此间的信任和容忍有利于形成合力，推动农村社区体育的共生发展。

（6）法治原则。公民社会是介于政府领域和市场领域之间的独立领域，其与政府、市场之间在社会地位上是平等的。而要保障公民社会地位上的平等性和独立性，必须通过法律确保公民社会的相关权利，反对国家对公民社会内部事务横加干预。

由于基层政府对农村社区体育的发展重视程度不够，各级各类体育组织的组织职能尚未延伸到农村社区，农村基层社区体育组织本身组织职能弱化，再加上农村社区居民对本身体育权利的重要性认识不足，导致农村社区体育的发展一直处于新农村社区建设的薄弱地位。要保障农村社区体育在新农村社区建设各子系统中的平等地位和独立性，必须建立健全农村社区体育的法律、方针、政策，坚持依法治体，确保农村社区体育在发展中获得必要的资源，改变农村社区体育发展滞后的局面。

（7）参与性。公民社会成员具有很强的政治参与意识和能力，对国家公权力进行监督和制约，积极参与社会公共事务自我管理，实现公民社会组织自治。

农村社区成员的体育参与是新农村社区体育共生发展的生命之源，

而社区成员的参与意识和能力是决定农村社区体育参与的根本前提。公民社会对成员公民素质的培养，对提高农村社区居民体育科学素养，增强农村社区居民的社区体育参与意识和能力具有重要的推动意义。成员参与性是农村社区体育共生发展的核心要素。

（三）公民社会的作用

梁丽萍的《政治社会学》对公民社会的作用做出了明确阐述，她认为：公民社会的产生具有十分重要的社会历史意义，公民社会的形成过程是形塑现代国家、培育民主政治的过程。公民社会的作用主要表现在对国家政治发展的推动作用，主要表现在以下几个方面①：

1. 重塑国家与社会的关系

国家与社会的分离是社会发展的必然趋势，国家与社会的分离将导致国家涉足领域的缩小、国家权力和效力的提升，提高政府机构的管理效率。我国计划经济时代属于典型的全能型国家，所谓全能型国家是指国家权力的无限扩大，对社会实现完全控制。正因为国家涉足的领域过多，超出“政治领域”的范畴，国家失去了独立性和自主性，政府职能大、全，但效能低。公民社会则是国家与社会分离的产物，国家与社会的分离增强国家的独立性和自主性，使国家和政府能从琐碎的社会事务中解放出来，将精力集中在对社会事务的宏观上，提升了政府的行政管理效率，社会管理的事务则交由公民社会组织处理。公民社会的发展正是在这个意义上重塑国家与社会的关系。

2. 实现社会力量对国家权力的有效监督和制约

公民社会发展的本质是国家向社会力量分权，提倡社会的多元权利观，能够有效遏制公权力的无限扩张、独断专行。集权只能导致政治上的独裁，公权力的滥用；只有分权，才能形成权力制衡，实现社会对国家权力的制约。公民社会、政府、市场是彼此独立的三个领域，在法律上应该体现出社会地位的平等性，公民社会成员的政治和社会参与意识与能力的提升，是对国家权力进行有效监督的必要前提。公民社会中社会力量的增长与国家权力的适度分散，才能形成社会力量对国家权力的有效监督和制约机制。

---

① 梁丽萍：《政治社会学》，中央编译出版社2009年版，第76—78页。

3. 利益的多元化表达功能

公民社会为公民的利益表达提供了政党之外的多种渠道。民主政治的形成靠国家和政府自觉地、单向地推动是无法真正实现的，因为民主政治的形成势必会触及既得利益者的利益，从而阻碍民主政治的进程。民主政治的推进需要另外一种力量的推进，尤其是当既得利益者的利益受到触动，民主化进程受到阻碍时，需要来自社会下层持续压力的推动，使既得利益者在一定程度上作出妥协和让步。所谓来自社会下层的持续压力，是指社会力量即公民社会组织对民主政治实施的推动力。在公民社会中，社会力量将不断增强，对民主政治的推进作用将越来越大，对国家和政府的政治决策也有较大的影响。研究表明，公民社会的多元性，导致社会利益的广泛性，有助于分散政治冲突的各种倾向。

4. 培育和深化民主价值文化

公民社会在刺激政治参与，增强民主制度下公民民主参与技术和效能，培养公民的民主权利和意识等方面发挥着重要的作用。民主最大的威胁在于公民的冷漠和消极，这也正是我国传统政治体制下公众形成的一种习惯性的弊病，对政府和国家的政策漠不关心，政治参与消极甚至抵制，甚至有人连主要的国家领导人是谁都不清楚。公民社会则提倡公众志愿参与各种社会性团体，是民主实践和文化的根基。

5. 强化民主政治的社会基础，推进民主进程

美国耶鲁大学著名的政治学家罗伯特·达尔认为，由众多自发而独立的组织和团体构成的公民社会，适合成为民主实施的基地。因为民主的形成和发展是在各种不同社会力量和利益阶层之间“讨价还价”（竞争与妥协）过程中展开的。实现社会民主，必须依靠各种社会力量的制衡和约束。而多元的公民社会正是多种社会力量和利益群体的有机组合，通过有组织的分化和整合，可以为民主政治的发展提供重要支持。

6. 公民社会促进社会公平公正

公民社会主要由非营利和非企业性的组织构成，公民社会作为独立于政府和市场领域之间的公共领域，其价值理念包括追求自主和独立，崇尚民主和法制，尊重个性和自由，包容差异和多样，提倡公平、公开、协作和参与的精神。公民社会作为社会内生的独立社会领域，要求每个社会成员都平等拥有公民基本权利和基本人权来做保障。公民社会的价值观念能够防止和减轻国家权力对公民权的侵害，使公民获得平等

的公民权。公民社会组织虽然不以营利为目的，但并不说明与利益无关，公民社会实际上是利益相关者利益博弈的公共场所。公民社会是民主志愿组成的社会性团体的总称，最能贴近民众，代表民众的最直接、最根本的利益和愿望，因此在调节社会利益和矛盾的过程中公民社会往往能发挥最直接、最有效的调节作用，甚至能够解决政府和市场无法调节的利益矛盾。公民社会遵循人人平等、相互尊重、包容协商的原则，在协调社会利益冲突上，能充分考虑民众个人利益，在社会利益协调中达成一致。另外，公民社会组织力量的兴起和强大，会使民间组织更多的参与到公共政策的制定过程中，促进公共政策制度的民主化，使公共政策更加透明和公平。同时公共政策的公平化倾向，又刺激了社会公众参与的积极性。公民社会的兴起，使社会政治资源不断的由高层流向底层，为公民社会参与提供了政治条件。公民社会组织还为公众的公平参与提供组织依托，通过参与社会公益事业，提升社会公平的水平。

公民社会有助于重塑国家与社会之间的关系，提高农村社区体育的社会地位，促进农村社区体育组织的健全和完善，为农村社区体育提供了良好的发展平台；利益的多元化表达功能则为农村社区居民开拓了多元化的体育利益诉求渠道，引起政府和社会对农民体育利益的高度关注，保护农村社区居民的体育权益不受侵害，激发农村社区居民体育参与的积极性和主动性；培育和深化民主价值文化的功能则强化了农村社区居民的权利意识，鼓励居民积极参与包括农村社区体育在内的各种社区活动，为社区自治贡献自己的力量；公民社会对社会公平、公正的促进一方面提升了农村社区体育在新农村社区建设、城乡社区体育发展以及全民健身事业等社会各系统中的地位和作用；另一方面为农村社区体育的开展营造了公平公正的氛围，符合体育活动的本质和开展的基本规律，也为农村社区体育活动开展提供了基本原则，是农村社区体育共生发展的活力所在。

（四）公民社会理论对新农村社区体育发展的支撑作用

公民社会为农村社区体育组织的建设和发展提供了宽松的社会环境。根据公民社会理论，村民自治将成为新农村社区民主政治建设的重要内容和形式，作为村民自治主要内容的民主管理和民主监督，其管理和监督内容包括农村社区的各项社会事务，自然也包括新农村社区体育事业在内。这就意味着新农村社区体育的发展应该在政府的宏观引导和支持下，农村社区体育组织在其执行层和操作层面上发挥至关重要的作用，将在政府引导下，以农村社区居民为主体、社区体育组织为主导的社区体育自治也将是未来农村社区体育发展必然趋势。公民社会理论对新农村社区各类体育组织的社会地位及组织职能做了明确的理论诠释，为新农村社区体育发展的参与机制、利益分享机制、权利保障机制等提供了遵循的原则，倡导居民在体育参与中的主体地位，提高居民的体育参与意识、参与素质和参与能力，而公民社会的理念也为农村社区体育发展的约束条件、资源配置、主体扩容提供了指导思想，是构建新农村社区体育共生发展模式理论支撑的重要补充。

四　新农村社区建设理论

（一）新农村社区建设的政策法规解读

1. 新农村社区建设历史任务的提出

2006 年 10 月，中国共产党第十六届中央委员会第六次全体会议通过《中共中央关于构建社会主义和谐社会若干重大问题的决定》，提出，“扎实推进社会主义新农村建设，促进城乡协调发展”，“贯彻工业反哺农业、城市支持农村和多予少取放活的方针，加快建立有利于改变城乡二元结构的体制机制，推进农村综合改革，促进农业不断增效、农村加快发展、农民持续增收”，“强化支农惠农政策，增加国家对农业和农村投入，完善农村金融服务体系各级政府要把基础设施建设和社会事业发展的重点转向农村”，是新农村社区建设的重要保障举措。“推进社区建设，完善基层服务和管理网络。全面开展城市社区建设，积极推进农村社区建设，健全新型社区管理和服务体制，把社区建设成为管理有序、服务完善、文明祥和的社会生活共同体”①，首次提出了新农村社区建设任务，明确了新农村社区建设的总体目标。可以看出，新农村社区建设主要围绕改善农民生活环境，健全农民服务体系，提高农民生活质量和幸福指数等目标全面展开。而农民物质生活水平的提高和精神文化生活的丰富，是提高生活质量和幸福指数的两大基本途径，农村社区体育作为农民精神文化生活的重要组成部分，必将成为新农村社区建设的重要内容。2006 年，民政部印发了《民政部关于做好农村社区建设试点工作推进社会主义新农村建设的通知》（以下简称《通知》），

① 《中共中央关于构建社会主义和谐社会若干重大问题的决定》，2006 年 19 月 18 日。

内容包括充分认识开展农村社区建设的重要意义、认真总结农村社区建设的工作经验、因地制宜地抓好农村社区建设试点、深入开展对农村社区建设工作的调研论证、切实加强对农村社区建设工作的指导。[①]《通知》为我国新农村社区建设试点工作提供了宏观指导，为试点工作的推广做了前期铺垫。新农村社区建设试点工作启动之初应该未雨绸缪，将农村社区体育公共设施、农村社区体育公共服务、农村社区体育组织建设以及农村社区体育活动开展等内容纳入新农村社区建设试点工作，而不要走我国城市建设中建后不久就拆，拆完重建等重复拆建的老路，造成人力、物力和财力的巨大浪费。

2. 新农村社区建设的推进

2007年3月，民政部印发《全国农村社区建设实验县（市、区）工作实施方案》，开始了我国新农村社区建设的试点工作。在《实施方案》中，提出，建立“全国农村社区建设实验县（市、区）”的目的以及全国新农村社区建设实验县（市、区）承担的主要任务，在实施层面提出了申报“全国农村社区建设实验县（市、区）”的条件以及确定新农村社区实验县（市、区）的方法，说明我国新农村社区建设已经从思想层面深化到行动层面，新农村社区建设的试点工作开始落实推广开来。

2008年10月，民政部颁布了《全国和谐社区建设示范单位指导标准（试行）》，提出命名表彰一批全国和谐社区建设示范单位，提出了和谐社区建设示范单位的指导思想，命名和表彰的范围、命名和表彰的标准、程序和工作要求。该标准提出“居民生活方式健康科学、文明向上，社区内家庭和睦，邻里关系融洽，群众性文体活动广泛开展，居民参与率较高，并有活动记录；文明社区、学习型社区、和谐楼院、五好家庭等多种形式的群众性精神文明创建活动成效突出”[②]，将社区体育活动纳入标准，突出了社区体育活动在和谐社区建设中的地位和作用。该标准不但为我国社区建设提供了参照依据，同时激发了全国各地社区建设的热情，虽然参照标准没有突出农村社区建设，但也并未将农

---

① 《民政部关于做好农村社区建设试点工作推进社会主义新农村建设的通知》，2006年9月22日。

② 民政部：《全国和谐社区建设示范单位指导标准（试行）》，2008年10月10日。

村社区排除在命名和表彰范围之外，可以作为新农村社区建设工作的参考标准和实施方向，或根据新农村社区建设的实际情况对上述标准进行修改和完善，出台《全国农村和谐社区示范单位指导标准》，用于指导轰轰烈烈的新农村社区建设大潮。

2009 年 3 月，民政部下发了《民政部关于开展“农村社区建设实验全覆盖”创建活动的通知》，标志着我国新农村社区建设的试点工作积累了丰富的实践经验，开始了进一步的推广工作，且范围和规模迅速扩大。该通知提出了全覆盖示范单位创建的指导思想、标准、工作要求和保障措施，其中在创建标准中，综合服务设施和综合服务都有明确的规定，内有文体活动设施和服务的内容，是对我国农村社区体育活动开展的重要指导。2009 年 10 月，民政部印发了《民政部办公厅关于完善“全国农村社区建设实验全覆盖示范单位”自荐、评估、确认等工作的通知》，出台了《全国农村社区建设实验全覆盖示范单位的评估指南》（以下简称《指南》）。并制定了《新农村社区建设实验全覆盖示范单位评估手册》（以下简称《评估手册》），提出了全覆盖的指标体系，其中包含了文体活动服务和设施的内容。需要指出的是，《评估手册》虽然包含文体活动服务和设施的指标，但该指标的内容不够细化，在新农村社区建设中的操作意义有限，建议将文化和体育指标分开，并对指标内容进一步细化，突出体育生活化的理念，使农村社区体育公共设施、服务、社区体育组织以及社区体育活动的开展提供参考依据，以促进农村社区体育的开展。随着全国各地新农村社区建设的不断推进，新农村社区建设实验全覆盖示范单位数量逐渐增多，其中山东省已经有 4 批次 27 个县（市、区）获得了全覆盖示范单位的命名和表彰。

（二）新农村社区建设的“新”解

了解新农村社区建设的目标，首先要了解新农村社区建设“新”的含义。新农村社区建设的“新”表现在以下几个方面。

1. 新农村社区建设的“新”表现为社会地位之高前所未有

由于历史和体制的原因，我国城乡之间存在着较大的差距，农村建设处于非常薄弱的地位。在 2005 年党的十六届五中全会明确提出了建设社会主义新农村的重大历史任务后，包括农村社区建设在内的农村建设和发展的社会地位获得了前所未有地提高。国家和政府将农村建设放在促进城市发展、促进社会整体和谐的战略地位上，采取有力措施，推动农村改革的发展，在统筹城乡发展思想的指导下，以“解决‘三农’问题”为改革的核心目标，以工业反哺农业、城市反哺农村为改革和建设方针，加大对新农村建设的政策保障和投入力度。国家对新农村建设的重视程度前所未有。

2. 新农村社区建设的“新”表现为建设内容的更新①

在我国社会、经济发展过程中，城乡之间有着明显的差距，我国农村发展明显滞后于城市的发展，农民生活水平较低，农村生产力较为落后，因此以往农村建设以满足农民的物质需求，进行农村物质文明建设为主，从农民的“生存”层面进行建设，较少关注农民的精神生活、居住环境、生活方式、身心健康、公共服务等方面需求。新农村社区建设则注重农民的“生活”层面的建设，内容包括基础设施、社区组织、公共服务、社会保障和民主法治等综合性建设，包括农村的物质文明建设，也包括农村的精神文明建设，是全方位、多层面的建设。

3. 新农村社区建设的“新”表现为建设主体“新”

过去农村建设中农民处于被动地位，建设的主体是地方政府部门。地方政府进行农村建设的目的往往被所谓“政绩”所束缚，政府在农村建设中往往以自己的目的为主，而忽视了农民的需求和农村、农业的实际情况，搞一些形象工程、政绩工程，劳民伤财，造成农村建设成果与农民需求相脱节现象，大大挫伤农民的积极性。为避免农村社区建设主体错位、农民积极性不高的现象，中央正式提出新农村社区建设“政府积极引导、农民为主体、社会广泛参与”的方针②，以使农村社区建设能够想农民之所想，做农民之想做，调动农民的积极参与性，提高农民的社会、政治参与意识和能力。

4. 新农村社区建设的“新”表现为建设思路“新”

由于我国长期计划经济体制造成的城乡割据，使得农村建设和城市建设各自为战，缺乏联系。新农村社区建设则是在城乡统筹思想指导下，以城乡社区一体化为发展目标，以城市社区建设为导向，结合农村当前的实际情况，走农村城市化的发展道路。同时将新农村社区建设纳

---

① 张兴杰、游艳玲等：《农村社区建设与管理研究》，华南理工大学出版社 2007 年版，第 1—3 页。

② 农业部软科学委员会办公室编：《促进农民增收与全面建设小康社会》，中国农业出版社 2005 年版，第 353—355 页。

入我国新型城镇化发展的战略规划中，我国新型城镇化建设模式可分为就地城镇化和异地城镇化两种模式。所谓异地城镇化，是指农村人口大量集中向大中城市或向发达地区城市流动、迁移的城镇化模式，当前我国城镇化的建设以异地城镇化模式为主旋律，由于城市容量限制、资源限制、户籍限制等种种因素，容易造成大中型城市面临巨大的人口压力、经济压力、就业压力和环境压力，形成“城市病”，不利于我国城镇化的发展；所谓就地城镇化，就是农村人口不再一味地向大中城市迁移，而是依托中心村和小城镇，或把散落的农村居民点适时适度聚集发展为新社区，并逐渐成长转化为新城镇，就地就近实现非农就业化和市民化的城镇化模式，而新农村社区建设则是就地城镇化建设的一部分，也是缩小农村和城市之间差距、实现城乡一体化发展行之有效的举措。因此，新农村社区建设应以新型城镇化为导向，致力于就地城镇化发展，减少我国城镇化的成本。

（三）新农村社区建设的原则

综合新农村社区建设的相关理论，对新农村社区建设进行概括和总结，新农村社区建设要遵循六大原则[①]：

1. 政府引导，农民自愿

《评估手册》的评估内容中提到，基层政府要成立新农村社区建设的领导和协调机构，说明新农村社区建设要在党委领导下，实行分级负责责任制。其中县级政府是新农村社区建设的关键，要对县域范围内的农村社区建设进行整体规划，成立专门的领导班子。新农村社区建设应采取以集体和农民为主体、政府支持、市场运作的办法，多渠道筹集建设资金。新农村社区建设要坚持农民自愿，不搞强迫命令，要在充分试点、积累经验基础上，充分调动农民积极性和创造性，积极组织实施。政府引导可以指引新农村社区建设的方向，农民自愿则使新农村社区建设拥有强大的主体群，其积极性和创造性是推动新农村社区建设的重要动力。

2. 因地制宜，循序渐进

新农村社区建设要从当前农村的经济发展状况和实际情况出发，因

---

① 张兴杰、游艳玲等：《农村社区建设与管理研究》，华南理工大学出版社 2007 年版，第 37—45 页。

村制宜，分类指导，量力而行，分层次推进新村建设、旧村改造、村庄整合、环境整治工作，有计划、分步骤地实现新农村社区建设的计划。新农村社区建设要体现地方、民族特色，还要突出时代特征，与和谐社会建设挂钩，切忌社区建设中的盲目攀比、"一刀切"现象，重视传统与现代的结合，人与自然的和谐。另外新农村社区建设是一项长期的历史任务，农村城镇化的道路还很漫长，必须要循序渐进，不能急于求成、拔苗助长，违背农村城镇化的社会发展规律。

3. 以村为主，合理规划

新农村社区建设应当充分利用现有中心村的资源优势，特别是将经济发展比较好的中心村作为新农村社区建设示范村；同时，加强、加快农村社区的规划，将其与城镇总体规划、土地利用总体规划、基本农田保护规划等相衔接。新农村社区规划应坚持三个统一：实用性与前瞻性相统一、新社区建设与旧村改造相统一、自然村合并与中心村建设相统一，发挥大村、富村及优势区位的示范、带头作用。

4. 以人为本，完善服务

新农村社区建设应坚持以人为本，以完善社区公共服务为核心，把服务社区作为社区建设的根本出发点和归宿，着力提高农民的生活质量和文明程度。新农村社区建设应急农民之所急、想农民之所想、应农民之所需，着力于社区服务基础设施建设和社区服务组织体系构建，围绕社会保障、文化体育、环境卫生、社会治安、基础教育以及农村居民互助等一系列服务进行建设，切实改善农民的生活质量，完善农村社区服务体系。

5. 统筹兼顾，配套建设

新农村社区建设，要坚持城乡互动、工农联动和经济社会协调发展，促进城乡基础设施、生态环境、交通道路、工业园区、农业园区、水利设施等统筹规划建设。居民生活供水、供电、供暖等配套设施尽快向农村社区延伸覆盖，用城市社区管理服务的理念指导农村社区服务工作，提高农村社区治安、环保、卫生、文体、幼教、老年服务，以及居民互助服务的水平。

6. 扩大民主、村民自治

村民自治是指广大农民群众直接行使民主权利，依法办理自己的事情，创造自己的幸福生活，实行自我管理、自我教育、自我服务的一项基本社会政治制度。新农村社区建设要遵循政府引导、村民自治原则，按照社区构成要素科学合理地划分社区。进行撤村建居或行政村、自然村撤并、迁移的，要妥善处理好原村、队集体资产关系，决不能搞无偿平调；在社区内实行民主选举、民主决策、民主管理、民主监督。健全农村社区基层组织体系，强化农民志愿性团体的参与和监督功能，提高农民的参与意识和能力。①

新农村社区建设的原则是新农村社区建设实践必须遵循的基本规范，保障了新农村社区建设的科学性、合理性和持续性。作为新农村社区建设的重要内容之一，新农村社区体育发展也应该遵循新农村社区建设的原则。新农村社区体育应在政府引导下，农村社区居民自愿参与的社区活动；结合农村基层社区经济发展状况和实际情况，以农村社区民族、民俗传统体育项目为突破点，引入符合农村社区成员体育需求的其他健身项目，循序渐进、有条不紊地开展农村体育项目；新农村社区中行政村和中心村应在开展社区体育活动中发挥模范带头作用，以先进带动后进，形成浓厚的农村社区体育活动氛围；农村社区体育参与的主体是人，即农村社区成员，为了满足农村社区居民的体育与健康需求，积极完善农村社区体育公共服务和农村社区体育公共设施建设，因此，必须遵循以人为本、完善服务的原则，以能否满足农村社区居民的体育与健康需求为根本，是农村社区体育发展的活力之源；农村社区体育的发展应与新农村社区建设各子系统协调发展，农村社区公共体育设施和公共体育服务需要其他公共设施和服务作支撑，因此，必须遵循统筹兼顾、配套建设的原则，既要加强农村社区体育公共服务和设施的建设，又要注意其支撑设施和服务的综合配套性，这样农村社区体育的共生发展才能与新农村社区建设各自系统之间形成合理的共生关系；扩大民主和村民自治的原则为新农村社区体育提供了制度文化环境，农村社区体育需要在民主的社会环境中才能健康开展，因为农村社区居民处于社会的最基层，只有享有充分的民主，才能拥有平等的体育参与权利，农村社区体育活动是居民自愿参与的；只有遵循村民自治的原则，才能激发农村社区居民参与的积极性和主动性。

---

① 农业部软科学委员会办公室编：《促进农民增收与全面建设小康社会》，中国农业出版社2005年版，第353—355页。

（四）新农村社区建设的内容

新农村社区建设是一项复杂的系统工程，其建设内容是全方位、多层次的，是围绕着改善农民生活方式、提高农民生活质量展开的。具体可以概括为五个方面：农村社区基础设施建设、农村社区基层组织建设、农村社区公共服务建设、农村社区民主法制建设。①

1. 农村社区基础设施

农村社区生产、生活基础设施是搞好农业生产、提高农民收入、改善农民生活环境的基础和保障。在新农村社区基础设施建设中，依照"资源集约、工业集聚、居住集中"的整体要求，切实强化农村社区的道路硬化、住宅净化、环境绿化等工作，加大农村基础设施建设的投入力度，实施财税政策倾斜，给予农村社区基础设施充分的财力保障，以城市社区基础设施建设为导向，结合农村发展的实际情况，健全农田水利设施、交通设施、电力设施、信息服务设施、教育科技设施、医疗保健设施、环境卫生设施、文化体育设施、社会保障设施等基础设施的建设。

2. 农村社区组织建设

农村社区组织建设是农村社区建设的基础，农村社区组织主要包括农村社区基层党组织、村民自治组织、社区合作经济组织、社区文化生活组织和社区其他组织建设。要加强和改善农村社区基层党组织建设，构建以农村社区党组织为核心，功能健全、运转有序的农村社区组织体系，强化农村社区党组织的领导意识和领导能力，科学界定农村社区党组织的组织职能和权限，强化农村社区党组织的执政能力，引导农村社区建设走向正确轨道；加强村民自治组织建设，严格贯彻和执行村民自治组织法，结合新农村社区建设不同试点模式的实际情况，如有的模式实行了以中心村为基础，自然村和行政村撤并构建新社区，村民委员会可以根据形势的发展，改名为农村居民委员会，真正实现农村社区自我管理、自我决策、民主管理的目标；加强农村社区合作经济组织、社区文化生活组织建设，其中社区合作经济组织包括正式的合作经济组织（如专业性和社区性合作社等）和临时性合作经济组织（如生产、营销互助合作组织），社区文化生活组织主要是为社区居民提供业余文化体

① 戚学森：《农村社区建设理论与实务》，中国社会出版社2008年版，第59—60页。

育活动服务的各类民间组织如文化娱乐团队、老年协会、庙会、戏会、红白理事会等，对农村社区的社会管理都起着重要的组织作用①；加强社区其他组织建设，社区其他组织包括志愿性团体、社区公司、企业、家族组织、家庭组织等，发挥其对社区其他事务管理的补充功能。

3. 农村社区公共服务建设

农村社区公共服务内容非常广泛，包括农村社区行政服务、农村社区农技服务、农村社区商品服务、农村社区文娱服务、农村社区治安稳定服务和农村社区社会保障服务。

农村社区行政服务是基层政府部门为农村社区居民处理各项行政事务。为提高基层政府的行政效率，在新农村社区建设过程中普遍的做法就是遵循以民为本的原则，因地制宜成立社区行政服务中心，方便处理农村居民的行政事务。行政服务中心的工作人员一定要树立服务意识，尽可能为农村居民提供方便，提高办事效率，对工作人员的考核以社区居民的满意度为核心依据，以强化工作人员的服务意识。

农村社区农技服务主要包括三个方面：一是农技咨询，要成立专门的以农业技术人员为成员的农技咨询组织，根据农村生产实际情况，及时、定期向农村居民提供农业技术咨询、农业科技信息，推广农业科技成果，解决农业生产中遇到各种问题，为提高农业生产水平服务。二是农资供应，县级农资公司应在各农村社区设施农资供应站点，加强社区市场调研，了解农业生产的物资需求，为农民提供物美价廉、类型多样的农资供应，为农业生产打下物质基础。三是农具维修服务，新农村社区建设一定要突出农村的特点，为方便农民生产、生活，成立农具维修站、点也是非常重要的。

农村社区商品服务是农村社区服务的重要内容，包含两方面内容：一是农村生产的商品向外输出服务；二是农村社区消费的商品输入服务。农村商品输出服务的主要内容是商品销售工作，要开拓农业商品销售市场，成立农业商品营销组织。农村社区的商品输入服务要严把质量关、定期进行监督检查，统一进货渠道，杜绝假冒伪劣商品的涌入，是农民能够购买到真正放心的商品，保障农村社区居民的消费权利。

① 詹成付、王景新：《中国农村社区服务体系建设研究》，中国社会科学出版社 2008 年版，第 86 页。

农村社区的文体娱乐服务。新农村建设必然会促进农业发展、农民增收，在我国全面实现小康社会以后，农民温饱问题已经解决，之后必然追求更高层次的生活。树立现代文明生活方式、适应高度竞争的社会发展趋势、满足多元化的社会需求是新农村社区建设的重要导向。因此在新农村社区建设中必须要提供文体娱乐、学习培训等服务，兴建社区学校、社区图书馆、阅览室、老年活动室以及公共活动广场、农民健身路径等是新农村社区建设的重要内容之一。

农村社区治安稳定服务。农村社区安定是保障农民幸福生活的重要前提，鉴于近年来农村外来人口逐渐增多，刑事案件有所增长，维护农村社区治安保护农村社区居民生命财产安全，就显得尤为重要。新农村社区建设中设立警务室，开展法律咨询，进行日夜巡查是必不可少的工作。

农村社区社会保障服务。农村社区建设中的社会保障服务应该向城镇社区看齐，将农村社会保障纳入到城镇社会保障体系中。农村社区社会保障服务的内容包括农民的养老保障、医疗保障、社会救济等内容，要成立相关的组织或机构，与城镇社会保障体系接轨，实现社会保障服务均等化。

4. 农村社区民主法制建设

农村社区民主建设就是完善农村社区居民自治工作，将决策权、管理权、监督权下放给农民，通过村民代表大会的形式实现村民自治。引导干部群众自觉遵守村务公开和民主议事制度，积极推行民主评议村干部工作制度，将群众是否满意作为衡量村干部是否合格的重要标准。

农村社区法制建设要建立健全农村社区建设的法律法规体系，尤其是村民自治章程和村规民约，明确村级民主决策的程序和形式，对农村居民进行普法教育和宣传，引导村民自觉守法，充分利用法律赋予的权利，积极参与新农村社区民主政治建设，真正实现民主决策、民主管理和民主监督的村民自治的社会管理形式。

新农村社区建设的内容明确了农村社区体育在新农村社区建设中的合法和独立的地位，并且与新农村社区建设其他子系统之间存在着你中有我、我中有你的彼此依存的共生关系。农村社区体育公共设施和支撑设施属于新农村社区建设基础设施建设规划的内容，是农村社区体育发展的重要的物质载体；农村社区组织建设中包含了农村社区体育组织的建设，促进了农村社区体育组织的数量、种类、功能的增加和增强，推动了农村社区体育组织文化的全方位建设，健全了农村社区体育共生发展的主体要素；农村社区服务建设中对农村社区体育公共服务给出了明确的规定和要求，明确了其在农村社区服务建设中的合法地位，为农村社区体育公共服务体系的健全和完善提供了保障。总之，从新农村社区建设的内容可以看出，农村社区体育在新农村社区建设中拥有合法地位，是一项独立的建设内容，在新农村社区建设伊始就应该列入规划之中，保障农村社区体育共生主体、共生资源和约束条件等要素的健全，促进农村社区体育的发展。

（五）新农村社区建设理论对新农村社区体育发展的支撑作用

根据新农村社区建设理论，农村社区体育是新农村社区建设的重要内容之一，在新农村社区建设中拥有合法而独立的地位，应该受到各级政府和社会的重视，且农村社区体育并不是新农村社区建设的独立版块，具有明显的跨界性和整合性，关联整个农村社区建设的所有领域、所有阶层、所有行业、所有部门和组织，其参与主体涉及农村社区的所有居民和所有组织，对整个社区建设的影响也是牵一发而动全身。新农村社区体育的发展遵循农村社区建设的所有原则，与新农村社区建设的所有内容存在着密切的共生关系。因此，新农村社区体育的发展应该适应农村社区建设的要求，与农村社区建设进度保持一致，在社区建设中突出体育的特殊地位，实现农村社区建设体育化，在社区建设中融入更多的体育元素。农村社区体育应该按照农村社区建设的宗旨，立足于服务社区居民生活，以满足农村居民休闲、健康、娱乐等需求及构建文明、和谐生活方式、提高农村居民体育意识、素质和能力为出发点和归宿，以农村社区体育基础设施建设和健全农村社区体育公共服务网络为核心，以提高农村社区体育投入为保障，形成全体农村社区居民共同参与、生活化的农村社区体育发展模式。

五 新型城镇化理论

（一）新型城镇化发展的内涵

2007 年，党的十七大提出走中国特色的城镇化道路，促进大中小城市和小城镇协调发展，是中国新型城镇化发展战略的开始。[①] 党的十

① 胡际权：《中国新型城镇化发展道路》，重庆出版社 2008 年版，第 10 页。

八大之后，党和政府将新型城镇化发展战略放在前所未有的高度上，中国城镇化进入飞速发展的时期。

1. 城镇化的概念

城镇化是人类生产和生活方式由乡村型向城镇型转化的历史过程，表现为乡村人口向城镇人口转化以及城镇经济社会不断推进发展的过程。从这一概念可以看出，城镇化是人类社会发展的历史必然，是不可抗拒的人类社会的发展力，人类社会一直处于城镇化的历史进程中。

2. 新型城镇化

新型城镇化是在城镇化概念基础发展而来的，继承了城镇化在人口集聚、非农产业扩大、城镇空间扩张和城镇观念意识转化的概念，在内涵上赋予其新的理念和思想。新型城镇化的内涵可概括为：体现以人为本、全面协调可持续发展的科学理念，以发展集约型经济和构建和谐社会为目标，以市场机制为主导，大中小城市规模适度、布局合理、结构协调、网络体系完善，与新型工业化、信息化和农业现代化互动，产业支撑力强，就业机会充分，生态环境优美，城乡一体的城镇化发展道路。[①] 新型城镇化的核心是人的城镇化，这里的人主要指农村人口，关键是城镇化的质量，目的是造福百姓和富裕农民。

新型城镇化可分为异地城镇化和就地城镇化两种模式。异地城镇化是指农民离开居住地到大中城市务工经商，实现异地就业、异地落户，表现为农村人口跨区域流入大中城市，以流动就业和城市暂住的形式为主。随着我国城镇化的进程的不断推进，农村人口向大中城市的不断涌入，异地城镇化的动力会出现疲软。人口过于向城市涌入，会带来城市人口增多、交通拥挤、住房紧张、环境恶化、就业压力大等一系列的“城市病”，因此异地城镇化发展模式作为城镇化发展初级阶段的一种粗放式的发展路径，将面临严峻考验。就地城镇化是农民在原住地一定空间半径内，在县域或市域范围内实现非农就业化和市民化的城镇化方式。[②] 是指农村人口不向城市迁移，而是在原有的居住地，依托中心村或镇，通过村庄整合，建设基础设施，完善城镇功能，推动农业现代

---

① 胡际权：《中国新型城镇化发展道路》，重庆出版社 2008 年版，第 10 页。

② 张国玉：《中国新型城镇化的推进路径：“就地城镇化”与行政区划调整》，《四川行政学院学报》2014 年第 1 期。

化，发展非农产业，扩大非农就业，就地实现生产集聚，就地实现农民生产生活方式转变，就地实现农村由传统聚落向现代社区转型，让群众就地享受现代城市文明福祉。①

就地城镇化是新农村社区建设的目标，新农村社区建设则是就地城镇化的起点和基础。新农村社区建设的实质就是推动农村就地城镇化，是农村就地城镇化的初级阶段，因此，新农村社区建设是我国新型城镇化发展战略的不可缺少的组成部分。

（二）新型城镇化的基本原则

为突出新型城镇化和传统城镇化的差异性，促进新型城镇化的可持续发展，我国新型城镇化发展应遵循以下原则②：

1. 以人为本的原则

新型城镇化的核心是人的城镇化，因此，必须遵循“以人为本”的原则。这里的人主要指农村居民，推动人的城镇化实际上就是推动农村居民的市民化。城镇化的最终目的是造福百姓和富裕农村居民，因此，在农村城镇化，特别是就地城镇化的规划和设计过程中必须遵循以人为本的原则，充分考虑农村社区居民的生产、生活需求，致力于提高农村社区居民的综合素质，完善农村社区的各项服务体系，实现农村社区居民和人居环境的和谐统一。

2. 协调发展原则

新型城镇化是在统筹城乡发展思想指导下进行的，城镇化过程中应遵循大中小型城市、城镇和农村社区协调发展的原则。尤其是跟新农村社区建设密切联系的就地城镇化，应注重农村、乡镇、城乡接合部、小城镇以及城中村改造的协调发展，人居环境改造和产业支撑间的协调发展，新农村社区建设各子系统之间的协调发展，坚持人口、资源、环境协调发展的原则，坚持人与自然协调发展的原则。

3. 集约化和经济性原则

集约化发展是新型城镇化区别于传统城镇化发展的标志之一，集约化发展强调提高有限的投入的使用效率从而最大限度地获取收益。在新

① 王景全：《农村就地城镇化的有益探索——河南新型农村社区建设的调查与思考》，《洛阳师范学院学报》2014 年第 3 期。

② 胡际权：《中国新型城镇化发展道路》，重庆出版社 2008 年版，第 90—92 页。

型城镇化推进过程中应强调资源的优化配置有效利用，坚持集约化发展的原则。

经济性原则应强调成本和收益，注重以较小的投入获取较大的收益。在新型城镇化的过程中，应注意投入和产出比，以尽可能少的投入获取尽可能多的收益，杜绝盲目投入和铺张浪费现象的出现。

4. 可持续发展原则

新型城镇化应该是可持续发展的城镇化。在新型城镇化道路上，既要考虑城市对人口、就业的吸纳能力，又要考虑城市基础设施和环境的承载能力、管理能力；既要考虑到农村旧房改造和土地转让，又要考虑对耕地以及自然环境的保护，着眼于人类的生存和发展，坚持可持续发展的原则。

5. 效率和公平兼顾的原则

新型城镇化以市场机制为主导，自然要坚持效率和公平兼顾的原则。新型城镇化发展在促进经济发展的同时，不能以损害农民利益为代价，要兼顾效率和公平。切忌为了片面追求经济利益，置广大农民的利益于不顾，使城镇化进程失去民心，且遭到城镇化的主体——农民的反对，城镇化就会陷入困境。

（三）新型城镇化理论对新农村社区体育发展的支撑作用

新型城镇化理论是处理新型城乡关系，引导新农村社区建设方向，实现城乡一体化发展的重要理论体系。新型城镇化的核心是人的城镇化，强调以人为本，提升农民的综合素质，最终达成造福百姓和富裕农民的目标，这与新农村社区建设强调改善民生，提升农民生活质量和幸福指数是相一致的。

农村社区体育是新农村社区建设的子系统之一，对改善民生、提升农民综合素质、促进农村社区居民市民化有着不可替代的作用。新型城镇化理论与新农村社区体育的发展在改善民生、提升农民综合素质、促进农民市民化领域高度交融。新型城镇化理论中就地城镇化的理念和思想为农村社区体育发展扫清了思想障碍，奠定了农村社区体育发展的社会地位；其以人的城镇化为核心的内涵思想强化了农村社区体育发展在增进健康、提升农村社区居民综合素质以及提高农村社区居民生活质量和幸福指数方面的功能，使农村社区体育发展有了充足的理论依据；新型城镇化理论中的基本原则，也是农村社区体育的发展所要遵循的基本原则，对农村社区体育发展实践具有指导和规范作用。因此新型城镇化理论是新农村社区体育发展的重要支撑理论之一。

第二节 农村社区体育发展的意义

一 农村社区体育与农村社会结构转型

农村社会的转型是农村社会中传统因素与现代因素此消彼长的进化过程，是农村社会的结构性变革和整体性发展，是农村社会向城市社会，也是由传统的同一单质性社会向现代的异质多样性社会的转化。[①]随着我国新型城镇化进程的推进，新农村社区建设的如火如荼，农村社会结构已经发生了明显的变化，尽快促进农村社会结构转型，建设现代化的新农村已经迫在眉睫。农村社区体育作为一项对新农村社区建设各个领域均产生深刻影响的社区活动，其蓬勃开展将有利于促进我国农村社会结构转型。

（一）农村社区体育的发展将推动农村产业结构的优化和调整

在我国农业产业结构优化和调整过程中，第一产业包括农业、牧业、渔业、林业、水产业，其数量呈持续增长趋势，但在产业调整过程中，更注重第一产业质量的提高，尤其是在种植业和养殖业内部，优质比重将大大提升，也就是更注重内涵发展。第一产业在农村产业结构中的比重将日益降低，第二、第三产业的比重将逐渐增加。这是我国农村产业结构优化调整的大趋势。大力发展第二、第三产业将成为促进农村城镇化的重要举措，农村社区体育发展在促进农村产业结构优化和调整方面的作用主要体现在以下几个方面。

1. 农村社区体育发展有利于提高农村劳动生产率

农村社区体育发展必将增强农民的体质和健康，农民的劳动素质和能力也将进一步得到提高，尤其是那些对劳动强度较大、对体质要求较高的产业部门，主要是指农村第一产业，劳动者劳动素质和能力的提高，必将大大提高该产业的效率，增加农村第一产业的产值。同时农民体质的增强，可以延长其从事劳动的时间和年限，对提高农村产业特别

① 赵继伦等：《农村社会转型与农村教育》，东北师范大学出版社2003年版，第2页。

是第一产业的产值同样能够做出贡献。农村劳动生产率的提高，促进了第一产业的大发展；从另一个角度讲，农村劳动生产率的提高，增加了农民收入，提高了农民的生活水平，刺激了农民各项生活需求，再加上农民闲暇时间的增加，为农村第二、第三产业的发展提供了广阔的市场和前景。

2. 农村社区体育作为社区服务行业带动了农村社区服务业的发展

农村社区体育发展，必将促进农村社区体育公共服务的发展，形成健全的农村体育公共服务体系。而农村社区体育公共服务业是农村第三产业的重要组成部分，随着新农村社区建设的进一步深入，农民收入的大幅度提升，农民体育消费能力和水平将会有很大的提高，农村体育健身娱乐服务行业市场将日益健全和成熟，必将促进农村社区体育服务行业的迅速发展，促进其产值的大幅度增加，从而促进农村社区第三产业产值的增加，增加农村社区第三产业在农村产业结构中的比重，达到大力发展第三产业，优化农村产业结构的目的。农村社区体育是一个辐射方向全、辐射领域广、辐射范围大的系统，它的发展对与整个农村产业结构而言牵一发而动全身，因此，农村社区体育服务业的发展，还可以带动农村社区其他相关产业的发展，如农村医疗卫生、社会保障、文化娱乐、教育、服装业、餐饮、交通、建筑等行业的发展，拓宽了农村产业市场，增加了农民劳动就业的机会，使农村第二、第三产业得到迅速发展。

3. 农村社区体育的发展与农村产业结构调整理念相契合

农村社区体育发展以农村居民为主体，遵循以人为本原则，一切以满足农村居民的体育需求为出发点和归宿。农村社区体育的发展除了倡导农村居民科学健身、文明娱乐、理性生活、终身锻炼的理念之外，体育本身提倡的积极参与、公平、平等、竞争、协作等精神正好与农村产业结构调整的理念契合。农村社区体育的发展将有助于农村居民树立开放意识，积极参与竞争，互助合作，从而加快农村产业结构调整的进程。

（二）农村社区体育的发展有利于消除农村社会阶层分化的消极影响

随着我国农村经济体制改革的逐渐深入，农村经济呈现出多元化发展趋势，农村产业结构进一步优化和调整，农村从业人员越来越多样化，农村社会阶层分化的格局基本形成。目前，关于农村社会阶层分化比较公认的是“八阶层说”，即农业劳动者、乡镇企业工人、个体劳动者、个体工商户、私营企业主、乡镇企业管理者、乡村管理者、农村知识分子。[①] 农村社会阶层分化在增加农村社会流动、构建农村新的社会属性、促进社会资源优化配置、弱化农民身份、缩小城乡差距、促进人的全面发展等方面的积极作用有目共睹。但农村社会阶层分化的加剧对全面建设小康社会也会产生一定的消极影响，比如：利益需求多样化与满足渠道单一性之间的矛盾、不同阶层之间利益冲突，而农村社区体育发展可以通过以下途径消除农村社会阶层分化带来的消极影响。

1. 农村社区体育发展可以减少不同社会阶层之间隔阂和敌对

农村社会阶层分化加剧使得相对稳定社会阶层之间的差距增大，利益矛盾增多，如果不能及时解决这些矛盾和冲突，会对社会的稳定与和谐造成不利影响。不同利益阶层之间的矛盾产生的原因除利益需求的冲突之外，彼此之间因为缺乏了解和沟通而产生隔阂甚至由于误解而产生敌对态度也是重要的原因。随着新农村社区建设的深入，传统村落结构被打破、产业支撑体系的不断完善和健全、产业结构的调整和优化，农村社会阶层分化正在逐渐打破传统的亲缘关系和血缘关系，市场经济开始在农村社会阶层分化中起主导作用，家族对阶层分化的影响逐渐弱化，取而代之的是生产和经营活动，业缘阶层分化的趋势逐渐增强，因此阶层之间的了解和沟通尤为重要。

农村社区体育参与的主体是所有社区居民，是一个可以接纳所有社会阶层的巨大的“场”，无论年龄、性别、贫富、官民、文化背景如何，在这个“场”中都享有平等的地位和权利，从事共同的活动内容，遵守共同的活动规则。因此在农村社区体育这个“场”中，不同社会阶层之间可以通过共同的活动内容、规则聚集在一起，增进彼此之间的了解、沟通，拉近彼此之间的距离，消除彼此之间的隔阂和误解，避免出现敌对态度，将不同社会阶层之间的冲突和矛盾消除在襁褓之中，促进社会的和谐和稳定。

2. 农村社区体育发展可以为不同社会阶层增加利益表达渠道

不同利益阶层之间利益表达渠道的畅通，是消除农村社会阶层分化

---

① 朱家新：《新时期农村体育发展理论与实证研究》，安徽大学出版社 2007 年版，第 200—203 页。

加剧造成的“供需”矛盾的必要前提。我国农村社区居民主要利益表达渠道有：选举、投票、村民自治、参加村民议事会和信访等，但受传统的农村社会管理体制的影响，农民自身权利意识和民主意识薄弱，受限于自身政治素质较低和利益表达能力较弱的现状，农村基层民主政治不完善，法制不健全，致使上述渠道在很多地方流于形式，不能够使各阶层的不同利益，特别是基层社区居民的利益诉求充分表达出来，这就需要创设、增加更多的利益表达渠道，满足利益表达多元化的需求。这其中通过农村社区组织则是农村社区居民除上述利益表达渠道之外最为重要的途径。

农村社区体育发展，一方面可以通过社区体育组织的建立、健全和完善，为农村社区居民提供文化、娱乐、休闲、健康、交往需求等方面的利益表达渠道，增加不同社会阶层农村居民生活的幸福感；另一方面可以作为不同社区组织沟通的媒介和桥梁，成为凝聚其他社区组织的结点，不但提供不同社区组织之间利益相互表达的渠道，还可以联合农村社区的各个组织，集体向更高的社会阶层表达利益需求，既增加了利益表达渠道，又增加了利益表达的力度，容易引起社会高层的关注和重视，使农村不同社会阶层的利益需求更好的得到满足。此外，农村社区体育还为各级领导提供亲民、近民的机会和场所，拉近领导和普通农村社区居民的距离，使各级领导能够深入基层，亲身体验农村居民的生活境遇，了解农村不同社会阶层的不同利益需求，尤其是农村社会阶层分化边缘群体的利益诉求，真正做到想农民之所想，急农民之所急，提高满足农村不同社会阶层利益需求的力度和效率。

3. 农村社区体育发展可以提高农村边缘群体的社会关注度

农村社会阶层分化过程中，被边缘化的群体特别是贫困群体的被剥夺感增强，社会公平感和满意度降低。农村社会阶层分化意味着农村优质资源被一部分群体掌握和利用，这部分群体迅速富裕起来，而无缘这些优质资源的群体则依然处于贫困状态，这部分人将成为农村社会阶层分化的边缘群体。农村社会阶层分化的边缘群体在现实生活中将处于贫穷、封闭、沮丧、麻木和失望的困境之中，在和谐社会和新农村建设中理应引起政府和社会的全方位高度关注，加大对边缘群体的重视和扶持力度，使社会主义新农村建设的成果惠及每一个农村居民。

华南师范大学胡小明教授从体育人类学的视角提出了“分享运动”

的体育可持续发展的人文价值观，作为我国群众体育事业重要组成部分的农村社区体育更应该将“分享运动”的人文价值观贯穿其发展过程中。[①] 农村社区体育比社区任何公益事业都强调全体农村社区居民对运动的分享与参与，更容易关注到农村社区中的边缘群体，某种情况下，一些特殊的农村边缘群体尤其是弱势群体如老、幼、妇、病、残等，会成为农村社区体育参与的主要群体，而农村社区体育也给予这些群体以充分的展示自我的机会。边缘群体则通过参与社区体育使自己走出自我封闭的困境，增强竞争和开放意识，通过自我展示以及与其他社会阶层的沟通和交流，引起政府以及其他社会群体的关注，寻找致富途径，从而更好地融入社区生活，为构建农村和谐社区做出自己的贡献。

（三）农村社区体育的发展有利于促进农民价值观念的变革

我国农民传统的价值观念具有二重性，表现为：务实思想与狭隘的功利观念；家庭观念和个性的压抑；坚忍不拔的进取精神和安贫乐道的保守心理；眷恋故土情感和自我封闭观念；强调人际和谐和轻视竞争；均平思想与特权理念共存一体；重义轻利与追求功利并存。[②] 这些价值观念一定程度阻碍了农村改革的进行，不利于农村社会结构的转型，使我国农村现代化缺乏发展动力。因此要推动农村社会结构转型，加大农村改革的力度，必须促进农民价值观念的更新与转变。农村社区体育的发展可以促使农民打破传统的价值观念，树立适应农村城镇化、农业现代化的价值观念，以推动社会主义新农村建设。

1. 新农村社区体育的发展有利于农民树立开放的观念

实践证明封闭只能导致落后，甚至导致灭亡。多年来中国农民受传统的自给自足的自然经济的影响，一直生活在相对封闭的环境中，形成以家庭为中心的自我封闭的观念。改革开放以来，我国成功地打开国门，同时也打开了我国农村长期封闭的大门，城乡交流区域交流甚至国际交流都由原来的可望而不可即转眼变为现实，农民要适应形势的变化，不做保守、自闭思想的努力，必须树立开放的意识和观念，做具有现代化意识的高素质的新农村居民。

---

① 胡小明：《分享运动——体育可持续发展的路径》，《体育科学》2010 年第 11 期。

② 秦兴洪、廖树芳等：《中国农民的变迁》，广东人民出版社 1999 年版，第 301—305 页。

农村社区体育为农民生活提供了开放的环境，可以引导居民走出家门，走进社区，走向户外，积极参与各种社区体育活动，与社区各个社会阶层进行交流和沟通，从而获取对自己有利的信息资源，有利于打破传统的日出而作、日落而息的以家庭为中心的封闭生活。当农民真正走出家门，通过接触外面的世界而使自我获得全面、充分的发展，就会意识到开放发展的重要性，农民的开放观念自然而然就形成了。农民在开放观念的指引下，才能够走出家庭、走出社区、走进城市，甚至走向世界，并将其他社区、城市甚至国家先进的理念和经验引进来，形成开拓、进取和勇于竞争的精神，真正成为现代化的新农民。

2. 农村社区体育发展有利于农民主体意识的觉醒

在中国传统社会中，农民一直处于社会底层，受到层层控制，使农民形成较强的依附性，缺乏独立的主体意识。他们重视家庭、家族、集体利益，以集体为本位的价值观念牢牢印在农民思想中。农民的主体意识、权利意识薄弱，长期以来农民的资源被剥夺、权利被践踏，在生产生活中处于被动、消极的状态，无条件听从上级安排，严重抑制了农民生产、生活的积极性、主动性和创造性，难以发挥农民在农村改革、产业结构调整以及新农村社区建设中的智慧和才能，更难以实现真正的村民自治。

农村社区体育以农村社区居民为主体，以满足农村社区居民的体育需求（健身、娱乐、休闲等）为目的，特别强调在社区体育活动参与中农民的主体地位。农村居民参与社区体育活动不是上级指派，也不是为家庭、集体利益所驱使，而是出于自身的需求，通过自身体验，获取身心的愉悦感和舒适感，得到自身体质和健康的增强。通过农村社区体育参与过程，农民独立的主体意识逐渐形成并内化为自身稳定的心理特征，必将对农民参与社区其他事务活动中的行为产生广泛而深远的影响。农民主体意识的增强必将促进农民的权利意识的觉醒，出于维护自身权利的目的，农民在其生产、生活中的积极性、主动性、创造性才能和智慧就能充分发挥出来，从而适应农村社会结构转型，成为具有现代意识的新农民。

3. 农村社区体育的发展有利于农民平等、竞争观念的形成

现代农业的发展必须依靠市场机制对资源进行优化配置，而市场机制则以竞争机制为核心，平等交换是市场机制的必然要求。在这种情况

下，思想保守、轻视竞争、均平思想和重义轻利的价值观念必将成为现代农业发展的羁绊，在新农村建设和发展中被淘汰。现代农民应该在平等的发展环境中树立竞争观念和冒险精神，积极面对市场竞争中的各种机遇和风险，在有序的市场竞争中充分发挥自己的积极性和创造性，挖掘自己的聪明才智，合理利用市场规则，既提高了自己的经济收入，又为集体、国家、社会创造出大量的社会财富，真正实现自我发展的价值。

平等、竞争是体育的本质，农村社区居民在参与社区体育过程中，既要遵守社会、社区的法律规范，又要恪守体育活动本身的规则，在法律规范、体育规则面前具有平等地位。而任何一项体育活动都富含竞争的要素，或与环境竞争，或与其他参与主体竞争，或与自己竞争，竞争要素遍布于农村社区体育活动中。农村社区居民在参与社区体育活动的过程中必须遵从平等的原则，积极参与竞争之中，才能体验到社区体育的魅力和乐趣。否则将不为社区体育其他参与主体所接纳和容忍。另外，在参与社区体育活动过程中参与主体因共同的体育爱好而聚集在一起，身份、地位、职业、背景等在参与体育活动的过程中往往被忽略，也体现出参与主体社会地位的平等性。农村社区体育发展能增强农民的竞争意识，树立平等的观念，使之更能够适应新型农村、农业发展的需要。

4. 农村社区体育发展有利于增强农民法制意识

中国传统社会强调以礼治国，尤其是在相对封闭的农村，受传统文化以及自身素质低下的影响，农民只是尊重习俗和习惯，法制意识薄弱。改革开放以来，我国允许一部分人先富裕起来，农民资源被剥夺、权利被践踏的事情时有发生，城乡差距拉大，贫富分化加剧，农民成为社会发展中最弱势的社会阶层，农村、农业、农民问题突出，严重制约了我国经济社会的协调发展。在我国走向现代化、全面建设小康社会的今天，依法治国已经成为全社会的共识，党和政府也为此付出了巨大的努力，而要实现依法治国的目标，公民法治意识的强化是关键环节之一。在我国经济社会发展相对封闭和滞后的农村，农民法制意识薄弱已经成为公认的事实，农民违法、犯法、权利被践踏的现象层出不穷，农民自身又无力维护，导致农民政治、经济、社会地位低下，农村社区的依法自治程度相对低下是我国农村法治化进程中面临的至关重要的问题。

民主法治建设是我国目前农村社区建设的重要任务之一，也是新农村真正实现村民自治的有力举措，而农民依法有序的积极参与是非常关键的一环，这就对农民的法制意识提出了较高要求。农民法治意识增强可以打破传统的家族势力的统治，使基层组织为广大农村社区居民服务，而不是为某个家族、某个集团谋利益，才能达成我国在农村实行村民自治的初衷。

农村社区居民对社区体育的参与是在国家法律许可范围内进行的，同时还要严格遵循体育活动本身的规则。凡是参与体育活动的社区居民，都自觉不自觉的受到体育规则的约束，遵守规则的意识将内化为农村居民的自觉行为。在实际生产生活中，将自觉遵守规则的意识和行为迁移到知法、守法的社会行为中去，合法经营，勤劳致富，强化了农民的法制意识，推动我国新农村的法治化进程，真正实现村民民主决策、民主管理、民主监督的村民自治的社区自治模式。此外，农村社区体育的发展还有利于培养农民的创新意识，在市场竞争中积极求变，努力进取，成为符合社会主义新农村建设要求的高素质的新型农村居民。

二　新农村社区体育与农民生活质量

生活质量是指环境提供给人们生活条件的充分程度以及人们生活的满足程度，是在一定物质基础之上，居民对自身及自身所处环境的感受和评价。生活质量是客观生活质量和主观生活质量两方面的内容的有机结合，客观生活质量是指一定经济发展阶段上人口生活条件的综合状况，是生活条件的综合反映，主观生活质量是指人口对自身所处生活条件和环境的感受和评价。新农村社区建设的最终目的是综合改善农村社区居民的生活质量，提高居民的生活幸福指数。农村社区体育发展对提高农村社区居民生活质量所起的作用是全方位的，主要表现在以下几个方面。

（一）农村社区体育发展降低了农村社区居民消费的恩格尔系数

恩格尔系数是国际上衡量生活质量的一项综合指标，它客观反映不同收入、不同价格水平下各国居民的生活状况。恩格尔系数是指用于食物消费的支出占总消费支出的比重，其计算公式为：

$$\text{恩格尔系数（\%）} = \frac{\text{食品支出总额}}{\text{家庭或个人消费支出总额}} \times 100\%$$

恩格尔系数越大，说明一个国家或家庭生活越贫困，处于贫困状态的居民自然生活质量会很低；恩格尔系数越小，说明一个国家或家庭生活越富裕，生活富足居民的客观生活质量就高。要提高农民生活质量，使农民生活富裕起来，降低恩格尔系数是有效途径之一。随着农民收入的增加，农民用于食物消费支出的总额也会不断增长，但农民用于其他消费支出的增长速度大大超过用于食物消费的支出，恩格尔系数呈逐渐下降的趋势，所以，居民的客观生活质量不断提高。

农村社区体育通过对农村社区居民体育行为的积极引导，其体育消费需求将会不断增加，逐渐形成花钱买健康的体育消费意识，并且将随着农村社区居民体育行为的正常化、规律化、自觉化，其体育消费意识将逐渐增强。随着新农村社区建设的不断推进，居民人均收入的迅速提高，其消费意识和消费能力逐渐增强。在体育消费意识的驱动下，会逐渐转化为体育消费行为，如购买体育报纸杂志、体育服装鞋帽、器械、体育技能培训服务、体育旅游、观赏比赛，等等，使体育消费支出的总额大幅度增加，作为农村社区居民非食物性消费支出的一部分，体育消费支出总额的增加必将带动恩格尔系数的下降，意味着农村社区居民生活越来越富裕，客观生活质量日益提高。

农村社区体育发展除了可以带动农村社区居民体育消费支出外，还可以带动其他相关消费支出的增加，同样可以降低恩格尔系数。农村社区体育带动的其他相关消费支出包括人际交往消费支出、文化休闲消费支出、交通通信消费支出、餐饮娱乐消费支出、网络电视消费支出，等等，这些非食物性消费支出必将在农村社区体育迅速发展的影响下，支出总额大幅度提高，这是农民客观生活质量提高的又一重要指标。

（二）农村社区体育发展有利于增进农村社区居民的健康

1948 年世界卫生组织给出了健康的定义：健康不仅仅是没有疾病和身体虚弱，更重要的是一种在身体、心理和社会上的完好状态。农村社区居民的健康水平是反映其生活质量状况的一个非常重要的方面，健康水平的提高无疑会促进其主客观生活质量的全面提高，健康是提高农村社区居民生活质量的最基本的保障条件，农村社区体育活动的开展提高了农民的健康水平。

1. 农村社区体育发展有利于社区居民的生理健康

农村社区居民通过掌握一定的体育运动技能，接受科学的体育健身指导，积极参加各种各样的社区体育活动，科学合理安排锻炼时间、强度，选择正确合理的锻炼方法，最直接的效果就是促进自己的生理健康。具体表现为：

（1）农村社区体育发展有利于社区居民的良好塑形。体形是身体各部位大小比例的形态外表特征，即体表形状。构成体形的主要因素有体长、体宽、体围、身体的充实度及其各项指标和派生系数。一个人的体形不仅反映他的仪表尊容，也体现他的生长发育、营养状况和运动能力。体姿是指人体各部位在空间的相对位置，正确的体姿不仅能够使身体处于稳定状态，保证人体各组织、器官、系统的功能正常，减少肌肉和韧带的紧张，延缓肌肉的疲劳，而且还能反映人体的健康状况和精神面貌。良好的体形和正确的姿势是农村社区居民完美塑身的理想目标，也是农村社区居民健康的重要标志。

农村社区居民虽然体力劳动者占绝大多数，对体质要求比较高，但体力劳动往往是局部肢体的重复动作，对人体各器官均衡协调发展非常不利，农村社区居民通过参与社区体育活动，可以使身体各个部位都能够得到锻炼，积极投入到各种各样的体育活动中去，选择适合自己身体特点的锻炼项目、方法、强度，在合适的环境、时间进行身体活动，形成长期稳定的体育习惯，可以促进青少年儿童身体的生长发育、成年人强身固本、老年人延缓衰老，保持良好的身体姿势和体形，促进人体各个器官、组织、系统协调发展，以强健的体魄和良好的精神面貌参与到各种农村社区建设的各种活动中去。

（2）农村社区居民通过参加社区体育活动可以增强人体运动系统的功能。人体运动系统包括骨骼、关节和肌肉三部分，良好的运动器官系统是身体健康的重要保证。农村社区体育活动发展必将在农村掀起全民健身的热潮，社区居民进行身体锻炼最终也将成为一种生活习惯。农村社区居民有规律的身体锻炼可以提高骨质的密度，增加骨的强度，使骨架结实以防止骨折或骨裂，还可以治疗骨质疏松。另外，长期的室外体育锻炼，接受日光照射，还可以促进体内维生素 D 的生成，促进身体对钙等元素的吸收，对骨的生长大有裨益。

农村社区居民科学的身体锻炼对关节的形态结构会产生良好影响，表现为：可以促进关节面骨密质增厚，提高关节对运动负荷的承受能力；关节面软骨的增厚既可以加大，又提高了关节的运动缓冲能力；关节囊增厚，加固关节；关节内层的滑膜层分泌滑液的功能提高，可以减少软骨间的摩擦；关节滑膜囊与关节皱襞的形态、结构产生良好变化，避免关节面过大的撞击和摩擦；关节周围肌腱和韧带增粗，加强了关节的稳固性，提高了运动能力。

农村社区居民科学的身体锻炼对肌肉的形态结构也能产生良好的影响，表现为：通过体育锻炼可以使肌肉收缩活动得到加强，血液供应加强，肌肉内蛋白质等营养物质的吸收和储备增多，不容易产生疲劳，能使肌纤维变粗，肌肉生理横断面增大，肌肉力量增大；可以增加肌肉的弹性，避免农村社区居民在日常生产、生活中因肌肉的剧烈收缩造成各种运动损伤。

（3）农村社区居民通过参加社区体育活动可以改善心血管系统机能。农村社区居民通过规律性的长期从事社区体育活动，其心血管系统机能会得到明显改善，表现为：居民参加体育锻炼，特别是小强度体育锻炼，可以形成窦性心动徐缓现象，这是机体对体育锻炼的适应性反映，而心率的下降可以使心脏有更长的时间休息，减少心肌疲劳；科学的体育锻炼还可以增加居民心脏收缩力量和心室的容积，从而增加心脏的每搏输出量，以更好地满足机体新陈代谢的需求；科学的体育锻炼还可以增加血管弹性，对预防高血压等老年性疾病有显著效果。

（4）农村社区居民通过参加社区体育活动可以增强居民呼吸系统的机能。农村社区居民长期从事体育锻炼，可以增加呼吸肌的力量，增加肺活量和肺通气量，从而提高机体对氧的利用能力，以满足居民在日常生产、生活中机体对氧的需要；还可以提高呼吸系统的免疫力，预防和治疗呼吸系统疾病。

此外，农村社区居民通过参加社区体育活动还可以改善人体消化系统的机能，使人食欲增加，消化系统的消化能力增强，有助于食物的消化和吸收；通过体育锻炼还可以增强神经系统的工作能力，消除长期高强度工作产生的神经疲劳。

综上所述，农村社区体育的发展，因吸引全体社区居民积极参与到体育活动中来，养成良好的锻炼习惯，掌握科学的锻炼方法，选择适合自己的锻炼项目，将会使自己的身体机能进一步增强，体格更加健壮，身体处于良好的健康状态。农村社区居民只有身体健康状况良好，对生活充满希望，抱有乐观的生活态度，其主观生活质量才高。

2. 农村社区体育发展有利于社区居民的心理健康

一般认为，居民的心理健康主要表现为人格完整、智力正常、情绪健康及和谐的人际关系。随着社会生活节奏的加快、生活压力的增加，心理障碍或心理疾病越来越成为困扰人们生产生活的重要健康问题。农村社区居民通过参加社区体育活动可以增进社区居民的心理健康，预防各种心理障碍和疾病。

（1）农村社区居民通过参加社区体育锻炼可以改善情绪状态。情绪状态是衡量农村社区居民参加体育锻炼对心理健康影响的重要指标，不良情绪是导致生理和心理不健康的重要因素。农村社区居民通过社区体育锻炼可以直接享受到愉快和喜悦，体验成功和自我实现的满足感，降低紧张和不安，从而调控人的情绪，促使情绪活跃，热情高涨，生活充满活力。农村社区居民在日常生产和生活中，面临各种社会、市场竞争，承受各种经济、生活压力，面对社会不公带来的压抑和刺激，不可避免的会产生忧愁、紧张、压抑、不安、失望甚至绝望等种种不良情绪，通过持续、科学的参加社区体育锻炼，农村社区居民可以使这些不良情绪得到改善，意志品质得到充分锻炼，心理承受能力得到增强。

（2）农村社区居民通过参加社区体育锻炼可以提高智力水平。农村社区居民的智力水平对于农村、农业的发展有至关重要的作用，农村、农业发展水平是一个地区农村社区居民集体智力水平的综合体现。农村社区居民经常参加体育锻炼对提高脑细胞的功能和工作效率有良好的促进作用，为智力发展提供生理基础，从而提高智力功能。通过体育锻炼还可以发展农村社区居民的非智力因素，如兴趣、动机、情绪等，对促进智力发展也有促进作用。

（3）农村社区居民通过参加社区体育活动可以形成良好的自我概念。自我概念指个体对自己各种身心状况以及对周围关系的一种认识。在我国由于农民整体素质相对较低，自我概念和意识也比较低，并不注重自己的身体表象和身体自尊，因此，农村社区居民的身体表象障碍并不明显，身体自尊也不是很强。农村社区居民身体表象的薄弱和身体自尊的缺乏会使其忽视自身身体的发展，忽略身体健康的重要性，导致体质和健康水平的下降，进而影响其生活质量。通过参加体育锻炼，农村社区居民的身体表象和身体自尊逐渐增强，更加关注自我的身心状况以及周围关系的发展，使自己的身体外貌、运动能力和抵抗能力增强，从而增进身心健康。

(4) 农村社区居民参加社区体育活动可以培养坚强的意志品质。意志品质是一个人的果断性、坚韧性、自制力以及勇敢顽强和自主自立等精神，意志品质既要在克服困难的过程中体现出来，又要在克服困难的过程中培养起来。农村社区体育活动既有个人对抗的项目，又有集体协作的项目。农村社区居民在社区体育活动中要不断克服客观困难（如气候条件的变化、动作难度以及意外障碍），又要克服主观困难（如胆怯和畏惧心理、疲劳和运动损伤，等等），在克服主客观困难的过程中形成勇敢顽强、坚忍不拔、团结协作、吃苦耐劳以及胜不骄败不馁的精神，另外在从事体育锻炼的过程中，农村社区居民还可以养成公平竞争和遵纪守法的优良品质。农村社区居民在社区体育活动中养成的坚强意志和优良品质会迁移到生产和生活中去，直接或间接的提高农村社区居民的生活质量。

此外，农村社区居民通过社区体育活动的亲身体验，还可以控制不良的应激水平，消除各种生理、心理的疲劳，使人体的身心得到放松，调节居民的生活节奏，增强农村社区居民的心理健康水平。

3. 农村社区体育发展有利于社区居民的社会健康

社会健康主要是指适应社会环境，具有实现社会角色的能力，为社会做贡献、与他人和睦相处、建立积极的人际关系以及良好的社会生活行为方式。受传统的农业经济的影响，受制于城乡割据的二元经济体制，农村社区居民生活的社会环境封闭、简单，周围的人群同质性较强，社会角色较为单一，社会资本比较贫乏，社会生活行为方式比较守旧、落后，对社会道德、规范的认识模糊。在建设社会主义新农村、实现农村、农业、农民现代化的过程中，农村社区居民对新的社会环境适应会面临新的挑战。通过农村社区体育的发展，有助于农村社区居民适应新的社会环境，形成现代化的社会生活行为方式，提高居民社会健康水平。

(1) 农村社区体育的发展有助于社区居民建立和维护人际关系。人际关系是指在社会活动中人与人之间进行信息交流和情感沟通的联系过程，良好的人际关系能够使人具有归属感和安全感，使生活充满乐趣和满足感，主观生活质量较高。拥有广泛、稳定、密切的人际关系是农村社区居民社会健康的重要体现，不断建立新的社会关系、维护已有的社会关系是农村社区居民适应社会的必然过程。

社区体育活动为农村社区居民提供了彼此之间接触和交往的机会，社区居民无论身份、地位、背景、文化程度等存在多大差异，在社区体育活动中都能够找到共同兴趣、爱好以及交流的话题，消除彼此之间的隔阂和排斥，为人们建立某种或某些人际关系提供了沟通平台，久而久之，这种或这些人际关系随着沟通和交流次数的增多，越来越密切，越来越稳定。新农村社区体育还可以扩大社区居民社会交往的范围，有助于帮助居民拓展和建立新的人际关系，是农村社区居民的人际关系网络越来越广，突破了传统的以家族、血缘为纽带建立的人际关系网，形成适应现代社会的新型社会关系网。此外，农村社区体育活动大多以群体或组织的形式开展，社区居民在参加社区体育活动的过程中真正体验到自己是群体或组织中的一员，增强了情感上的认同感和归属感，增加了彼此之间信任感，使农村社区居民形成与人交往的习惯和意识，增强其与人交往的愿望，密切了彼此之间的社会关系。

（2）农村社区体育发展可以培养社区居民之间的社会合作精神。传统的农业发展，强调生产中的自给自足，农村社区居民以家庭为单位或家族为中心，往往着眼于自己家庭或家族的蝇头小利，在生产、生活中各自行事，缺乏社会合作精神。尤其是改革开放以来，在农村实行家庭联产承包责任制，家庭承包成为当时农业生产的主要形式，联产的重要性被忽视，使农民的社会合作意识更为薄弱。随着农村社会阶层分化的日益严重，在强调社会、经济统筹发展的今天，农村社区居民的社会合作意识和精神应该着重培养，以促进农村社会转型以及产业结构的调整，发展现代化大农业生产，使农村社区居民发展成为具有高度的合作意识和精神的现代化、高素质的农民。

体育是非常强调社会合作的一项社会活动，合作能力既是体育活动者的必备素质，也是通过体育活动需要发展的一种能力。农村社区体育活动可以为社区居民提供合作的社会情境，社区居民能够在体育参与过程中认识到社会合作的重要性，体验到社会合作带来的成功感与喜悦感。农村社区居民参与社区体育活动，彼此合作是成功参与的前提，任何一项社区体育活动，无论是个人项目还是集体项目，都需要成员之间的通力合作，因此，长期、持续、稳定的参与社区体育活动，农村社区居民的社会合作意识、能力和精神将会逐渐形成并日益增强。农村社区居民在社区体育活动中养成的合作意识，培养的团队精神，有助于其适应现代化大农业生产的发展。

（3）农村社区体育发展可以促使社区居民勇于接受并适应社会竞争。竞争与合作是对立统一的，现代社会是高度竞争的社会，农村要走向现代化，同样面临激烈的社会竞争。农村社区居民传统的价值观念在很大程度上与现代社会竞争相违背，因此，在面对日趋激烈的社会竞争时，农村社区居民树立竞争意识，勇于接受竞争，最终适应社会竞争必然要经历艰难过程。农村社区居民只有具备竞争意识，勇于接受竞争，并最终在竞争中立于不败之地，才能够不被社会所淘汰。

农村社区体育作为体育运动的一种形式，具备体育的基本特征——竞争。在农村社区体育活动中，无论居民参与体育活动是出于什么目的，健身、休闲、娱乐、康复等，竞争在体育活动中是无处不在、无时不在的。农村社区体育活动的竞争发生在与人、与己、与物之间，每个参与者都能够体验到竞争的乐趣。农村社区居民通过经常性的参与体育活动，从开始面对竞争的不适应，到逐渐能够应对竞争，到习惯性的参与竞争，再到逐渐喜欢甚至痴迷于竞争，最终将竞争的意识内化于心，提高了自己应对竞争的能力，享受竞争带来的刺激和成功，在竞争的失败中磨炼自己的意志，最终坦然面对社会中的各种竞争，在竞争中提升自己的能力，最终适应社会竞争。

此外，农村社区体育发展还可以促使社区居民养成遵纪守法，遵守社会公共秩序的习惯，培养农村社区居民的社会公德，树立与社会相一致的价值观念，促进农村社区居民作为社会成员在社会环境中的完善状态。

（三）农村社区体育发展有利于改善农村社区居民的生活方式

农村社区居民生活方式是指在新农村社区建设的背景下形成的人们对衣食住行、劳动工作、娱乐休息、社会交往等物质生活和精神生活所持的价值取向、道德观念、审美情趣，以及与这些思想意识相适应的行为方式和生活习惯等。生活方式与居民的健康有着密切的关系，不良的生活方式是现代慢性疾病发生的重要因素。生活方式决定了农村居民的生活质量，生活方式科学、文明、现代、理性是农村社区居民生活质量高的重要反映。我国农民传统的生活方式具备经济生活的自给性、社会生活的孤立性、政治生活的顺从性、闲暇生活的单调性、家庭生活的封闭性等基本特征，随着农村现代化进程的推进，农民传统的生活方式已经不能适应社会发展的需要，培养科学、健康、文明的现代生活方式是新农民生活质量提高的当务之急。

农村社区体育发展对社区居民生活方式的改善起到积极的促进作用，是农村社区居民生活现代化的催化剂，具体表现在以下几个方面。

1. 农村社区体育发展改善社区居民的消费观念和消费结构

随着农村生活水平的提高，农村社区居民的收入不断增加，农民对健康的关注程度也日益发展。随着我国医疗卫生体制改革的推进，农村居民看病难、看病贵的问题日益严重，尽管目前我国正在努力通过城乡医疗卫生服务均等化改革、实现城乡医疗卫生服务体系全覆盖、大力发展新型农村合作医疗、提高大病救助比例等改革措施改变这一现状，但距离解决上述问题的目标依然遥远。为了自身的健康，农村社区居民不再单纯依靠医疗保健，而是寻求投资成本更低的体育健身和保健消费。农村社区体育正是在居民健康需求的背景下发展起来的。在从事社区体育活动过程中，农村社区居民体验到了通过健身获得健康的甜头，因此，逐渐树立了与其花钱看病遭受痛苦，不如花钱健身享受愉悦的观念。传统的消费观念逐渐被以体育健身为核心的健康消费观念所取代。

随着农村社区体育的发展，在健康观念的引领下，体育消费将逐渐成为农村社区居民的一种日常的、必需的、时尚的消费支出，并且随着农村社区体育的深入人心，以体育消费支出为主体的健康消费支出的总额将大幅度增加，在农村社区居民消费支出总额中所占比重也将越来越大，从而优化农村社区居民的消费结构，降低恩格尔系数，促进农村社区居民生活质量的进一步提高。

2. 农村社区体育发展充实了社区居民的闲暇时间

随着农村社会生产力的提高以及农村社会服务体系的健全，农村社区居民闲暇时间逐渐增多，和城市社区居民闲暇时间相比，农村社区居民由于生产、生活的特点不同，其闲暇时间缺乏规律性，季节性比较强。正因为农村社区居民闲暇时间的不规律性，科学、健康、理性的安排闲暇时间的活动难度相对较大。农村社区居民闲暇时间的重要活动有看电视、吃喝、闲聊、打棋牌麻将，非常单调、呆板，导致农村社区居民闲暇时间的生活枯燥、无聊，使一些封建迷信、腐朽堕落、赌博酗酒等不良生活方式充斥其间，长此以往，不利于农村社区居民的身心健康，也不利于新农村社区建设乡风文明目标的实现。

农村社区体育发展促使居民走出家庭，走向户外，走进社区，各种各样的运动项目为农村社区居民提供丰富多彩的生活内容，将改变农村社区居民支配闲暇时间的方式，由传统的消除疲劳型、内敛封闭式、被动接受型、个体的户内闲暇生活方式向休闲娱乐型、发散开放式、主动创造型、群体的户外闲暇方式转变。农村社区居民通过积极主动参加各种社区体育活动来充实自己的闲暇时间，将使居民支配闲暇时间的方式更加多样化。人们闲暇时间参加体育活动的时间增多，是社会进步的表现，是居民生活方式科学、文明的表现，也是居民生活质量提高的重要体现。

3. 农村社区体育发展可以调节社区居民的生活节奏

生活节奏紧张、单一，容易引起社会成员的身心疲劳，诱发各种现代“文明病”的发生。根据农业劳动和农业生产的特点，传统农民的生活节奏比较缓慢、单调，时间观念和纪律约束性较弱，随意性较大，农村社区居民已经适应这种缓慢的生活节奏，闲暇生活缺乏规律性，不利于居民身心健康的发展。但随着农村产业结构调整、农村社会转型，农村社区居民的生活节奏逐渐紧凑化，时间观念逐渐增强，逐渐体现出一定的规律性。对于农村社区居民而言，面对日益加快的生活节奏必然会出现不适应的心理和精神症状，体现出心理压抑、精神紧张的生活状态。过度紧张和过度缓慢的生活节奏都不利于居民的身心健康，适度的生活节奏才是良好生活方式的体现。

农村社区体育通过引导居民参与体育健身、休闲、娱乐，科学、健康、合理地支配闲暇时间，对农村社区居民的生活节奏进行调节，增强社区居民生活节奏的规律性。对于生活节奏日益紧张的农村社区居民，有规律地参加一定强度的社区体育健身、休闲、娱乐活动，可以释放心理压力，消除身心疲劳；对于生活节奏过度缓慢的农村社区居民，积极、主动参加社区体育健身活动，可以适当加快生活节奏，改善农村居民消极、慵懒思想状态，使农村社区居民体质强健、精力充沛、思维活跃、情绪高涨，使居民生活充满生机和活力，为积极投入到新农村建设进行能量储备和再生，在农村生产、生活中充分展现社区居民良好的形象和饱满的状态，发挥居民的积极性、主动性和创造性。

4. 农村社区体育发展可以拓宽社区居民的生活空间

生活空间是指人类为了满足生活上的各种需求，而进行各种活动的场所与地点。在现实生活中，每个人、每个家庭都有一个属于自己的生活空间，农村社区居民也不例外。生活空间是农村社区居民生活方式不可忽视的一个重要因素，生活空间过大，会给人一种空旷感和孤独感；生活空间过小，会给人一种封闭感、拥挤感、压抑感，因而适度的生活空间是农村社区居民良好生活方式的重要标志。随着社会的发展、人口数量的增加，生活空间拥挤是现代社会的明显特征，虽然农村社区居民和城市社区居民因生产生活方式不同，生活空间会表现出明显的差异性，农村社区居民的居住地理空间要比城市社区居民的居住空间普遍大得多，但生活的社会空间，农村社区居民则要比城市社区居民小得多。

（1）农村社区体育活动放大了居民肢体的微观活动空间。农村社区居民虽然以体力劳动为主，客观上可以起到增强体质、增进健康的作用。但由于大多数体力劳动伴随的是部分肢体的单调、重复运动，从而束缚了身体其他部分的活动空间。而多样化的社区体育活动项目以及某一运动项目动作程式的多样化，可以使参与其中的农村社区居民全身各个部件、器官、系统都能获得充分的活动空间，得到一定运动负荷的干预，从而促进人体全面、协调的发展，使人体能够保持体形完美、体格强健、身体机能增强，使农村社区居民接近甚至达到理想的健康状态。

（2）农村社区体育活动可以加大社区居民的宏观活动区域。农村社区居民除参加生产和经济活动外，绝大多数活动区域是在家庭中，即自己的房屋中，居民大量的闲暇时间在自己家中度过，远离阳光，远离花草树木，远离新鲜空气，远离自然，不利于自己的身心健康。农村社区体育引导社区居民走出房屋，走向户外，号召人们回归自然，将活动空间由家庭扩展到户外，在户外环境中接受阳光的沐浴，吸收新鲜的空气，与花草树木相伴，能使农村社区居民的躯体活动处于更为广阔的空间，感到神清气爽，遍体通泰，达到身体与自然环境的和谐统一，促进农村社区居民的身心健康。

（3）农村社区体育发展可以拓宽社区居民的心理空间。农村传统的自给自足的生产方式和封闭的自然经济环境，使农民养成狭隘、自闭、保守、自私的心理，目光短浅，急功近利思想严重，农村社区居民的心理空间被局限在狭小的领域之中，不利于培养其开拓进取、勇于竞争、富有冒险精神的博大情怀。农村社区居民通过参加多种多样的社区体育活动，可以获得多形式、多层次、多方位的空间体验，通过这种体验获得的愉悦感和成功感，又促使其去追求新的空间体验。农村社区体育通过项目的多样化、物理空间的不断变换给社区居民提供了开拓心理空间的各种机会，使居民体验到平时生活中难以体验到的空间状态，从而获得复杂多样的空间享受。农村社区居民在开放的户外环境中体验不同的空间享受，就会不断地产生追求新的空间感受的需求，心理上不再安于现状，而是不断追求新的空间享受刺激，从而养成开拓进取、敢于冒险、勇于竞争、心胸开阔的个性，打破了原来封闭、狭隘的心理状态，拓展了农村社区居民的心理空间，使之适应现代化的生产、生活方式，增加社会适应能力。

（4）农村社区体育发展可以促进社区居民生活社会空间的扩大化和复杂化。社会成员生活的社会空间主要是指社会参与空间和社会交往空间。传统农民的聚集方式是以血缘和地缘为纽带的，由于农民周围人群同质性强，生产生活环境封闭，使农村社区居民生活的社会交往空间狭窄、简单。另外，由于农民的权利意识薄弱，政治上的顺从性较强，且我国传统的城市优先发展、农村支持城市的发展思路和社会体制，进一步压缩了农民的社会参与空间。虽然目前我国进行社会主义新农村建设，加速推进农村城镇化，实现城乡一体化发展，农村社区建设的进程非常快，在农村社区中实行村民自治制度，鼓励农民的社会参与，但由于体制惯性和意识惯性使然，农村社区居民的社会参与空间依然较小，大大影响了农村社区居民的生活质量。

农村社会阶层分化和产业结构调整使农村社区居民群体呈现异质化发展趋势，为农村社区居民社会交往空间的开拓提供了前提。农村社区体育吸引了社区各社会阶层的积极参与，为农村社区居民的社会交往提供了沟通平台，人们通过参与社区体育活动，能够巩固原有的人际关系，还可以认识新朋友，建立新的人际关系。随着人们社会关系的不断扩大，农村社区居民的社会交往空间不断延伸和拓展。

农村社区体育的发展多层面、全方位拓宽了社区居民的生活空间，增加了社区居民对社会现代化发展的适应性，使农村社区居民拥有舒适、开阔的生活空间，身心舒悦，生活质量得到实质性的提高。

三　农村社区体育与新农村社区建设

新农村社区建设是指在党和政府的领导下，动员各方面力量，整合社区资源，强化社区功能，解决社区问题，合力建设管理有序、服务完善、文明祥和的新型农村社会生活共同体的过程。新农村社区建设是一项复杂的系统工程，需要政府加大支持力度，各方力量通力合作，各个领域协调共进，并充分发挥农村社区居民的聪明才智，调动其积极性、主动性和创新性，才能够有计划、有步骤地顺利进行。新农村社区体育不仅是新农村社区建设的重要组成部分，而且农村社区体育的辐射领域广、影响范围大，涉及新农村社区建设的各个领域，将对新农村社区建设起着积极的推动作用。

（一）农村社区体育发展有利于农村社区基础设施建设

农村社区基础设施主要包括农田水利设施、交通设施、电力设施、信息服务设施、医疗保健设施、环境卫生设施、文体设施、社会保障设施，是新农村社区建设的物质基础，为农村社区服务体系的完善提供前提和基础。新农村社区体育的发展可以补充、刺激农村社区基础设施的建设。

1. 农村社区体育发展需要物质保障

农村社区体育场地设施建设既是农村社区体育发展的物质基础，又是农村社区基础设施的重要组成部分，因此农村社区体育场地设施建设本身是农村社区基础设施建设的有益补充。为促进农村社区体育的发展，满足农村社区居民的体育健身需求，在新农村社区建设的过程中，加大投入，大力进行农村社区体育场地设施建设，实现新农村社区体育场地设施全覆盖。

2002 年 8 月 22 日，《中共中央国务院关于进一步加强和改进新时期体育工作的意见》明确提出，要加大对农村体育事业发展的扶持力度，建设好群众健身场地，方便群众就近参加体育活动。实施农民体育健身工程，大力推进农村体育场地设施建设是构建全民健身服务体系的重要内容。通过各级政府的投入和广大农民群众的参与，把体育场地建到农民身边，提供最基本的健身条件，为农村体育组织的建立健全和活动的开展提供平台。2006 年 3 月 20 日，国家体育总局印发了《国家体育总局关于实施农民体育健身工程的意见》，指出“农民体育健身工程以行政村为主要实施对象，以村级公共体育场地建设为重点，把场地建到农民身边，把体育服务体系覆盖到农村”，并制定了农村公共体育场地设施建设标准，明确农民体育健身工程是一项长期的历史任务，强调了农村社区体育场地设施建设的可持续性。2011 年 4 月 1 日，国家体育总局制定的《体育事业发展“十二五”规划》指出：“十二五”时期，80% 以上的城市街道、60% 以上的农村乡镇建有体育组织，城市社区普遍建有体育健身站（点），50% 以上的农村社区建有体育健身站（点），形成遍布城乡、规范有序、富有活力的社会化全民健身组织网络。借助新农村社区建设的契机，在上述政策支持和保障下，我国农村社区体育场地设施建设将取得重大进展，既推动了农村社区体育的发展，又为农村社区基础设施建设做出重要的贡献。

2. 农村社区体育发展刺激了农村社区其他基础设施的建设

农村社区体育发展需要大量的社区体育健身场地设施做支撑，而体育场地设施建设是一项综合配套工程，农村社区体育发展需要其他社区服务的支持和辅助，因此农村社区体育发展必然刺激其他社区基础设施的建设。

（1）农村社区体育发展刺激了农村社区交通设施建设。农村社区体育发展必将激发农村社区居民的健身、娱乐、休闲的热潮，农村社区体育场地设施建设要方便群众健身，从家庭到社区体育场地设施的距离要适中。农村社区体育场地设施建设不仅要科学选址，选择交通枢纽中心地带进行建设，还要加强农村社区体育场地设施周围的交通设施建设，使农村社区居民健身、娱乐、休闲更加便利。新农村社区建设一定要加强社区内体育场地设施周围的交通设施建设，为了最大限度地实现社区体育场地设施的资源共享，还要加强农村社区之间、农村社区与邻近城市社区体育场地设施之间的交通设施建设，使农村社区之间、农村社区与城市社区之间的体育交流和互动更加便利。

社区体育场地设施周围的交通设施是社区交通设施建设的重要组成部分，得益于农村社区体育发展的刺激，社区体育场地设施周围的交通设施建设必将纳入社区交通设施建设整体规划之下，刺激了新农村社区所有交通设施的建设，缩短家庭与健身场地设施之间的空间距离以及农村社区与城市社区居民体育健身、休闲和娱乐的空间距离，也有利于农村社区体育的发展，有利于农村社区间、农村社区与城市社区体育的交流和互动。

（2）农村社区体育发展刺激了农村社区环境卫生设施的建设。农村社区居民参与社区体育活动需要在优美、卫生、舒适的环境中进行，这样才有利于居民身心健康，保持心情舒畅、精神愉悦。这就要求为适应新农村社区体育的发展，满足社区居民健身、休闲、娱乐的需求，一定要保持社区环境的卫生，而科学合理的建设农村社区环境卫生设施是农村社区环境卫生保障的物质基础。农村社区环境卫生设施建设包括环境卫生公共设施建设、环境卫生工程设施建设和环境卫生机构公共场所建设。

环境公共卫生设施主要包括公共厕所、化粪池、垃圾管道、废物箱等。为方便农村社区居民的体育锻炼活动，要求在社区体育健身场地设施周围要建设公共洗手间，而社区体育场地设施一般处于社区的交通枢纽地带，公共洗手间的建设不但满足了居民健身、休闲、娱乐的需要，而且满足了农村社区居民公共服务的需要。为了保障农村社区居民体育场地设施周围的空气新鲜，化粪池一定要远离社区居民的居住环境和体育健身场所，这是农村社区垃圾管道和化粪池建设规划时需要考虑的重要因素。另外，农村社区居民体育健身、休闲、娱乐过程中会产生很多生活垃圾，因此，在体育场地设施周围还应该设有垃圾箱和废物箱，既方便了社区居民健身、休闲、娱乐过程中垃圾分类处理，又有满足了社区居民生活垃圾处理的需求。农村社区体育发展带动了社区环境公共卫生设施的建设。

要保障农村社区体育场地设施周围环境卫生，还需要配备环境卫生工程设施，尤其是洒水车以及洒水车供水器。农村社区居民参与社区体育活动一定要在空气清新、湿润的环境中进行，为避免体育场地设施周围环境尘土飞扬、空气灰尘多，要定时对环境进行清扫并经常洒水，因此洒水车和洒水车供水器的配套建设必须及时跟进。农村社区体育的发展刺激了社区环境卫生工程设施的建设。

农村社区体育场地设施的环境卫生还需要专门的卫生清扫和保洁人员的辛勤劳动来维持，因此在社区环境卫生设施建设中还要考虑到卫生清扫和保洁人员的休息场所的配备和建设。农村社区体育对环境的要求刺激了包括公共卫生设施、卫生工程设施和卫生机构公共场所的建设，对农村社区环境卫生设施建设起到了促进和引导作用。

（3）农村社区体育发展刺激了农村社区信息服务设施的发展。农村社区居民经常参与社区体育活动，会对某一项或几项体育项目产生长期而持久的兴趣，体育兴趣的增加必然导致体育信息需求增加。农村社区居民的体育信息需求必将成为其闲暇时间中的一项基本的生活需求，比如对体育赛事信息、健身指导信息、健康咨询信息等一系列与体育相关的信息产生强烈的需求。在这种情况下，许多以前农村社区居民所抵制、漠视的信息服务设施已经成为生活必需。为满足农村社区居民的体育信息需求，新农村社区建设中要加强信息服务设施的建设，如实现有线电视、电话、电脑网络的普及。这些信息服务设施可以为社区居民提供包括体育信息在内的各类生活、生产等方面的信息，使农村社区居民能够足不出户，就可以了解到当今社会的动态、大千世界的信息，这一切得益于农村社区体育的发展。

（4）农村社区体育发展刺激了农村社区医疗保健设施的建设。体育与医疗保健是对社区居民身心进行健康干预密不可分的手段和途径，二者相辅相成，都以实现居民身心健康为目的。农村社区居民参与社区体育活动，提倡科学健身，强调只从事与自己身体状况相适应的体育活动。因此科学健身的前提就是借助医疗保健设施对自己的身体进行诊断，选择适合自己的体育项目，合理安排训练频度、时间和强度，选择合适的地点和时间段进行健身、休闲和娱乐。从这一角度来讲，农村社区体育发展需要完善的社区医疗保健设施的辅助才能实现自身的可持续发展。从另一个角度来讲，体育健身、休闲、娱乐虽然能够增强体质，增进健康，但却不是万能钥匙，为了居民的身心健康，还需要大力发展社区的医疗保健事业，而农村社区的医疗保健设施则是居民享受医疗保健服务的物质基础和前提。

农村社区居民参与社区体育活动，进行科学健身，可以增强体质、增进健康，减少疾病的发生率，对疾病尤其是现代慢性病具有抵制和预防作用，但不能完全杜绝疾病的发生，一旦居民身心健康出现问题，引发疾病，必须借助社区的医疗卫生设施进行治疗和康复干预，直至居民恢复健康，才能重新加入到健身、休闲、娱乐的体育队伍中去，因此，农村社区体育的发展必须配备相应的医疗保健设施，才能真正实现居民的身心健康，增强居民的体质。农村社区体育发展唤醒了社区居民的健康意识，在产生体育需求的同时，伴随着医疗保健需求的产生，将刺激农村社区医疗保健设施的建设。

（二）农村社区体育发展有利于推动农村社区组织建设

农村社区组织是指在乡村社区内有目的、有计划地建立起来的满足一定功能的各种团体和机构。社区组织是在一定的功能和目标基础上形成的相对稳定的人群关系。根据社区组织内部成员关系的性质差异，社区组织可分为正式组织和非正式组织两大类型。正式组织具有明确的组织目标，在组织结构、成员角色和活动程序等方面都有比较明确的规定和要求。而非正式组织是在共同兴趣的基础上自发形成的，结构比较松散，但成员对组织的认同感较强。加大农村社区组织建设力度，加强农村社区组织管理，是实现农村社区居民自治、社区参与的重要前提，也是新农村社区建设要实现的基本目标之一。农村社区体育的发展有利于推动农村社区组织的发展。

1. 农村社区体育有利于健全农村社区组织体系

农村社区体育组织是农村社区组织的重要组成部分，随着农村社区体育的发展，居民参与社区体育活动的人数越来越多，社区体育活动将由社区居民自愿、自发、无组织的参与逐渐向自主、自觉、自组织参与过渡，农村社区体育组织将逐渐增多，农村社区体育组织体系将逐渐健全和完善，组织功能日益强化和健全。这一过程既有上级正式体育组织如各单项体协、行业体协向基层的延伸，也有基层体育组织由城市社区由城市向农村辐射，还有农村社区其他组织内体育团体的形成，更有农村社区居民自发组成的体育活动团体。在农村社区建设过程中，在社区体育场地设施附近，要规划出社区体育组织机构的公共场所，而社区体育组织机构公共场所的规划必将纳入到社区组织机构场所规划范畴之内，对社区组织机构的规划场所起到带动作用。总之，随着农村社区体育的发展，农村社区体育组织的数量将大幅度增加，社区体育组织机构逐渐健全，体育组织网络覆盖面越来越大，渗透的领域越来越广。农村社区体育组织的健全和完善，是农村社区组织建设工作的重要一环，增加了农村社区组织的数量和种类，是农村社区组织建设的有益补充。

2. 农村社区体育发展促进了农村社区组织文化建设

农村社区体育的发展推动了农村社区体育组织数量、规模、机构的发展，培育了农村社区体育组织文化。农村社区体育组织文化是社区组织文化的重要内容，农村社区体育组织文化的培育和发展本身就是农村社区组织文化建设工作的重要一环。

农村社区体育组织文化丰富多彩的内容，如参与意识和能力的养成、主体权利意识的觉醒、竞争意识、规范意识、协作精神、平等精神的形成等，对新农村社区组织具有普适性，是新农村优良社区组织文化的共同内容。新农村社区体育发展改变了农村社区居民的生活、生产的行为方式和精神面貌，形成积极参与、活泼向上的社会风气。这种社会氛围对新农村社区各级各类组织产生积极的影响，对农村社区组织的组织面貌、价值观念、制度规范、情感认同以及社区组织的凝聚力的提高起着积极的促进作用，增加了农村社区组织文化内容在各个层面上的建设的动力。新农村社区组织建设的目的就是实现以村民自治为体制核心的农村社区治理模式，而农村社区组织文化建设工作则是农村社区居民是否能够高效自治的关键环节。

3. 农村社区体育发展有利于强化农村社区组织的功能

农村社区组织数量少，功能弱是目前新农村社区建设中存在的普遍问题，有些社区的基层组织名存实亡，有些社区基层组织成为政府组织的附属单位或者政府的发言人，不利于新农村社区以村民自治为体制核心的社会治理模式的实现。强化社区组织功能是社区组织建设的重要内容，而农村社区体育发展可以强化农村社区组织的功能。

（1）农村社区体育可以提高社区组织成员的综合素质。农村社区组织是由农村社区居民构成的，组织成员素质决定着社区组织功能的强弱，一般而言，组织成员的整体素质越高，组织功能就越强；反之则组织功能弱化。农村社区组织成员通过参加社区体育活动可以增强体质，培养社会参与意识和能力、主体意识、平等精神、竞争意识、协作意识、开放意识和创新思维能力。社区组织成员的社会参与意识和能力是社区组织功能正常发挥的前提，只有社区居民积极参与组织事务和活动，社区组织才能得以存在并行使其参与社区事务管理的职能；组织成员主体意识和平等精神是社区组织独立、平等的主体地位存在的前提，只有社区组织拥有独立、平等的主体地位，才不至于成为基层政府的附属单位和政府代言人，才能独立行使组织职能，成为组织成员参与社区社会治理的中介和桥梁，才能为社区居民提供多元利益诉求的渠道；组织成员的竞争和协作意识则是农村社区组织充满活力和凝聚力的前提，农村社区组织要保持活力，必须在组织内部形成良性竞争机制，同时组织成员之间还要团结协作，从而高效发挥组织功能，实现社区组织的目标；组织成员的开放意识和创新思维能力是社区组织保持强大生命力的前提，农村社区实行以村民自治为核心体制的社会治理模式本身就是我国农村社会体制改革的创新，农村社区组织参与社区事务的管理，不能闭门造车，要坚持走出去、请进来的原则，学习借鉴其他农村社区组织和城市社区组织，甚至国外社区组织的组织结构和管理经验，同时还要坚持创新，不断适应农村社区社会事务管理的变化情况，只有不断创新，才能使农村社区组织保持旺盛的生命力。总之，农村社区组织成员综合素质的提高对强化社区组织效能起着重要的推动作用。

（2）农村社区体育发展有利于社区组织之间的协作与资源共享。实现社区组织功能的高效发挥，社区组织之间的协作和资源共享非常重要，而要实现社区组织之间的协作和资源共享，社区组织间融洽的社会关系非常关键。农村社区居民通过参加社区体育活动，可以突破组织群体的局限性，增强不同群体之间成员的沟通和交流，构建多样化的组织成员之间的社会资本。通过农村社区体育获取的突破组织群体界限的社区居民的社会资本，可以使社区组织在优化组织内部结构的同时，寻求最大限度地获取社区资源的途径，实现与社区其他组织之间的密切协作，实现社区组织之间的良性合作与互动，最终达到组织之间的双赢局面，最大限度地扩大组织的功能和参与社区社会事务的治理。

（三）农村社区体育发展有利于农村社区公共服务建设

农村社区公共服务的内容主要包括基础教育服务、科技信息服务、社会治安服务、医疗保健服务、环境卫生服务、文化体育服务、社会保障服务。农村社区体育发展既是农村社区文化体育服务的重要组成部分，又需要农村社区其他公共服务的共同支撑，对其他公共服务起着连带作用。

1. 农村社区体育发展充实了农村基础教育服务的内容

农村社区体育发展以社区居民的积极、主动参与为前提，而农村社区居民参与社区体育活动的前提是其体育科学素养的提高。体育科学素养是指人的体育知识、技能、态度及价值观念的综合。人的体育科学素养高，有利于人自身体育参与及锻炼效益的提高。目前，农村社区居民的体育科学素养养成主要源于基础教育阶段，为适应农村社区体育发展的需求，提高农村社区居民的体育科学素养，要求大力发展包括体育教育服务在内的农村社区基础教育服务。

农村社区居民的体育科学素养要从娃娃抓起，农村基础教育服务就是提高农村社区居民综合素质的起步工程，让农村社区居民从小就享受基础教育服务是新农村社区建设的重要目标之一。在农村基础教育服务的发展中，要始终贯穿素质教育的理念，从人的全面发展着手，这就要求农村基础教育服务的内容体系一定要科学、健全，尤其是农村基础教育服务对象正处在生理上的生长发育期和价值观、世界观的逐渐形成期，把体育教育服务的内容要放在突出的位置才能适应未来农村社区体育的发展。因此，农村社区体育发展充实了农村基础教育服务的内容，带动了农村基础教育服务的发展。

2. 农村社区体育发展推动了农村科技信息服务的发展

农村社区体育的持续发展要求农村社区居民不断获取体育知识信息，只有源源不断地获取体育信息资源，才能不断增加农村社区居民的体育兴趣、意识和技能，居民对社区体育活动的参与才具有科学性、持续性，才能有利于农村社区居民的健康和自身发展，这就需要健全农村科技信息服务体系、大力发展农村科技信息服务作为支撑。农村科技信息服务应该将体育信息资源作为提供信息服务的重要内容，让农村社区居民知体育、懂体育、爱体育，最终发展为与体育的不离不弃。

为满足农村社区体育的发展需求，在新农村社区建设中发展社区体育信息服务是非常必要的，但绝不能片面的、单一的发展体育信息服务。在新农村社区建设的过程中，应该从整体规划出发，将体育信息服务作为其中一部分内容，以农村社区居民的生产、生活需求为出发点，将农村科技信息服务作为一个整体进行规划和建设，既满足了农村社区居民体育健身、休闲、娱乐的需求，又满足了其生产生活的综合需求。

3. 农村社区体育发展有利于加强农村社区治安建设

农村社区治安是维护农村社区社会稳定、农村社区居民安居乐业的重要保障，因此，农村社区治安建设是新农村社区建设的重要内容之一。加强农村社区治安建设，既要依靠外部力量的控制，如配备高素质的治安队伍、配置健全的农村社区治安设施、提高预防和处置群体性事件的能力和水平、建立预防和处理自然灾害的风险管理机构、构建警民联防的治安防控体系；又要从农村社区居民自身着手，提升农村社区内部控制力量，加强农村社区治安建设。农村社区体育发展可以从根源上避免农村社区治安事件的发生。

（1）农村社区体育发展可以释放农村社区居民多余的精力。农村社区治安问题的出现，多出现在农闲季节。因为农闲季节，农村社区居民的闲暇时间较多，多数居民精力充沛，却又无处宣泄，再加上农村社区居民之间因为利益相争和沟通不畅造成的冲突和矛盾。如果找不到合理、合法的途径宣泄多余的精力，就会因一些琐碎的偶然事件，引发一些诸如打架斗殴、寻衅滋事、抢劫等社会暴力事件的发生，对农村社区的安定祥和造成极大的破坏，产生恶劣的社会影响。农村社区体育活动则为农村社区居民提供了一种合理、合法的精力宣泄途径，通过参与社区体育活动既可以使自己多余的精力得以释放，又不会对自己、他人造成身体和精神的伤害，以一种现代的、文明的方式将自己多余的精力释放和宣泄出来，同时又可以使居民在体育活动场景中相互沟通和交流，化解彼此间的冲突和矛盾，可以降低社区社会治安事件的发生率。

（2）农村社区体育发展可以引导农村社区居民建立健康、文明的生活方式。当今农村，尤其是偏远地区的农村，存在着赌博、卖淫嫖娼、封建迷信甚至吸毒活动严重，邪教组织泛滥、宗族黑恶势力横行等非常严重的社会治安问题，既对农村社区居民的身心健康造成严重的危害，又不利于农村社区的社会秩序的稳定，给农民的生产、生活造成不良影响。主要是由农村社区居民不良的生活方式造成的。农村社区居民通过参与社区体育活动，有助于破除封建迷信，远离赌博、吸毒、卖淫嫖娼等腐朽、堕落的生活方式，抵制邪教的侵蚀。同时农村社区居民通过参与社区体育活动，可以突破家族、宗族的局限性和狭隘性，彼此之间沟通、交流的渠道更加通畅，树立起平等、竞争的良性意识，避免家族势力和宗族势力的过度扩大化，最终发展成为黑恶势力，控制农村社区社会生活，对大多数农村社区居民的正常生活造成不良影响，甚至为害一方。农村社区居民对社区体育活动的参与树立了健康、文明、科学的生活方式，有助于促进农村社区居民生活安定，有效地开展农村社区治安管理工作。

（3）农村社区体育发展可以提高农村社区居民的应变能力。在现实生活中，突发性事故或自然灾害有些是不可避免的，对农村社区居民的生产生活造成的危害是非常大的。面临突发性的、不可预测的事故或自然灾害，农村社区居民的应变能力将决定着能否将突发性事故或自然灾害造成的损失降到最低，从而从容化解突发性事故和自然灾害，保证农村是社区居民生活的安定性。

农村社区居民经常参与社区体育活动，可以增强自己的体质，磨炼自己的意志，提高身体对自然环境和社会环境的适应能力，锻炼自己思维反应的灵敏性和灵活性以及在集体活动中的高度的协作能力，培养自己高度的竞争精神和冒险精神，这些都是应对突发性事故和自然灾害必备的素质，有利于农村社区居民在事故或灾难面前积极面对，从容应对和及时自救，将事故或灾害的危害降至最低，维护居民安定平稳的社会生活。

（4）农村社区体育发展可以降低群体性事件的发生率。近年来，随着农村社区居民权利意识和主体意识的觉醒，对政治的依附性逐渐减弱。群体性事件频发已经成为困扰当前农村社会治安的重要因素。群体性事件的发生是由于当弱势群体的利益和诉求无法得到满足时，就会与上层或另一群体之间产生冲突和矛盾，如果冲突和矛盾无法及时解决，就会在特定的场合、特定的时间，在偶然事件的诱发下，产生的群体性事件。群体性事件不但会给社区居民的生产生活带来不便，较大规模的群体性事件还将对人的生命和财产造成威胁，甚至爆发大规模的流血事件。目前很多农村基层政府对待群体性事件的态度和措施都是以掩盖、压制的措施为主，岂不知越压越堵，矛盾越深，越容易被激化，群体性事件发生的规模和频率就会越来越高。要防止群体性事件的发生，沟通才是化解矛盾根源的唯一途径。

农村社区居民通过参与社区体育活动，打破不同社会阶层之间的隔阂，形成同质密切、异质相融的社会资本，成员之间、社会阶层之间通过沟通和交流，化解冲突和矛盾，增进了解和信任。处于弱势、基层地位的群体可以借社区体育活动的场景向上层群体表达自己合法的利益和诉求，而社区上层群体也可以借助社区体育活动场景聆听弱势、基层群体的疾苦、利益和诉求，作为采取措施满足社区弱势、基层群体的利益和诉求的依据，从而形成有效地化解社区不同群体间的社会矛盾的途径。

4. 农村社区体育发展需要农村社区医疗保健服务大力配合

农村社区体育与社区医疗保健服务的共同目标是促进社区居民的身心健康。农村社区居民的健康需要两条腿走路，社区体育和社区医疗卫生保健服务正是支撑农村社区居民健康的两条腿，两条腿均衡、协调发展，才能保证居民健康的持续性。农村社区医疗保健服务主要向农村社区居民提供预防接种、健康教育和咨询、卫生保健及疾病治疗和预防服务，通过营养或药物干预来改善农村社区居民的体质状况，以身体健康检查的形式对农村社区居民的身体状况进行诊断，以疾病治疗为主、预防为辅，增进农村社区居民的健康水平。农村社区体育则通过社区居民的身体运动对居民健康实施运动负荷干预来增强农村社区居民的体质，提高农村社区居民的身体素质和身体机能，从而促进农村社区居民身体对疾病的抵抗能力，保障身体的健康。但农村社区居民参与社区体育活动必须与体质监测相结合，而体质监测需要农村社区医疗保健服务的密切配合，对社区居民的身体状况进行诊断，以把握社区居民的体质状况，作为社区体育活动内容、时间、强度、频率选择的依据，对于患有疾病或残疾的居民，还要开出运动处方，进行运动恢复。因此，农村社区体育发展和农村社区医疗保健服务密不可分，农村社区体育发展必将带动农村社区医疗保健服务的迅速发展。

5. 农村社区体育发展是农村社区文化体育服务重要组成部分

提升农民的生活质量，实现新农村社区建设的目标，从深层次上讲，就是在保障农村社区居民健康的前提下，充实农村社区居民的精神文化生活。因此，农村社区服务建设中，文化体育服务的发展是新农村社区建设的精神支撑，并且随着新农村社区建设的深入发展，农村社区居民物质生活水平的提高，其在农村社区服务体系中的地位日益提升。农村社区文化体育服务必须要与新农村社区建设同步推进，甚至要在政府的大力支持下优先发展，在农村社区服务体系中占有突出的地位。

农村社区体育是农村社区文化体育服务的重要组成部分，农村社区体育发展本身就是实现农村社区文化体育服务建设目标的重要任务和途径。在当前农村社区基层，文化工作和体育工作合并在一起的，因此，农村社区体育活动开展往往伴有其他文化娱乐活动的开展。从这种意义上讲，农村社区体育的发展，必将带动着农村社区其他文化活动的开展，进而带动整个农村社区文化体育服务的发展，从而使农村社区居民的精神文化生活更加充实，生活质量进一步提高。

此外，农村社区体育发展带动了社区居民对社区体育人居环境需求的提高，推动了农村社区体育人居环境的优化和发展，从而刺激了农村社区环境卫生服务的建设。

（四）农村社区体育发展有利于推动农村社区民主法制建设

农村社区民主法制建设是新农村社区建设的重要内容，是实现农村社区社会治理模式的重要途径。社区民主法制建设要重点完善村民自治，建立规范有序的村民自治章程和村规民约，健全村民代表会议制度，明确村级民主决策程序和形式，引导干部群众自觉遵守村务公开和民主议事制度，积极推行民主评议村干部工作制度。

农村社区基层民主建设和农村社区法制建设是我国新农村政治体制改革和创新的相辅相成的重要工作，实现新农村社会发展的充分民主是农村政治体制改革和创新的最高目标，民主目标的实现需要以农村社区法制建设为保障，而社区法制建设则是以民主思想和原则为导向，两者缺一不可。农村社区体育发展有利于推动农村社区民主和法制建设。

1. 农村社区体育发展有利于农村社区基层民主建设

（1）农村社区体育发展强化了社区居民社会参与意识。农村社区居民社会参与意识养成是农村社区民主建设的重要前提。农村社区民主建设的核心内容是实行村民自治，健全村民代表会议制度，明确村级民主决策程序和形式，实行村务公开和民主议事制度，这些都是以农村社区居民积极、主动参政议政为前提，而农村社区居民参政议政必须以农村社区居民社会参与意识的觉醒和社会参与能力的养成为前提。农村社区居民通过积极参与社区体育活动，获取健康体验、成功体验和自我实现体验，将进一步增强对社区体育活动的参与意识，当参与意识逐渐内化为农村社区居民的自觉、自主意识后，农村社区居民的体育参与就成为自觉、自主行为，而社区居民的参与意识也会由对社区体育活动的参与迁移、扩展到包括社区政治参与在内的社区事务社会治理行为中去，确保农村社区居民能够积极参与社区村民代表会议、参与社区民主决策的过程、参与村务公开及民主议事的决策、监督，参与对社区基层干部的监督，真正实现村民自治的农村社区政治制度。

（2）农村社区体育发展有利于改变农民的顺从性。中国农民长期内化于心的顺民或臣民意识，使农民与国家的政治生活绝缘，对国家政治生活冷漠，处于一种对政府的被动依附的状态，社会生活中对政府行为无条件服从，表现出明显的政治生活的顺从性。随着社会的发展，虽然农民政治地位有了较大提高，但由于主体意识、独立意识和自我意识的缺乏，农民对政治生活的参与依然表现出被动性和从众性，在政治行为上表现出狭隘性和自私性，以至于农村选举中以物质或金钱利益诱惑的方式拉选票的现象屡见不鲜，农村家族政治、宗族政治屡屡出现。在这种情况下，村委会往往代表某个家族或宗族的利益，而不是全体村民的利益，村民自治制度流于形式，成为农村社区民主制度建设最大困扰。

农村社区体育发展有利于农村社区居民主体意识、独立意识和自我意识的增强，进而促进农村社区居民政治意识和权利意识的觉醒。农村社区居民通过社区体育活动的参与，彼此之间增强沟通和交流，突破家族和宗族交往局限性，增强社区居民的归属感和认同感。农民主体意识、独立意识和自我意识的增强及由之而来的政治和权利意识的觉醒使农民对农村社区的政治生活不再冷漠，而是积极主动地参政、议政；对政府不再依附盲从，而是积极主动地维护自己的各种权益；政治责任感增强，积极履行农村社区的民主选举、民主决策、民主管理和民主监督的职责，彻底改变农村社区居民对政治生活的顺从性，为实现村民自治制度，加强农村社区民主建设做出积极的贡献。

（3）农村社区体育发展有利于农村社区形成民主氛围。农村社会生活的稳定性和有序性，造成农民传统的社会等级观念以及唯上是从、唯官是尊的行为规范，作为民主最基本的原则，平等在传统的、认可富贵天定的农民思想中是一种理想，而现实生活中则大多数接受既成的不平等的现实。因此，在当今社会阶层中，农民的民主意识和平等观念最为薄弱，长期以来形成的上支下派、唯命是从的价值观念牢牢印在农民的思想深处，制约了农村社区民主建设的进程。

农村社区体育的发展，为农村社区居民平等地参与某项社区活动提供了最为广泛和真实的平台，不同社会阶层的农村社区居民在社区体育活动中平等的沟通和交流，没有压抑感和拘束感，体验到平等带来的欢愉、成功和自我实现的感受，平等的观念深入人心。农民有了深化于内心的平等意识和观念，才能在社区政治生活中积极参与、勇于参与，才能充分行使村民的政治权利，在民主选举、民主决策、民主管理、民主监督中发挥作用，真正使村民代表大会的职能充分发挥出来，村民自治的民主制度才能真正实现。

2. 农村社区体育发展有利于农村社区法制建设

（1）农村社区体育法制体系的健全充实了社区法制体系的内容。

农村社区体育法制体系是促进和保障新农村社区体育发展法律规则的总称。近年来，为了适应农村社区体育的发展和新农村建设的需要，我国加大了农村体育立法的工作力度，并且即将出台更多为农村社区体育发展保驾护航的法律制度。随着农村社区体育的发展，农村社区体育法制体系必将越来越健全、越来越完善。农村社区体育法制体系是新农村社区法制体系的重要内容，社区体育法制建设工作则是社区法制建设的重要工作任务之一。因此，农村社区体育的发展，必将加速农村社区体育法制建设工作的进程，农村社区体育法制体系必将更加健全和完善，从而充实了农村社区法制体系的内容，为新农村社区法制建设奠定坚实的基础。

（2）农村社区体育发展有利于社区居民守法意识和行为的养成。农村社区民主法制建设的目标是对社区事务实行依法治理，社区居民具有依法保障和行使自己权利、履行自己义务的意识和能力，社区居民日常行为严格遵守法律规定，不违法、不犯法，即养成守法的意识和行为。但受中国传统文化和农业经济的影响，农民的行为和意识更多的受风俗、宗教信仰和传统的伦理道德的支配，法制意识淡薄，农民不但会因不懂法而无意之中违法、犯法，而且自己的合法权益受到侵害时也无意、无力用法律的武器进行维护。农民守法意识淡薄和行为能力缺失，已经成为制约新农村社区法制建设的瓶颈。

体育是一项在一定规则约束下的身体活动。规则对体育活动参与者的约束具有普适性，即任何体育活动参与者都要平等地遵守规则。虽然农村社区居民参与的社区体育活动以健身、休闲、娱乐为主，体育活动的项目规则不如竞技体育严谨、规范，规则遵守和竞技体育相比更为宽松和灵活一些，但参与过程中选择项目的基本规则还是要遵守的。随着农村社区体育的发展，农村社区居民接受体育指导和教育的程度越来越高，对体育规则的了解越来越多、越来越深，体育规则对其参与体育活动的约束力就越大。农村社区居民长期参与社区体育活动，逐渐习惯于遵守体育规则，这种习惯就会内化为社区居民的自觉意识，而这种自觉意识将支配居民在从事社区其他社会活动时也遵循一定的规则，这种规则就是社区法制。农村社区居民的守法意识和行为逐渐养成，有利于农村社区的民主法制建设，法治化的新农村社区建设就会逐步实现。

（3）体育精神与农村社区法制建设在思想和原则上有高度契合性。

体育精神中人的主体意识和权利意识、规则意识、民主参与意识、公正公平精神都是农村社区法制建设要遵循的思想和基本原则，两者有着高度契合性。农村社区体育发展可以向农村社区居民倡导体育中与社会价值观念相一致的体育精神，这种精神既可以营造良好的社区法治氛围，又可以为农村社区在立法、执法、守法等法制建设各个环节提供遵循的依据。农村社区体育倡导的体育精神能够保障农村社区立法过程中对农村社区居民的主体性地位、各项民主权利的充分保障，体现农村社区居民的意志和利益，执法和守法过程人人平等，倡导农村社区建设人人依法积极参与，真正实现农村社区依法自治的目标。

总之，新农村社区体育发展全方位、多层次涉及新农村社区建设的内容，在建设目标、宗旨，倡导的理念、精神有着高度的一致性。农村社区体育发展需要社区各个部门、各个行业、各个社会阶层的积极、密切的合作与配合才能够全面、协调、健康、持续的发展，应该自始至终贯穿于新农村社区建设的全过程。同时农村社区体育发展由于和新农村社区各领域之间存在着千丝万缕的关系纽带，在主观和客观上都刺激了新农村社区的整体建设和发展，推动了农村社区城镇化的进程。

第三节　农村社区体育发展的历程

农村社区是人类历史上古老而又十分重要的社会生活共同体，对人类生活起着独特而重要的社会作用。对于我国这样一个传统的农业大国，农村社区对我国居民的社会生活起着巨大的支撑作用，在我国社会经济发展过程中处于无可替代的社会地位。虽然农村社区的概念是近年来我国在实施统筹城乡发展战略，建设社会主义新农村，推动农村城镇化发展之际才经常被提及，但根据社区的概念和内涵，我国传统的自然村、行政村、中心村等自然村落，本身就是农村社区。因此可以说，农村社区自新中国成立以来就一直存在，只不过在我国社会发展过程中处于被忽视，甚至无视的社会地位。农村社区体育的发展历程不应只从新农村社区建设的历史任务提出之时算起，应该从建国之后算起。

一　新中国成立后我国农村体育发展历史回顾

我国农村体育发展的历史回顾是对新中国成立后一直到我国新农村

社区建设的历史任务提出前这一历史阶段农村体育的发展进行梳理和归纳。新中国成立后，我国农村体育发展历程跟我国经济、社会发展的历史阶段划分呈现惊人的吻合，说明农村体育的发展与我国经济、社会发展水平相适应的。普遍认为，新中国成立后，我国农村体育发展历史经历了以下几个阶段。

（一）农村体育初步繁荣期（1949—1956年）

新中国成立之初，我国经历了近百年战争，满目疮痍、一穷二白，各项社会事业百废待兴。为了迅速治疗战争创伤，我国迅速完成由新民主主义革命向社会主义革命的过渡和转换。发展国民经济被提到极为重要的地位，党和国家领导人以其远见的卓识和敏锐的洞察力认识到人力资源的重要性，特别强调增强人民体质对国家发展经济、提升国力的重要性。为了增强人民体质，迅速摘掉中国人民“东亚病夫”的帽子，党和国家领导人特别重视群众体育的发展，农村体育进入初步繁荣时期。

随着社会主义改造进程的逐步推进，农村的土地改革和农业合作化运动的顺利进行，农民的生产、生活水平迅速提高，各村镇的文化事业也迅速发展。为了进一步推动农村体育事业的发展，充分发挥体育为人民服务的宗旨和职能，党和政府根据我国农村的实际情况和发展特点，制定“区别对待，分类指导，普遍提高，重点扶持，以点带面，逐步发展”的农村体育方针，有计划、有步骤地积极发展农村体育，形成了以共青团、妇联和民兵组织为核心的农村体育组织体系，以中小学体育教师和复员军人为技术指导人才，发挥自力更生艰苦奋斗的精神，自主开辟体育场地、自制体育器材，与当时的民兵训练相结合，成立各项目和各形式的锻炼小组，利用农闲季节，组织农民参加各种身体锻炼活动。1956年6月，全国农村体育工作会议在北京首次召开。会议介绍了农村体育活动先进单位的经验，总结并肯定了农村体育工作结合民兵训练，利用农闲季节开展体育活动的经验。强调农村体育的开展必须依靠青年团、妇联和民兵等青年组织，在发展农业生产的基础上，坚持业余、自愿和简便易行的原则，加快建立农村体育组织并配备一定数量的专职干部。这次会议使中国农村体育达到新中国成立之后的初步繁荣。

（二）农村体育曲折前进阶段（1957—1966年）

这一阶段，我国全面进入社会主义建设时期。受“左”倾冒进思想的严重影响，我国经济发展充满艰辛和曲折。农村体育也伴随着我国经济、社会发展，曲折前进。

1. 农村体育“大跃进”阶段（1957 年至 1960 年上半年）

受“左”倾冒进思想的影响，我国各行各业均出现盲目发展的表面繁荣景象，农村体育发展也不例外。农村体育的发展忽视客观条件和经济发展水平，提出不切实际的发展目标，农村体育资源开发讲究大而全“一刀切”，大搞形式主义。出现农村场地设施普及化、体育组织全覆盖等貌似繁荣的农村体育热潮，甚至脱离农业生产劳动，搞体育训练和竞赛，对群众的生产和生活造成严重的影响，引起群众的强烈不满。

2. 农村体育停滞阶段（1960 年下半年至 1963 年）

从 1960 年下半年开始，我国开始进入三年自然灾害时期，群众生活水平急转直下，农民忍饥挨饿已经成为生活常态，农村体育的发展失去了赖以生存的物质、经济基础。为了纠正“大跃进”出现的错误，国家体委提出农村体育要针对实际情况，区别对待，暂时少搞或者不搞，农民群众进行体育锻炼的热情开始冷却，农村体育组织开始被撤销或解散，大多数地方农村体育处于无人问津的状态，农村体育发展进入停滞阶段。

3. 农村体育恢复和发展阶段（1963—1966 年）

1963 年，在全国人民的艰苦努力下，我国安然度过了三年自然灾害，国民经济和生产开始逐步恢复。为了更好地促进国民经济的恢复和发展，消除“大跃进”和自然灾害的影响，党中央、国务院提出“调整、巩固、充实、提高”的八字方针，对农村体育的发展起到积极恢复和促进作用。该阶段我国出台了一系列符合我国实际情况的体育方针和政策，如：强调根据生产和生活水平，考虑需要和可能两个方面来安排体育工作，提倡“业余、自愿、小型多样、因时、因地、因人制宜”等原则。在这一指导思想下，一些县、乡的农村体育组织得到恢复或重新建立，一些生产、生活和体育基础较好的地区，体育活动又活跃起来，我国农村体育由逐渐恢复并呈现出新的发展势头。

（三）农村体育异常“兴盛”阶段（1966—1976 年）

1966 年 5 月，我国进入“文化大革命”时期，“文化大革命”给中国人民带来巨大的灾难，党和国家、人民遭受到重大损失和伤害。但“文化大革命”的影响更多发生在城市，农村受“文化大革命”的冲击相对较小，社会环境相对稳定，对农村体育的消极影响很小。这一阶段，农村体育出现了与社会发展不相适应的异常“兴盛”阶段。

在毛泽东“上山下乡、接受再教育”的号召下，大批知识青年扎根农村，农村文化生活相对贫乏，在茫茫草原、黄土坡、黑土地上，为填补精神和文化生活的空缺，排遣烦忧，知识青年普遍表现出对体育活动的偏爱，体育活动表现出异常的热情。下乡知青对体育活动的热情，吸引和带动了大量农村青年，推动了农村体育活动的开展。

1972 年召开的全国农村体育工作会议提出：开展农村体育要与当地经济发展水平相适应；要积极地、有步骤地开展农村体育活动；要根据农村生产特点，农忙少搞，农闲多搞，采取灵活多样，方便群众的组织形式，开展群众喜闻乐见的活动；要因地制宜、因陋就简、自力更生、就地取材、修旧利废，制作简易体育器材，尽量做到不花钱少花钱。此后，各地农村开始有组织地召开农民运动会，许多公社（乡）还组织业余体育队伍，不定时进行短期集训，由生产队补助工分。同时，国家体委组织专业队，经常深入农村进行表演训练和辅导，开阔了农村广大社员群众的眼界，激发了他们的体育兴趣，提高了农村体育的技术水平，扩展了农村体育活动的面，同时也为农村培养了大批体育骨干。农村体育在新的基础上逐渐走向正规化。

1973 年以后，在“四人帮”反革命集团别有用心的鼓动下，农村体育成为政治宣传工具，在全国农村掀起了大规模的体育活动热潮；出现了许多农村组织农民体育大军进城表演比赛现象，大批青年被“一平二调”搞表演；有的为搞千人广播操而进行脱产集训，农村记工分要加体育标准等，使农村体育活动在特殊的政治背景下呈现出异常的“兴盛”现象。

（四）农村体育全面恢复和社会化发展阶段（1976—1992 年）

1976 年 10 月，“文化大革命”结束，我国社会秩序恢复正常，体育事业也开始进入正常发展渠道。1978 年 11 月，党的十一届三中全会召开，我国各项社会事业开始进入全面恢复和发展时期，随着我国农村家庭联产承包责任制等农村经济政策的贯彻落实，农村经济发展水平有了大幅度提高，为农村体育发展创造了良好的发展环境。

为了促进农村体育发展，1978 年 11 月，国家体委召开了全国县的体育工作调查会，着重研究新形势下如何开展县的体育工作，并出台

《做好县的体育工作的意见》，对县级体育工作的任务、工作方法、工作作风等作出明确规定。1982 年 11 月，全国农村体育工作会议召开，制定了农村体育工作的方针、任务和措施。1983 年，国务院将会议纪要批转全国各地，要求各级人民政府加强领导，从实际出发，积极地、有步骤地把农村文化体育活动开展起来，各地积极贯彻纪要的精神，农村的文化中心、文化站、青年之家纷纷建立起来，农村体育朝着经常化、多样化方向发展，群众自筹资金举办的体育竞赛增多，民族民间传统体育日趋活跃，标志着我国农村体育进入社会化发展阶段。1984 年出台了《体育先进县的标准和评选办法》，决定从 1985 年开始在全国开创体育先进县活动。抓住了农村体育工作的龙头，调动了社会办体育的积极性，将我国农村体育又向前推进了一步。1986 年全国农民体育协会成立，加强了对农村体育工作的组织和领导。1987 年的全国体育工作会议表彰了首批共 78 个体育先进县，为农村体育发展树立了榜样。1988 年第一届全国农民运动会召开。争创体育先进县活动、全国农民体育协会的建立和全国农民运动会的召开，是我国农村体育发展里程碑，标志着我国农村体育进入一个有独立组织、自成系统和群众基础与技术提高相结合的全面社会化发展阶段。从 1990 年起，中国农民体协在全国推行“亿万农民健身活动”，将农村基层地区的体育活动推向了新的高潮，使农村体育进入政府主导下的全面社会化发展阶段。

（五）农村体育深化改革和转型发展阶段（1992—2005 年）

1992 年，我国进入全面建设社会主义市场经济时期。为适应社会主义市场经济的需要，我国体育事业进一步推行产业化和社会化改革，农村体育也在深化改革的过程中快速发展，逐渐进入转型发展时期。

1995 年，国家先后出台了《全民健身计划纲要》和《中华人民共和国体育法》，我国体育事业的发展进入法制化时期，进一步保障了农村体育的合法地位和农民合法的体育权利，推动了农村体育的进一步发展。全国农民运动会已经固定为四年一届，在项目设置、竞赛办法以及参赛资格的限制方面，都力求使农运会成为真正的农民参与的盛会，体现中国特色、农村特点、时代特征；再加上“亿万农民健身活动先进乡镇”的评选和表彰，使农村体育开展的重心下降，客观上促进了农村体育的蓬勃发展。在一些经济发达地区，农村体育在快速发展中也悄然实现由政府主导型向自发型的机制转型，农民的体育价值观念由单一化向多元化发展。由于我国地域辽阔，经济发展水平不一，各地农村体育的发展也呈现出差异性和不平衡性，形成以小城镇体育带动农村体育全面发展的格局。

二　新农村社区体育发展历程

新农村社区体育的发展历程是指我国新农村社区建设历史任务提出之后，在统筹城乡发展、农村新型城镇化和社区建设的背景下，农村体育发展进入的崭新发展时期。农村社区体育是适应农村社会转型，在传统的行政村或自然村为单位的农村基层体育活动基础上发展而来的。和传统的农村基层体育活动，农村社区体育体现出主体参与的主动性、主体构成的异质性、组织管理的自治性、居民需求的多元性、发展导向的城市性、服务体系的健全性等特点。我国农村社区体育与新农村社区建设同步推进，大体经历了两个发展阶段。

（一）农村社区体育发展的点—点布局初级阶段（2006—2009 年 7 月）

2006 年党的十六届六中全会首次提出新农村社区建设的任务，在进一步推进城市社区建设的同时，积极推进农村社区建设，我国新农村社区建设的大幕从此正式拉开，农村社区体育作为新农村社区建设的重要内容也随之同步进行。我国新农村社区建设实行先实验后推广的逐步探索模式，2007 年 3 月，民政部印发了《全国农村社区建设实验县（市、区）实施方案》，在承担的主要任务中提出："推进公共服务向农村延伸。积极推进为民服务代理制度，改进服务方式，探索引导社会救助、社会福利、医疗卫生、计划生育、社会治安、科技教育、文化体育、劳动保障、法律服务等公共服务进农村社区的机制，使政府公共服务覆盖到农村，探索缩小城乡差别的有效措施"①，农村社区体育也借助新农村社区建设的契机，逐渐融入农村社区居民的日常生活之中。2007 年 8 月，在全国选取了 251 个农村社区建设实验县（市、区）作为农村社区建设的试点单位，形成点—点分布的格局，在各试点社区普遍建有农村社区服务中心，在农村社区人居环境建设和优化过程中，社区体育场地设施、体育健身组织、社区体育活动和比赛、社区体育健身指导和宣传等社区体育服务体系日益健全，各试点单位均按照全民健身

① 民政部：《全国农村社区建设实验县（市、区）实施方案》，2007 年 3 月。

计划和农村社区建设的相关要求，积极引导农村社区居民参与、组织具有地方、民族、民俗特色的各种体育活动和比赛，农村社区居民科学、文明、健康的体育生活方式正在逐渐形成，农村社区体育在各试点单位的发展和非试点单位相比优势明显，显示出全国点—点分散布局的特点。

（二）农村社区体育发展的点—面结合布局阶段（2009 年至今）

2009 年 8 月，随着农村社区建设实验试点单位的成功探索，为进一步推动我国新农村社区的建设，“农村社区建设实验全覆盖”创建活动在全国展开，并命名了首批“全国农村社区建设实验全覆盖示范单位”，之后民政部多次批准命名了“全国农村社区建设实验全覆盖示范单位”，部分新农村社区建设实验县（市、区）的农村社区建设工作突出，发展为“全覆盖示范单位”，新农村社区建设的点—面结合的布局形式逐渐形成，我国新农村社区建设试点工作范围大规模扩大。为具体指导新农村社区建设工作，2009 年 10 月，民政部公布了《全国农村社区实验全覆盖示范单位评估指南》，制定了操作性很强的《评估手册》，对新农村社区建设起着导向作用。在《评估手册》中要求社会救助、社会福利、社会治安、医疗卫生、计划生育、文教体育等公共服务覆盖到农村社区。

农村社区体育作为新农村社区建设的配套任务，也有了长足发展。农村公共体育设施和公共体育服务覆盖面积大幅增加，农村社区体育组织数量和种类进一步增加，社区体育志愿者队伍规模不断扩大，农村社区体育活动和比赛逐渐规模化、规律化、频繁化。在新农村社区建设中社区服务中心逐渐健全，体育活动室、站点、广场等场所门类增多，农民体育健身工程和雪炭工程对基层农村社区的惠及范围和力度加大，农村社区社会体育指导员配备数量逐渐增多。在新农村社区建设中以节庆体育、民俗体育为品牌的多元化社区体育活动开展得如火如荼，社区居民的健身热情日益高涨。农村社区体育生活化特征越来越明显，“体育生活化”已经由一种理念、一种口号转变为实际行动，部分地区开展体育生活化社区创建，成立社区体育工作委员会、社区全民健身委员会等农村社区体育活动组织体系普遍成立，农村公共体育设施普及范围广，农村社区体育活动呈现多元化、经常化、传统性、品牌化、普遍化的趋势，体育逐渐融入农村社区日常生活当中，农民的体育科学素养有了大幅度提高，农民体质监测在新农村社区工作稳步开展，健身意识和体育消费意识日益提高，浓厚的体育健身氛围在新农村社区建设中已经形成，农村社区体育已经成为带动农村社区全面建设的突破口和切入点，必将在农民新的社区生活方式中占有突出重要的地位。

第三章　新农村社区体育共生的发展

虽然我国农村社区体育有了长足进步和发展，农民的体质和健康已经有了巨大的改善，取得了举世瞩目的成就。但由于长期城乡二元制经济、社会结构以及我国一直以来坚持城市优先发展的战略决策，农村社区体育发展面临着地域广、起步晚、基础差、任务重等严峻问题，与城市社区体育相比，农村社区体育发展滞后已经成为一个不争的事实。同时我国农村地域辽阔，各地经济发展水平不平衡，部分地区的农村社区体育尚处于无人问津的状态，新农村社区体育发展仍处于相对较低的水平。新农村社区体育共生发展的最基本的前提是共生要素健全，虽然本书所选的调查地域为新农村社区建设实验全覆盖示范单位，在我国新农村建设中处于领先地位，但因各地经济发展水平各不相同，部分地区农村社区体育发展还刚刚起步，整体水平较低，研究农村社区体育共生发展状况首先从农村社区体育发展的共生要素的实际状况入手，因此，对农村社区体育共生发展的实证研究，以调研其共生要素是否健全为主要内容。

第一节　新农村社区体育发展的共生关系

社会共生理论认为，共生是一种普遍的社会存在，是个人、组织和社会的基本存在方式，存在于不同阶层的共生系统之中。个人、组织和社会之间以资源为基本纽带，建立了不同类型、不同形式的社会共生关系，且这种共生关系在社会共生机制作用下长期而稳定地存在，并处于不断演化过程中。新农村社区体育既是新农村社区建设的重要内容之一，也是社会大系统的重要子系统，普遍遵循社会共生规律。根据社会共生理论，社会共生的基本构成要素包括社会共生主体、社会共生资源和约束条件。如果将新农村社区体育视为一个共生系统，经常参加体育锻炼的社区居民、社区体育组织就是新农村社区体育共生系统的主体要素，农村社区体育活动开展所依赖的公共体育资源和私人体育资源则是共生系统的资源要素，我国和农村社区体育相关的全国性政策法规、地方性行政规章、部门规章和社区基层体育活动开展的相关制度，加上社区体育活动内容的规则等构成了新农村社区体育共生系统的约束条件，引导、规范农村社区体育的共生发展。同时如果将新农村社区建设作为一个共生系统，新农村社区体育与新农村社区建设的各子系统就构成了社会共生的主体要素，农村社区的各种公共资源则是社会共生的资源要素，新农村社区建设的相关政策法规以及农村社区体育的相关政策法规体系就是新农村社区体育与新农村社区建设各子系统之间的约束条件。既然新农村社区体育具备了内、外共生的基本构成要素，也就具备共生发展的前提和基础。

新农村社区体育作为一个共生系统，其共生主体间的共生关系可分为内共生关系和外共生关系。内共生关系是指新农村社区体育系统内部社区体育组织、经常参加体育锻炼的居民以社区体育资源为联系纽带，在竞争与协作相结合的共生发展机制作用下建立的互利共生关系；外共生关系是新农村社区体育与新农村社区建设各子系统之间的共生。新农村社区体育发展的共生要素基本健全，具备了共生关系形成的基本前提。新农村社区体育发展是否具备内、外共生关系建立、维系和演变的条件，是构建新农村社区体育共生发展模式的前提。

一　新农村社区体育发展内共生关系建立、维系和演化的条件

新农村社区体育发展的内共生主体是指经常参加体育锻炼的农村社区居民和农村社区体育组织，内共生关系主要是经常参加体育锻炼的农村社区居民之间、社区居民与农村社区体育组织之间以及农村社区体育组织之间的共生关系。本书从社会共生关系建立、维系和演化的理论出发，结合农村社区体育发展的特点，分析其内共生关系建立、维系和演化的条件，为构建新农村社区体育共生发展模式奠定基础。

（一）新农村社区体育发展内共生关系建立的条件

1. 新农村社区拥有可供内共生主体共享或交换的体育资源

农村社区体育体育活动的形式有两种：一是个人行为，即自发参与体育活动；二是组织行为，即通过加入社区体育组织参与体育活动。无

论哪种形式，均会因参与社区体育活动对社区体育资源产生长期而稳定的需要。社区体育组织在履行组织职能过程中，会以某种方式利用社区体育资源，对社区体育资源产生日益强烈的需要。

农村社区体育资源包括公共体育资源和私人体育资源。新农村建设对于社区体育资源的开发、配置，力度前所未有，无论是从数量还是从种类上都有了极大的改善。新农村社区建设中配置的公共体育资源，是社区居民从事体育健身、休闲、娱乐活动以及农村社区体育组织开展体育活动共同需要的，满足共享型体育共生关系建立的条件。农村社区居民参与和社区体育组织开展社区体育活动均需要足够的体育经费支持，依赖健全的体育场馆、设施、器材，在社区体育人力资源的组织、咨询和指导下，接受精确、系统、科学的体育信息以达到健身、休闲和娱乐等目的。同时，日益丰富的农村社区体育公共资源，因其具有共享性和公共性，为农村社区体育共生发展提供重要的资源保障，具备了农村社区体育内共生关系建立的条件之一。

居民和社区体育组织在参与和开展体育活动过程中还在一定程度上依赖于包含体育器材、设施等在内的部分私人体育资源。农村社区公共体育资源相对不足依然是新农村社区体育发展长期面临的问题，居民在社区体育参与中产生对私人体育资源的需求，部分居民在社区体育活动中自愿将私人体育资源提供给锻炼群体的其他成员共享或交换，彼此之间形成共享型或交换型体育共生关系。

因此，经常参加体育锻炼的农村社区居民之间、居民与农村社区体育组织之间、农村社区体育组织之间在参与、开展社区体育活动中均需要农村社区体育资源的支撑，故以社区体育资源为纽带，建立了内共生关系。

2. 农村社区体育内共生主体均拥有自由选择权

新农村社区体育参与的自愿性和业余性，决定了居民在社区体育参与中拥有独立决策和自由选择权，自主选择社区体育参与项目、形式、内容、手段、场馆、器材、设施、信息、组织等资源，当居民积极主动地参与社区体育活动时，因各自竞争或合作的体育需求组成较为稳定的体育群体，彼此之间围绕社区体育资源相互选择而建立了长期而相对稳定的共生关系。

我国农村社区体育组织是在政府推动下，适应基层社区体育活动组织化的需求，建立起来的不同层次、不同类型的自治组织。在组织建设过程中，基层体育组织实行自我管理、自主经营、自我约束。在组织制度制订、职能划分、成员遴选以及活动组织管理的内容、形式、手段和社区体育资源的占用等方面可以自由选择，自主决策，围绕社区体育资源建立了稳定的共生关系。

因此，经常参加体育锻炼的农村社区居民之间、居民与农村社区体育组织之间、农村社区体育组织之间具备了建立内共生关系的条件之一。

3. 农村社区体育内共生主体存在着竞争与协作互动

社区体育共生资源的有限性和短缺性，决定了在经常参加体育锻炼的社区居民和社区体育组织的共生实践中，为占有更多的社区体育资源，最大限度地满足各自的需求，居民之间在参与体育活动、社区体育组织之间在开展社区体育活动中必然展开对社区体育资源的竞争。居民之间、社区体育组织之间对社区体育共生资源竞争的最终结果无非有两种：一是竞争不可调和，导致两败俱伤，彼此间的利益均受损，这是任何居民和组织在体育活动过程中都不愿意看到和接受的；二是彼此通过沟通、协商，相互妥协，围绕社区体育共生资源构建一种共享或交换的社会共生秩序，在兼顾各方利益的基础上彼此协作，实现各自利益的最大化。

农村社区体育组织在履行职能过程中视体育活动规模大小对社区体育资源进行不同程度的占用，影响非体育组织成员的居民对农村社区体育资源的使用，彼此间产生矛盾，进而为争夺体育资源的使用权而进行竞争。居民与社区体育组织之间的竞争中非体育组织成员的居民处于绝对劣势，为保障自己对体育资源的使用，最终将会以加入社区体育组织的形式进行妥协，在自身参与和组织开展社区体育活动进行协作，建立一种和谐的共生关系。

4. 农村社区体育约束条件是社区体育共生发展的重要保证

农村社区居民参与社区体育活动是在一定的约束条件下进行的。约束条件可以分为硬性约束条件和软性约束条件。硬性约束条件包括和社区体育有关的体育政策、法规、条例等，如《中华人民共和国体育法》《全民健身条例》《国家体育锻炼标准实施办法》《公共文化体育设施条例》《国家体委关于深化改革加快发展县级体育事业的意见》《社会体育指导员技术等级制度》《社会体育指导员国家职业标准》等，其他关于农村体育发展的相关政策、法规、条例、各体育项目规则等。硬性约束条件除对农村社区体育发展起到引导、规范作用外，还能够对破坏农村社区体育发展的实践活动进行约束和强制处罚。农村社区体育政策法规等硬性约束条件在宏观、中观和微观三个层面对经常参加体育锻炼的居民的体育共生实践和社区体育组织的职能履行进行引导、规范和约束。软性约束条件则是指不同农村社区的传统习俗、节庆习俗、农民的信仰、体育道德规范和体育精神等，虽然对农村社区体育共生关系不具备强制约束作用，却能起到内在的约束和规范作用，同样不容忽视。

（二）农村社区体育内共生关系维系的条件

1. 农村社区体育共生资源总量和种类日渐丰富

新农村社区建设在基础设施资源、社区组织资源和公共服务资源配置方面加大力度，这其中就包含农村社区体育资源在内。随着全民健身国家战略在农村的实施以及《中共中央、国务院关于进一步加强和改进新时期体育工作的意见》《关于实施农民体育健身工程的意见》《体育事业发展“十二五”规划》等对农村社区体育资源配置的规定均保障了农村社区体育共生资源总量和种类的日渐丰富。农村社区体育资源的公共属性，决定了其既为农村社区居民所使用，也为农村社区体育组织服务。农村社区体育组织的草根性和基层性，决定了其专有、专用的体育资源相对较少，更多地使用农村社区公共体育资源，进而持续性的需求。因此，农村社区体育共生资源不仅长期而稳定地存在，而且呈持续增长的趋势，经常参加体育锻炼的居民和社区体育组织在社区体育活动实践中围绕社区体育共生资源形成稳定的共生秩序，具备了共生关系维系的条件之一。

2. 农村社区体育约束条件对内共生主体的行为起到引导、规范作用

社会共生关系得以维系需要约束条件有效地发挥约束作用。随着我国法治建设进程的不断推进，农村社区体育政策法规体系不断健全和完善，逐渐形成了以《中华人民共和国体育法》为基本纲领，以《全民健身纲要》为总体指导，以不同时期的《全民健身条例》为计划，以各种其他体育法规政策以及新农村社区建设关于农村体育的具体规定为保障的多层次、有秩序的完整的法规体系，具有在一定历史时期内相对稳定的特征。居民参与社区体育活动、社区体育组织建设和组织职能履

行都受到相关政策法规的约束，在其允许的范围内开展各种活动。违反了政策法规的规定，居民的社区体育参与和社区体育组织的组织职能履行均将陷入混乱无序的状态，农村社区体育活动将无法正常开展。同时，农村社区民族性、传统性、地域性较强的特性，决定了当地社区的风俗、习惯、道德、信仰、传统、价值观念等软性约束条件对经常参加体育锻炼的居民和社区体育组织的共生实践内在地、稳定地起到引导、规范和约束作用。

3. 竞争与协作机制实现内共生主体间利益的博弈与相对平衡

尽管农村社区体育的约束条件对经常参加体育锻炼的社区居民和社区体育组织的引导、规范和约束作用长期存在，但在中观和微观层面，居民之间、居民与社区体育组织之间、社区体育组织之间的矛盾和冲突也长期存在。内共生主体间在社区体育共生实践中为了占有更多的体育资源、最大限度地满足自身的体育需求，必然在约束条件下围绕社区体育共生资源展开不同程度、不同形式的竞争和博弈，并在不同的节点处达到彼此妥协，进而以协作的形式达到利益的平衡，最终实现彼此间的共赢。经常参加体育锻炼的社区居民和农村社区体育组织靠竞争与协作的共生机制维系着彼此之间的共生关系。

（三）农村社区体育内共生关系演化的条件

1. 农村社区居民的竞争与协作是其社会共生关系演化的动力源泉

在农村社区体育政策法规体系的约束下，农村社区内共生主体通过竞争与协作的互动来改变原有的社区体育共生秩序，建立新的社区体育共生秩序。经常参加体育锻炼的社区居民间、居民与社区体育组织间、社区体育组织间处于某种体育共生关系中时，某方在其体育共生实践过程中对现有的体育共生秩序不满意，将会发起新的（斗争）竞争，试图超越现有共生秩序的边界，打破原有的彼此之间共同协商的约定，以期获得更大的利益，满足自身的体育需求；而其他内共生主体为了维护自己的利益，必将积极展开竞争（斗争）和博弈。但农村社区体育内共生主体彼此还需要对方或社区体育共生资源，依然会彼此间保持共生关系，经过一段时期的（斗争）竞争，彼此在新的节点上达成新的（妥协）协作，达到利益的相对平衡，建立起一种新的共生关系，从而实现社会共生关系的演化。

2. 农村社区体育约束条件不断更新、健全和完善

农村社区体育硬性约束条件虽然在一定历史时期内保持相对稳定，但均具有时效性。在农村社区体育发展的历史进程中，旧的政策法规因无法满足农村社区体育发展的需要而被废止，新的政策法规取代旧的政策法规对农村社区体育内共生主体的行为实践起到引导、规范和约束的作用，新旧政策法规的更替，引起农村社区体育共生关系质的变化。同时，随着农村社区体育的发展，农村社区体育政策法规建设的滞后性逐渐显现，表现为政策法规体系的不健全，内容存在着空白。为了适应新农村社区体育的发展需求，致力于农村社区体育政策法规体系的健全、内容的完善是新农村社区体育政策法规建设工作的核心任务。政策法规的健全和完善，对新农村社区体育内共生主体行为实践的导向、规范和约束也会发生变化，从而引起社区体育内共生关系的不断演化。随着社会的发展，农村社区的风俗、习惯、道德、传统、信仰、价值观念等软性约束条件也会因时代的不同而变化，将推动农村社区体育内共生关系的演化。

总之，农村社区居民在社区体育参与过程中，具备了共生关系建立、维系和演化的各种条件，彼此之间社会共生关系的存在具有合理性。

二　新农村社区体育发展的外共生关系建立、维系和演化的条件

新农村社区体育发展的外共生关系是指新农村社区体育与新农村社区建设各子系统之间的共生关系，具体包括新农村社区体育与农村社区基础设施、农村社区组织、农村社区公共服务、农村社区民主法制建设之间的共生关系。

（一）新农村社区体育与农村社区建设子系统间共生关系建立的条件

1. 新农村社区体育与农村社区建设各子系统拥有彼此共同需要的资源

新农村社区体育发展需要的体育场地、设施、器材等物力资源和道路交通、照明、公共卫生等支撑配套资源是新农村社区基础设施建设的重要组成部分，应纳入农村社区基础设施建设规划中，也是新农村社区基础设施建设需要配置的重要资源。

新农村社区体育组织是社区体育发展的重要载体，社区体育组织建设是新农村社区体育有组织、有计划、有秩序发展的基本前提。农村社

区组织建设主要包括农村社区基层党组织、社区文化生活组织、村民自治组织、社区合作经济组织、社区文化生活组织和社区其他组织的建设，社区体育组织是社区组织建设的重要组成部分，是新农村社区体育发展和社区组织建设目标和任务的重要交集。这种关系决定了新农村社区发展和社区组织建设之间在实现各自目标和任务过程中，在机构设置、权限划分、办公场所、人员配备、活动开展等方面对人、财、物、信息等资源有着共同的需求，彼此之间围绕共同需要的资源建立起一种相互依存的共生关系。

新农村社区体育发展依赖于社区体育服务的供给，社区体育服务既是农村社区体育发展的重要内容，也是新农村社区建设的重要组成。农村社区公共服务建设包括农村社区行政服务、农技服务、商品服务、文娱服务等，其中文娱服务包括社区体育服务，新农村社区体育与社区公共服务建设在内容上存在着交集，两者在实现各自目标的过程中，拥有共同需要的资源，如宣传教育、指导培训、活动运作、信息管理、环境治安等服务所需的资源。新农村社区体育发展与社区公共服务建设围绕上述资源建立起彼此间的共生关系。

社区民主法制建设致力于实现民主决策、民主管理和民主监督的村民自治的社会管理形式，适用于包括社区体育在内的所有社区事务的管理。社区体育政策法规制度建设是社区民主法制建设不可或缺的内容之一。因此，新农村社区体育和社区建设各子系统建设围绕其共同需要的基础设施、组织建设、公共服务、政策法规资源建立了长期而稳定的共生关系。

2. 新农村社区体育发展与社区建设各子系统均有自由选择权

在全民健身国家战略和社会主义新农村建设伟大战略实施过程中，新农村社区体育和社区建设均获得政府和社会的大力支持，同时村民自治制度赋予了农村社区体育和社区建设充分的自主选择权。新农村社区体育与农村社区的基础设施建设、社区组织建设、公共服务建设和民主法制建设各系统作为彼此独立的共生主体，围绕新农村社区建设的直接目标和提高生活质量的终极目标，在各自建设和发展的任务、内容、资源占有上均存在着交集，在彼此的共生实践中自我管理、自我发展、自主决策、能够按照自己的意志彼此之间相互选择，围绕共同的资源建立起相互依存、相辅相成的共生关系。

3. 新农村社区体育发展与社区建设各子系统间存在竞争与协作的互动

新农村社区体育和社区基础设施建设、组织建设、公共服务建设和民主法制建设领域在各自共生实践的内容上虽然存在着交集，但并非完全重叠。农村社区体育与社区建设各子系统之间均有不同的目标和需要，建设内容上也有着较大的差别。由于社区建设资源的有限性和短缺性，在实现各自非重叠领域建设目标的过程中为了最大限度地占有和使用社区基础设施、组织建设、公共服务，必然展开不同程度的竞争，以满足自己的需要，也是各系统自身发展的重要动力。另外，由于农村社区体育发展和新农村社区建设，各子系统在服务新农村社区建设的总目标上存在着一致性，最终要纳入新农村社区建设的总体规划，彼此之间建立起一种双方均能够接受的社会共生秩序，并从新农村社区建设的整体布局出发彼此协作，达成双赢的格局。因此，农村社区体育发展和社区建设各子系统之间建立起一种竞争与协作并存的共生关系。

4. 新农村社区体育发展和社区基础设施建设有共同的约束条件

新农村社区建设各子系统均要遵守宪法、法律、行政规章、部门规章、方针政策等宏观约束条件，以及新农村社区基层政策法规等微观约束条件。新农村社区体育作为农村社区建设的子系统之一，除遵循上述约束条件以外，还受到以《中华人民共和国体育法》为纲领的体育政策法规体系的引导、规范和约束。当然，新农村社区体育和社区建设各子系统均强调“以人为本”，在其共生实践中要充分考虑到风俗、习惯、道德、信仰、价值观念等软性约束条件。在彼此共同的约束条件下建立社会共生关系。

(二) 新农村社区体育发展与社区建设各子系统间共生关系维系的条件

1. 新农村社区体育和社区建设各子系统共同需要的资源长期存在

随着新农村社区建设进程的不断深入，农村社区建设各子系统所依赖的基础设施资源、组织建设资源、公共服务资源和民主法制资源的开发、配置将持续增加和优化，其数量、种类不断增多，综合配套性日益增强，成为新农村社区建设各子系统发展不可或缺的资源保障；新农村社区体育虽然是新农村社区建设的重要子系统，但其具有跨界性和整合性，在其共生实践中需要其他子系统通力协作和密切配合，所依赖的体育资源和支撑配套资源是和农村社区建设各子系统的资源在人力、财力、物力、信息甚至时间等各个领域均存在着交集。同时居民体育需求的日益增加和新农村社区建设的长期性，决定了农村社区体育和社区建设各子系统所需要的资源必将长期存在，因此两者围绕共同需要的资源形成的相互依赖、相互促进的共生关系得以维系。

2. 竞争与协作维系着彼此之间的共生关系

新农村社区体育和社区建设各子系统既存在着在系统目标、任务等领域的交叉和融合，也存在着建设目标和任务的相对独立性和差异性。目标的独立性和差异性，决定了彼此为实现自己的目标、任务而尽可能占用更多的资源，而新农村社区体育和社区建设各子系统所共同依赖的资源的有限性，决定了其必然会为了争夺资源而在一定约束条件下进行竞争，这种竞争在彼此共生实践中是一种普遍而长期的存在，是农村社区体育和社区建设各子系统发展的动力源泉。然而，在彼此以利益为核心的博弈和竞争过程中，由于其目标、任务等领域的交叉和融合，当竞争达到一定程度时，主体间会通过沟通、协商，彼此达成妥协，以实现各自利益的最大化，以协作的形式达到彼此双赢的格局，从而维系已经建立起的共生秩序。

3. 约束条件能够在一定的历史时期内有效发挥作用

宪法、法律、行政规章和部门规章等宏观约束条件对新农村社区体育发展和社区建设各子系统起到导向、规范、保障和约束作用，社区基层政策法规制度体系对新农村社区体育和社区建设各子系统做出目标、任务及实施、监督的保障条件等具体规定，在微观层面有效地发挥约束作用。上述硬性约束条件在其内容构成上均规定生效的期限，即在有效期内能够稳定而有效地发挥作用，也是一定历史时期内新农村社区体育发展和社区建设各子系统重要的参考依据和必须要遵循的准则，代表两者之间现有共生关系的秩序边界。同时以当地风俗、传统、习惯、道德、信仰和价值观念等软性约束条件，其形成均具有悠久的历史，是居民具有的相对稳定的心理特征，对农村社区体育和社区建设各子系统的共生实践长期有效地发挥作用，满足共生关系维系的基本条件。

（三）新农村社区体育发展与社区建设各子系统间共生关系演化的条件

1. 竞争与协作促进彼此共生关系的演化

新农村社区体育发展和社区建设各子系统间形成的共生秩序在竞争

与协作的共生机制下处于利益的动态平衡状态，相互间的利益竞争和博弈贯穿始终，竞争与协作的作用此起彼伏。当其中某方对现有的共生关系不满意时，势必采取更有力度的行动去竞争更大的利益和资源；而其他主体为维护自己的利益和资源占有量必将采取有效的应对措施，彼此之间的竞争加剧。但由于新农村社区体育和社区建设各子系统目标、任务相互包容、相互依存，不可能解除业已存在的共生关系，因此，竞争的结果是通过沟通、协商、调节、妥协，以一种新的协作关系建立起新的共生秩序，促成新旧共生秩序的变化，这就是外共生关系的演化。

2. 约束条件的变化促进了外共生关系的演化

约束条件确定了新农村社区体育展和社区施建设各子系统共生秩序的边界。无论是政策法规等硬性约束条件，还是风俗、习惯、传统、道德、信仰和价值观念等软性约束条件，在保持相对稳定性的同时，为适应新农村社区体育和社区建设各子系统时代需求的变化，在内容、类型、数量等方面推陈出新是其发展的必然规律，约束条件体系必将日益健全和完善，即约束条件发生了变化。约束条件新旧更替、内容的修改完善、种类和数量的增加等变化均意味着原有外共生关系的内容、边界和种类的改变，促进了外共生关系的演化。

综上所述，新农村社区体育在具备共生发展的基本要素的前提下，具备了内、外共生关系建立、维系和演化的前提，即新农村社区体育发展过程中各共生主体间的共生关系长期而稳定的存在，说明新农村社区体育的共生发展是一种合理的社会存在，这是构建新农村社区体育共生发展模式的基本理论假设和依据。

第二节　新农村社区建设示范单位社区体育共生主体

社会共生的主体是人和组织。结合农村社区体育共生发展的特点，其共生主体有两类：一是参与社区体育活动的社区居民，根据广义的体育人口的概念，参与体育活动的社区居民均可以认为是社区体育人口；二是农村社区体育组织以及其他具有体育组织和管理职能的社区组织。农村社区体育以农村社区居民为主要参与对象，目的是增强农村社区居民的体质，丰富其社会文化生活。农村社区体育组织及其他相关组织是社区居民从事社区体育活动的中介和主要形式，是保证农村社区体育正常、有序、科学开展的前提。农村社区居民的体育人口和社区体育组织是农村社区体育共生系统的主体要素，是其内部共生和外部共生存在和发展的前提。本书主要对农村社区体育人口和社区体育组织进行调查。

一　农村社区体育人口特征

（一）农村社区居民闲暇时间的支配方式

农村社区居民休闲时间的支配方式反映了社区成员休闲方式的选择，体育活动选择比例的多少，则反映了社区成员体育休闲方式在其闲暇时间中的重要程度，是农村社区居民的体育生活化程度的重要参考依据，也决定着农村社区体育发展共生主体之一——体育人口的多寡。

由表3－1可以看出，农村社区居民闲暇时间选择看电视作为休闲方式的比例最多，之后依次为读书看报、体育健身、与邻里聊天及其他。这说明随着我国广播电视村村通工程的推进，农村社区居民基本能够享受到广播电视服务，看电视已经成为农村社区居民的主要休闲方式，广播电视村村通丰富了农村社区居民的精神文化生活。调查结果还显示，只有17.45%的农村社区居民的闲暇时间支配方式为体育健身，说明农村社区居民体育生活化程度偏低，现代化的体育健身、娱乐和休闲生活方式尚未建立，多数农村社区居民未将体育健身作为主要休闲方式，难以产生体育参与的意识、动机和行为，直接对农村社区体育人口的数量产生影响，进而导致农村社区体育发展的共生主体要素数量的不足。社区居民缺乏体育参与意识、动机和行为，居民之间、居民与体育组织之间、体育组织之间将很难围绕体育资源产生共生行为，彼此间的体育共生关系也就无从发生。

表3－1　　新农村社区建设示范单位社区居民闲暇时间支配方式

支配方式	与邻里聊天	看电视	体育活动	玩棋牌	读书看报	其他
比例（%）	13.14	41.57	17.45	10.12	18.04	8.24

（二）农村社区居民体育参与状况

1. 农村社区居民体育参与频度

农村社区居民体育参与是社区体育发展共生主体数量的直接因素，

也是主体共生行为和共生关系形成的前提，是新农村社区体育存在和共生发展的必要条件。表 3 - 2 显示，只有 35. 69% 的农村社区居民参加体育活动在 3 次以上（含 3 次）/周，能够达到体育人口标准对参与频度的要求，且其中以中老年人和 20 岁以下的青少年居多，这与我国体育人口的年龄结构相一致；每周不足 3 次的社区居民占 47. 64%；另有 16. 67% 的农村社区居民体育活动参与只在农闲季节，这跟农村社区传统的生产、生活方式和习惯密切相关。说明随着新农村社区建设进程的推进，农村社区居民生产生活水平的提高，以及农村社区体育公共服务体系的不断完善，部分农村社区居民体育参与频度能够达到体育人口的标准，但仍有大部分居民体育参与频度较低，少数居民体育参与缺乏规律性，应致力于农村社区居民体育权利意识的养成，提高社区体育参与意识和能力农村社区居民体育参与意识和能力，充分利用农闲季节和传统节日积极开展农村体育活动。社区居民的体育参与频度是农村社区体育共生关系形成、维持和演化的前提，要形成密切稳定的体育共生关系，高频度、规律性的体育健身参与是必要条件，因此农村社区居民体育健身的意识和习惯养成非常重要。

表 3 - 2　新农村社区建设示范单位社区居民每周参与体育活动次数

次数	1 次以下	1—2 次	3—4 次	5 次以上	农闲季节
比例（%）	14. 70	32. 94	22. 94	12. 75	16. 67

2. 农村社区居民体育参与时间

农村社区居民体育参与时间是指每次参与体育活动持续的时间，反映了共生主体社区体育共生实践行为的稳定性，也是居民参与体育活动保持一定运动负荷的重要因素。

表 3 - 3 显示，每次锻炼 30 分钟及以下的居民占 52. 94%，尚未达到体育人口对锻炼时间的要求；30 分钟以上/次的居民 47. 06%，达到了体育人口标准对锻炼时间的要求；在达到标准的居民中依然有 12. 35% 的人每次持续锻炼的时间过长，超过 60 分钟，而一般科学锻炼每次持续的时间以不超过 60 分钟为宜，说明这部分居民存在锻炼过度，对身体健康不利。调查结果中达到体育人口标准其中一项的居民分别为 35. 69% 和 47. 06%，但同时达到这两项标准的居民比例则很低，只有 12. 17%，如果再考虑体育锻炼的强度，达到体育人口三项标准的比例

更低。说明虽然我国全民健身事业有了长足的进步，农村体育事业近几年蓬勃发展，农村体育公共服务覆盖范围逐渐扩大，农村社区居民每次体育参与的时间也逐渐趋于稳定，但相当一部分农村社区居民要么每次锻炼时间太短，难以起到明显的锻炼效果，要么每次锻炼时间过长，对身体健康有害无益。每次体育锻炼的时间，反映了农村社区居民体育锻炼行为的稳定性，适度的锻炼持续时间有益于身体健康，更能够增加社区居民体育参与行为的稳定性，从而对形成农村社区体育稳定持续的共生关系产生积极重要的影响。

表 3-3 新农村社区建设示范单位社区居民每次参与体育活动的时间

时间	30 分钟以下	30—60 分钟	60—90 分钟	90—120 分钟	120 分钟以上
比例（%）	52.94	34.71	7.45	3.14	1.76

3. 农村社区居民体育锻炼时段选择

体育锻炼时段的选择是否科学合理，直接决定着居民体育锻炼的效果，而体育锻炼效果又决定着农村社区居民参与体育活动的积极性和稳定性。实践证明，科学选择锻炼时段，可以调动机体最大的潜能，起到事半功倍的效果；否则会对机体造成损伤，事倍功半。

表 3-4 显示，农村社区居民每天参与体育活动的时段选择以清晨为最多，之后依次是晚饭后、傍晚、下午、上午和中午。这一结果与农村社区居民生产生活习惯相符。但科学研究表明，人一天中最佳锻炼时间是每天 8—12 时和 14—17 时，说明相当一部分农村社区居民在体育锻炼时间选择上缺乏科学性，更依赖于习惯和主观意愿的选择，需要进一步加以宣传和引导，加强对农村社区居民体育参与指导，科学选择锻炼时段，以增强居民的体育锻炼效果，激发其锻炼的积极性和主动性，促进农村社区居民的身心健康。强化社区体育活动的组织和管理，增加社区居民体育行为中的关联度，密切彼此间的体育共生关系，充分发挥体育共生关系的连带作用，推动农村社区体育的共生发展。

表 3-4 新农村社区建设示范单位社区居民参与体育活动的时段选择

时间	清晨	上午	中午	下午	傍晚	晚饭后
比例（%）	38.63	8.63	2.35	10.98	12.75	31.57

（三）新农村社区建设示范单位社区居民体育科学素养

农村社区居民的体育科学素养是指农村社区居民体育知识、技能、态度及价值观念的总和。农村社区居民的体育科学素养决定了社区居民的体育行为能力，是影响农村社区体育共生关系形成的重要因素。社区居民的体育行为能力强，体育参与行为的积极性和稳定性就高，彼此之间会因体育参与而形成长期而稳定的共生关系，在体育参与中互动交流、相互促进、共同提高，从而形成稳定的体育群体或组织，推动农村社区体育的共生发展。对新农村社区建设示范单位农村社区居民体育科学素养现状的调查结果如下：

1. 新农村社区建设示范单位社区居民对体育功能的认知状况

农村社区居民对体育功能的认知是决定居民体育需求和体育参与动机的重要因素，只有对体育功能有全面而深刻的认知，才能激发社区居民的体育参与积极性和主动性，促进农村社区体育共生行为的持续性和稳定性，有利于建立持久、稳定且密切的社区体育共生关系。

表 3 – 5 显示，农村社区居民对体育活动功能的认知中，排在前四位的分别为：强身健体、防治疾病、休闲娱乐和延年益寿，说明多数农村社区居民能够认识到体育活动的本质功能，反映了我国农村全民健身宣传和普及工作取得了较大成就，随着农村义务教育和社区教育体系的逐渐健全和完善，我国农村居民的体育科学素养有了较大的提高；调查结果还显示，少数农村社区居民对体育活动的社会功能如改善人际关系、增强群体归属感、满足自我表现欲望等延伸功能虽然有所认识，但整体上认知程度较低，说明农村社区居民对体育功能的认知仍处于较低水平，社区体育参与的动机和目的依然比较单一，基本以增强体质、增进健康为主要目的。新农村社区建设示范单位农村社区居民具有一定的体育意识，但绝大多数居民仅仅对体育的本质功能认知较为清晰，只有少数居民能够对体育的延伸功能有所认知，农村社区居民对体育功能的整体认知能力有限，需要加大农村全民健身宣传和指导的力度，在广大农村普及体育健身知识、技术和技能，提高农村社区居民的体育科学素养，增强新农村社区体育共生关系的纽带，促进农村社区体育的共生发展。

表 3－5　　新农村社区建设示范单位社区居民体育功能认知

功能	强身健体	延年益寿	休闲娱乐	防治疾病	改善人际关系	增强归属感	满足自我表现欲	其他
比例（%）	60.39	37.65	44.31	49.02	26.67	9.02	12.35	2.55

2. 新农村社区建设示范单位社区居民体育知识技能养成状况

农村社区居民体育知识技能是居民体育科学素养的核心内容，也是居民参与社区体育活动的重要载体，农村社区居民间要建立以体育为核心内容的共生关系，具备体育知识和技能是最基本的前提，是决定着农村社区体育能否共生发展的关键要素。

对农村社区居民体育健身知识技能养成状况的调查结果如表 3－6 所示，农村社区居民的体育知识掌握状况不容乐观，能够对自己从事的体育项目规则非常了解的居民只有 4.51%，了解的也只占 21.18%，27.65% 的居民选择一般，不太了解和不了解的分别占 40.98% 和 5.68%。说明多数居民对自己所从事的体育项目规则状况了解不深，极少数居民完全不了解有关体育项目的规则，虽然农村社区体育活动与竞技体育活动相比，形式和内容要求简单，规则也进一步被简化，但项目的基本规则在活动中还是必须要遵守的，这就要求农村社区居民对体育项目的规则深入了解。农村社区居民参与体育活动的相关知识和技能比较贫乏，这与农村社区居民文化素质相对较低，接受学校体育教育时间较短，日常生活中对体育健身缺乏兴趣，关注度较低，农村体育健身服务体系不够健全等有着直接的关系。

表 3－6　新农村社区建设示范单位社区居民体育项目规则了解状况

了解状况	非常了解	了解	一般	不太了解	不了解
比例（%）	4.51	21.18	27.65	40.98	5.68

农村社区居民的体育知识技能的获得途径，除了在学校接受的体育教育之外，最主要的途径就是通过接受社区体育健身指导，但是，从表 3－7 调查结果可以看出，农村社区体育健身指导服务受众较少，农村社区居民能够定期接受体育健身指导的只有 10.19%，不定期接受指导

的比例也只有16.07%，偶尔接受和从未接受过指导的居民则高达73.74%，说明农村社区体育教育普及化程度较低，居民体育健身知识技能养成的一条重要渠道缺失，不利于农村社区居民体育健身知识技能的养成，导致居民体育健身知识技能素养偏低，影响农村社区居民参与体育活动的正常化和自主化，不利于农村社区居民体育共生关系的建立，制约了农村社区体育的共生发展。

表3－7　新农村社区建设示范单位社区居民接受体育健身指导状况

频度	定期接受	不定期接受	偶尔接受	从未接受
比例（%）	10.19	16.07	39.22	34.52

二　新农村社区建设示范单位社区体育组织状况调查结果分析

农村社区体育组织是农村社区体育共生关系的重要主体，也是农村社区体育共生发展的组织依托。农村社区体育共生关系的形成、维持和演化，离不开一定数量、规模和健全机构的社区体育组织，而农村社区体育组织效能则直接影响到农村社区体育共生关系的稳定性和演化方向等特征，农村社区体育组织对社区体育的组织和管理，则为农村社区体育共生发展提供了重要的内容资源。

（一）新农村社区建设示范单位社区体育组织建设状况

通过调查问卷统计分析，68.65%的社区领导和72.94%的社区居民选择没有社区体育组织，考虑被调查领导中有乡镇社区一级的，社区规模和层次均要高于普通中心村社区，是对同一问题的回答统计结果有所差异主要原因，但从整体而言，农村社区体育组织建设状况不容乐观，只有少数农村社区成立了相关的社区体育组织，农村社区体育组织数量少，意味着农村社区体育活动处于无计划、无组织的自发状态，农村社区体育共生主体匮乏，社区体育成员间的共生关系具有偶然性和不确定性，农村社区体育共生发展不具备持续性和稳定性。

在对拥有体育组织的社区调查中，发现拥有3个及以下社区体育组织的占51.19%，4—6个的占26.19%，7个及以上的仅占11.90%，另有10.72%的社区领导选择不清楚（见表3－8），正式注册的体育组织仅占28.16%（见表3－9），说明具体到某个农村社区而言，绝大多数农村社区的体育组织数量较少，且正式组织的数量更少，很难保证农村社区体育共生发展的组织化、规律化、正常化的需求。社区体育组织数量少说明农村社区体育共生发展的主体要素之一缺失，会直接影响农村社区体育共生关系的形成，需要加强农村社区体育组织建设，增加农村社区体育组织数量，以健全和完善农村社区体育发展的共生主体要素。

表 3-8　　新农村社区建设示范单位社区体育组织数量

数量（个）	1—3	4—6	7—9	10 及以上	不清楚
比例（%）	51.19	26.19	4.76	7.14	10.72

表 3-9　　新农村社区建设示范单位社区体育组织性质

性质	正式注册	非正式注册	合计
比例（%）	28.16	71.84	100

对农村社区体育组织类型调查结果见表 3-10，59.25% 的被调查者选择了社区老年体协，其次是社区体育活动站点和单项体协，分别占 33.33% 和 30.86%，而对社区体育活动具有宏观协调和组织职能的社区体协仅占 4.94%，指导社区居民科学健身的社区体育辅导站只有 11.11%，拥有作为承担社区体育公共服务的社区体育组织常设机构社区体育服务中心仅占 24.69%。另外，调查发现，虽然整体上农村社区体育组织类型呈现出多样性，种类也较为齐全，但具体到某个农村社区，社区体育组织种类少，导致农村社区体育共生关系单一。农村社区体育活动具有组织形式灵活、项目内容多样的特点，社区体育组织种类少，意味着组织职能单一，很难满足农村社区体育共生发展多元化需求。因此，农村社区组织建设工作还需大力加强，需要健全农村社区体育组织的种类，完善农村社区体育组织体系，强化农村社区体育组织职能，以促进农村社区体育共生关系的多样化和复杂化，满足农村社区居民的多样体育需求，促进农村社区体育的共生发展主体要素的健全。

表 3-10　　新农村社区建设示范单位社区体育组织的类型

类型	单项体协	老年体协	行业体协	农民体协	体育志愿者协会	活动站点	辅导站	体育服务中心	社区体协	其他
比例（%）	30.86	59.25	17.28	19.75	14.81	33.33	11.11	24.69	4.94	9.88

调查还显示，51.72%的体育组织没有专门的办公场所，63.79%的组织管理人员缺乏体育专业背景，55.07%的体育组织拥有自己专有的体育场地设施，所有的社区体育组织拥有对社区公共体育场地设施的使用权。办公场所、管理人员的专业背景、专有体育场地设施等是社区体育组织职能正常化的必要条件，直接影响社区体育组织的组织效能，而组织效能高低又会对农村社区体育共生关系的优化和改善产生至关重要的影响，因此需加强上述资源的配备工作。

（二）新农村社区建设示范单位社区体育组织开展和组织体育活动的情况

开展和组织体育活动是作为社区体育发展共生主体之一的农村社区体育组织的共生实践活动，是彼此间共生关系建立、维系和演变的过程，也是农村社区体育共生发展的核心内容。表3－11显示，25.86%的社区体育组织从未组织过社区体育活动或比赛，每年能够组织1—3次社区体育活动或比赛的组织有36.21%，之后频度越高，比例越低，说明大多数农村社区体育组织部分组织处于有名无实的状态，根本无法履行自己的组织职责；在能够履行组织职责的社区体育组织中，绝大多数组织体育活动或比赛的频度较低，只有极少数组织组织体育活动和比赛的频度较高。农村社区体育组织职能弱化导致其体育共生行为能力不足，进而影响农村社区体育共生关系的形成、维持和演化，不利于农村社区体育的共生发展。

表3－11　新农村社区建设示范单位社区体育组织开展和组织体育活动的频率

频度（每年）	从未组织过	1—3次	4—6次	7—9次	10—12次	更多
比例（%）	25.86	36.21	15.52	13.79	6.90	1.72

在新农村社区建设示范单位农村社区居民的调查中发现（见表3－12），农村社区体育活动组织形式有44.20%的居民选择自己所在的社区体育组织自主组织体育活动或比赛，选择遵从上级安排的社区占9.42%，只在节庆日组织社区体育活动或比赛的社区占12.32%，偶尔组织和从不组织的占34.06%，说明相当一部分农村社区体育组织对体育活动的组织和开展缺乏自主性、主动性和规律性，这也使得农村社区

居民、体育组织的体育行为也缺乏规律性和稳定性，彼此间的共生关系稳定性也就很难保持。

表 3－12 新农村社区建设示范单位社区体育组织组织职能的履行情况

形式	自主组织	遵从上级安排	节庆日组织	偶尔组织	从不组织
比例（%）	44.20	9.42	12.32	28.26	5.80

第三节 新农村社区建设示范单位社区体育共生资源

农村社区体育共生资源是农村社区居民或者社区体育组织在社区体育参与行为中满足各自体育需求的各种物质、精神财富及条件，是社区体育发展共生关系的基本纽带。根据农村社区居民体育共生行为实际情况，农村社区体育共生资源主要包括人力资源、体育场地设施资源、体育项目资源、体育信息资源、体育时间资源和经费资源。对新农村社区建设示范单位的体育共生资源进行实证调查，是为了了解农村社区体育共生资源开发、配置和利用的状况，农村社区体育共生发展的资源要素是否能满足社区居民的体育与健康需求，能否为社区体育活动的组织和开展提供足够的条件支撑。

一 新农村社区建设示范单位社区体育人力资源状况

社区体育人力资源包括社区体育管理人员、社区社会体育指导人员和社区体育科研人员，根据农村社区体育的实际情况，农村社区体育的专职的管理人员一般配备在乡镇一级，如乡镇文化站的工作人员，兼职管理人员一般由社区村民委员会工作人员或农村社区社会体育指导员兼任，社区体育科研人员一般集中于县级以上行政和社会组织，因此，农村社区体育人力资源对农村社区体育共生发展起主要、直接作用的就是农村社区社会体育指导员。

（一）新农村社区建设示范单位社区社会体育指导员配备数量

为了促进农村社区体育的迅速发展，建设一支精干、高效的社区社会体育指导员队伍势在必行，因此根据农村社区体育共生发展需要，加大农村社区社会体育指导员配备力度，增加农村社区社会体育指导员的数量是农村社区体育人力资源开发的重要任务之一。调查结果如表 3－13 所示，在对农村社区社会体育指导员配备数量的调查中，64.90% 的居民选择所在社区没有社会体育指导员，20.59% 的社区居民选择所在社区只有 1—2 个社会体育指导员，3—5 个的只有 10.00%，5 个以上的为 4.51%，随着山东省新农村社区建设村庄撤并建社区措施的普遍实行，山东省农村社区的人口规模将达到平原地区大于 4000 人，丘陵、山区大于 2400 人的要求①，而我国社会体育指导员发展规划（2011—2015 年）提出的农村每两千人至少拥有 1 名社会体育指导员的目标，说明新农村社区建设示范单位农村社区社会体育指导员的配备数量和“十二五”规划的目标尚有很大的差距，严重影响了农村社区体育的管理、宣传、组织和指导，并且农村社区居民的体育科学素养和城市社区居民相比存在较大的差距，社区体育的宣传、组织和指导任务与城市社区相比任务更加繁重，必须进一步加大社会指导员的培养力度，增加社会体育指导员数量的配备，以满足农村社区体育共生发展对社区体育人力资源的需求。

表 3－13　新农村社区建设示范单位社区社会体育指导员配备比例

数量区间（个）	没有	1—2	3—5	5 以上
比例（%）	64.90	20.59	10.00	4.51

（二）新农村社区建设示范单位社区社会体育指导员配备类型

表 3－14 显示，在新农村社区建设示范单位配备社会体育指导员的社区中，拥有专职社会体育指导员的占 27.06%，拥有兼职社会体育指导员的占 48.23%，同时拥有兼职和专职社会体育指导员即两者都有的农村社区仅有 24.71%，说明在配备社会体育指导员的农村社区中，专职社会体育指导员的配备比例低于兼职社会体育指导员。缺乏专职社会体育指导员的农村社区，社区体育活动站点的健身指导具有较大的随意性和主观性，缺乏计划性和规律性。应加强社会体育指导员的职业资格鉴定工作，加速社会体育指导员职业化进程，逐渐增加农村社区专职社

① 山东省住房和城乡建设厅：《山东省农村新型社区建设技术导则》，2011 年 3 月 3 日。

会体育指导员的配备比例，扩大农村社区社会体育指导员的编制计划，采取政策激励措施，鼓励社会体育指导员到农村去工作，支持农村社区体育的发展。调查还发现，在社会体育指导员的农村社区中，按一定比例配备女性体育指导员的比例较少，仅占9.41%，因此很难满足农村社区女性居民的健身指导需求，应加大女性体育指导员的培养力度和配备比例。

表3-14　新农村社区建设示范单位社区社会体育指导员配备类型

配备类型	拥有专职体育指导员	拥有兼职体育指导员	两者都有	按一定比例配备女性体育指导员
比例（%）	27.06	48.23	24.71	9.41

（三）新农村社区建设示范单位社区社会体育指导员的培训状况

农村社区社会体育指导员培训是丰富、更新社区社会体育指导员知识、技术和技能，优化知识结构，使其不断适应农村社区体育管理、组织、宣传和指导发展变化的新形势，解决农村社区体育共生发展面临的新问题的重要途径，是提高社会体育指导员职业胜任力的重要举措。对农村社区体育指导员培训状况的调查如表3-15所示，新农村社区建设示范单位的农村社区社会体育指导员接受培训的情况不容乐观，只有12.43%社会体育指导员能够定期接受培训，55.68%的农村社区社会体育指导员从未接受过培训，不定期或偶尔接受培训的指导员分别为14.59%和17.30%，农村社区社会体育指导员培训工作的落后，社会体育指导员知识技能更新缓慢甚至停滞，容易导致社区社会体育指导员知识技能内容陈旧、知识技能结构落后，无法把握新的全民健身知识、技能、项目，难以跟上全民健身科学指导的新形势，社会体育指导员在农村社区体育发展中的宣传、引导、组织、管理、指导作用很难有效发挥，最终社会体育指导员的工作名存实亡，难以落到实处。

表3-15 新农村社区建设示范单位社区社会体育指导员培训情况

培训情况	定期	不定期	偶尔	从未
比例（%）	12.43	14.59	17.30	55.68

总之，人力资源是新农村社区体育共生发展的主导力量和动力源泉，调查结果显示，新农村社区建设示范单位的农村社区体育人力资源从数量不足、类型单一到人力资源培养都比较薄弱，知识技能结构老化，无法发挥社会体育指导员的带动作用，严重影响农村社区体育的共生发展，需加强农村社区体育人力资源的开发和管理力度，尽快推动社会体育指导员走进农村，树立为农村社区居民服务的理想和理念。

二　新农村社区建设示范单位社区体育场地设施资源状况

农村社区体育场地设施资源大多为公共体育场地设施，具有共享性和使用价值的可交换性，成为农村社区体育的共生主体所依赖的重要的共生物质资源。体育场地设施资源数量是否充足、类型是否齐全，直接影响到农村社区体育发展的规模，体育场地设施质量是否合格、维修维护情况，对于保障农村社区体育活动开展的安全性和可持续性具有非常重要的意义。新农村社区建设示范单位体育场地设施资源是农村社区基础设施建设的重要组成部分，对其体育场地设施资源的调查，可以充分了解农村社区基础设施中体育元素的融入情况，是否在新农村社区建设一开始就将体育场地设施建设纳入新农村社区建设规划中去，能否满足农村社区居民体育健身的需求。

（一）新农村社区建设示范单位的社区居民体育活动场所选择状况

如表 3 - 16 所示，居民选择体育活动场所排在前 3 位的分别为家中（29.14%）、社区活动广场（25.88%）和住宅区空地（20.98%）；之后依次为公园、体育健身路径、文体活动室和收费体育场所。经深入调查，农村社区居民选择健身场所多以方便为原则，通常以家庭或个人为单位进行体育健身活动，故选择在家中锻炼者最多，说明家庭体育依然是农村社区体育的主要形式，农村社区体育发展主体间的共生关系简单、单一且共生主体具有同一单质性；社区活动广场居第二位，一方面，说明农村社区建设中普遍建有社区活动广场；另一方面，也说明居民在闲暇时间比较充裕的情况下，走出家庭、走向户外成为他们的优先选择，这也是农村社区体育发展所倡导的居民社区体育参与的形式，有利于促进农村社区体育发展主体共生关系的多元异质性，增加了共生关系建立的人群和地域范围；住宅区空地受农村社区居民方便、就地就近原则的影响，颇受居民健身的青睐，但有居民反映住宅区空地狭窄，锻炼时因车辆较多或堆放杂物等诸多原因感觉拥挤，会选择社区活动广场锻炼；另外，公园因环境优美、空气清新，颇受居民体育健身场所选择的喜爱，但因距离住宅较远，所以选择的人数少于住宅区空地；选择体育健身路径的居民比例较少，仅占 7.25%，究其原因，一是农民体育健身工程还不够普及，部分社区尚未建有体育健身路径；二是体育健身路径缺乏管理，农村社区居民对体育健身路径器材的使用方法尚不清楚，导致体育健身路径中器材设施的闲置；选择收费体育场所的居民最少，仅占 1.76%，说明农村社区居民的可支配收入依然较低或其体育消费意识和能力依然很薄弱。

表 3-16　新农村社区建设示范单位的社区居民体育活动场所选择

场所	家中	文体活动室	住宅区空地	社区活动广场	体育健身路径	收费体育场所	公园
比例（%）	29.41	4.90	20.98	25.88	7.25	1.76	20.20

总之，农村社区居民选择体育健身场所以来去便利为主要选择依据，对于突破家庭、走进社区参与体育活动有需求但受困于闲暇时间和便利条件，相当部分居民依然未能走出家庭、走进社区参与体育活动，不利于社区体育活动的组织和开展；农村社区体育健身路径尚未形成全覆盖，居民缺少使用体育健身器材的知识技能，需进一步加强指导；受制于社区居民可支配收入少，消费能力相对较低，选择收费体育场所的居民数量较少，应尽快提高居民人均收入，培养体育消费意识和能力，促进农村社区体育健身娱乐市场的开发和培育。

（二）新农村社区建设示范单位的社区体育场地设施状况

农村社区体育场地设施是农村社区居民参与社区体育活动的重要物质载体，是农村社区体育发展的重要共生资源。调查结果如表 3-17 所示，新农村社区建设示范单位拥有的体育场地设施类型情况是：50.98% 的农村社区建有社区活动广场，34.90% 的农村社区建有篮球场（含学校），24.12% 的社区建有文体活动室，22.75% 的农村社区建有乒乓球场，之后依次为体育健身路径、羽毛球场（含学校）、田径场（含学校）、排球场（含学校）、游泳池（含学校）。另外，依然有一些农村社区没有任何体育场地设施，说明该农村社区建设中并未将农村社区居民的体育健身服务纳入社区公共服务规划中去，使农村社区体育的共生发展成为无本之木、无水之源，失去存在的物质支撑，不利于农村社区居民的健康和生活。从调查结果可以看出，在新农村社区规划建设中，农村社区活动广场成为农村社区居民体育健身活动的主要场所，农村社区文体活动中心比例较少，一方面缘于农村社区综合服务中心建设中缺少这一服务职能部门；另一方面文体活动中心功能不健全，只有文没有体，所以居民认为文体活动中心是体育场地设施的比例不多；篮球场和乒乓球场占有一定比例的原因一方面包含了社区所在地的农村中小学以及邻近社区学校的场地设施在内，另一方面在《农民体育健身工程实施意见》中提出了农村公共体育场地设施建设的基本标准是：一块混凝土标准篮球场，配备一副标准篮球架和两张室外乒乓球台，这是农村社区体育场地设施中篮球场和乒乓球场的数量和比例较多的主要原因。

表 3－17　新农村社区建设示范单位社区体育场地设施类型（含社区内及邻近学校）

类型	比例（%）
文体活动室	24.12
社区活动广场	50.98
体育健身路径	18.63
篮球场（含学校）	34.90
排球场（含学校）	5.69
乒乓球场	22.75
田径场（含学校）	10.39
游泳池（含学校）	2.55
羽毛球场（含学校）	13.14
没有任何体育场地设施	24.12

对社区内或周边学校体育场地设施服务社区调查显示：只有32.55%的学校场地设施对农村社区居民开放，能够起到服务农村社区的作用，说明农村学校服务社区的潜能仍有很大的提升空间，有待于开发，需创新管理体制，加强农村学校服务社区的职能，为农村社区体育的共生发展做出贡献；如果去除不能对外开放、服务社区的学校的体育

场地设施，农村社区体育场地设施中的篮球场、排球场、乒乓球场、田径场、羽毛球场、游泳池等统计的比例将更低；61.08%的农村社区体育场地设施缺乏专人或部门管理，几乎所有的农村社区体育场地设施建成后，就一直处于无人问津的状态，从未进行过维修和保养，因此农村社区体育场地设施的维护、保养和管理工作亦不容忽视，经深入调查，相当一部分农村社区的体育场地设施建成之后闲置、损坏和废弃的现象严重，农村社区体育发展所依赖的重要共生资源失去存在的意义和价值，导致以其为纽带的体育共生关系解体。

总之，农村社区体育场地设施资源拥有一定的数量和规模，但具体到基层社区，设施比较单一且社区间体育场地设施建设呈现出同一特征，一方面难以满足农村社区体育健身、休闲、娱乐的多样化需求；另一方面存在着体育场地设施闲置、损坏、废弃的现象，农村学校体育场地设施服务社区的职能尚未充分发挥，仍有潜力可挖，农村体育场地设施资源是因在满足农村社区居民和社区体育组织多元化体育需求过程中形成农村社区体育共生关系的重要纽带，是农村社区体育共生发展的重要物质基础，目前有待加强农村社区体育场地设施的合理规划，加大体育场地设施的投入和管理力度，以实现农村社区体育场地设施资源服务效益的最大化。

三　新农村社区建设示范单位的社区体育项目资源状况

农村社区体育项目资源是农村社区居民和体育组织体育共生行为的重要内容，也是彼此间共生关系形成、演化和维持的桥梁和纽带，是一项重要的社区体育共生资源。体育项目资源的多少决定着农村社区居民参与体育活动可供选择内容和方法，是吸引农村社区居民体育参与的重要因素，也决定着农村社区体育共生关系的多元化水平，农村社区体育共生发展需要丰富的体育项目资源作支撑，这既包括民族、民俗传统的体育项目，也包括现代大众化的体育项目。

通过对农村社区体育项目资源调查可以了解农村居民社区体育活动内容形式，调查结果如表3－18所示，新农村社区建设示范单位的农村社区居民所选择的体育项目比较集中和单一，有73.14%的居民选择跑步或散步，选择球类项目的居民占19.80%，选择有氧健美、健身操的占14.31%，之后依次为武术、气功、太极拳，地区民族、民俗体育项目，徒手操，钓鱼，其他和游泳。虽然整体来看，新农村社区建设示范单位的农村社区体育项目资源比较丰富，种类比较齐全，但具体到某个社区而言，体育项目资源则呈现出少而单一，以跑步和散步这两种技术要求简单、场地器材设施要求较低的体育项目为主要体育健身方式，无论是民族、民俗传统体育项目还是现代大众化的体育项目，在新农村社区建设示范单位的挖掘、推广程度相对较低，基层社区体育活动形式和内容单一，不利于多元化社区体育共生关系的建立、维系和演变，成为制约农村社区体育共生发展的重要因素。

表 3－18　　新农村社区建设示范单位社区体育项目资源

项目	比例（%）
跑步或散步	73.14
球类	19.80
武术、气功、太极拳	13.33
游泳	3.73
有氧健美、健身操	14.31
徒手操	9.61
地区民族、民俗体育项目	11.57
钓鱼	6.47
其他	6.27

结合调查结果可以推断，基层农村社区体育项目资源少而单一，与农村居民体育科学素养低，掌握健身知识少、健身技能单一以及农村社区体育场地设施资源数量少和种类单一有着直接的联系，应根据农村社区居民的人口情况、体育需求状况和体育场地设施的配置情况，加强农村社区居民的体育健身科学宣传和指导，普及体育健身知识和技能，推广和创新简单易学的现代体育健身项目，挖掘农村社区所在单位民族、民俗传统体育项目，提升农村社区居民的体育科学素养，尽可能吸引所有社区成员积极加入到体育健身娱乐的行列中来，建立多元化的社区体育共生关系，促进农村社区体育的共生发展。

四　新农村社区建设示范单位社区体育信息资源状况

农村社区体育信息资源是农村社区居民和社区体育组织体育共生行为能力形成的重要动力，也是其形成体育共生关系，进行沟通和交流的重要渠道和内容，是体育共生关系形成、维持和演化不可或缺的资源要素之一。对农村社区体育信息资源调查结果如表 3－19 所示，学校体育教育和通过网络、电视、报刊等媒体渠道是农村社区居民体育信息的主要获取渠道，分别有 52.35% 和 56.27% 的被调查者选择上述两种渠道。经进一步调查了解表明，学校体育教育并不是现有居民获取体育信息的主渠道，而是居民体育信息现有储备的获取渠道，居民结束学校学习生活之后这一信息获取渠道就中断了，即居民的现有体育信息是通过原来接受学校体育教育获得的，而不是现在接受学校体育再教育获取的，这部分体育信息将随着社会的发展、时代的变迁逐渐陈旧、落后并部分被淘汰，如没有其他信息获取渠道，社区居民的体育信息存量将日渐减少，不利于农村社区体育的共生发展。另外，虽然新农村社区建设注重居民精神文化生活的建设，各社区普遍建有宣传栏，但由于种种原因，宣传栏的内容更注重农业生产信息、农业科学常识以及农业商品信息等与农村社区生产密切相关的内容，和农村社区居民生活紧密相关的体育健康、健身知识的版块内容很少，这也是为什么只有 15.88% 农村社区居民选择社区宣传栏作为体育信息获取渠道的原因所在；健身知识讲座和与社区体育健身队伍之间的交流、学习选择比例少是由于农村社区居民体育健身组织化程度较低，体育健身娱乐意识薄弱、需求程度低，社区居民体育参与大多处于自发参与状态造成的。

表 3－19　新农村社区建设示范单位社区居民体育信息获取渠道

渠道	学校体育教育	健身知识讲座	社区宣传栏	媒体渠道	与社区健身队伍间交流
比例（%）	52.35	9.80	15.88	56.27	6.47

总之，为了提高农村社区居民的体育科学素养，应加大力度，拓宽农村社区体育信息渠道，加强农村社区社会体育指导员队伍建设，强化农村社区体育宣传和指导的组织力度，努力将体育信息融入农村社区居民生活的各个领域，使居民处于体育信息的包围之中，自觉不自觉地接受体育信息。

五　新农村社区建设示范单位的社区体育经费资源状况

农村社区体育经费资源是其他社区共生资源配置的基础和保障，农村社区的人力、物力、信息等共生资源都需要有充足的体育经费资源做保障，是农村社区体育共生发展中最重要的支撑资源，属于社区体育共生资源最基础的资源内容。本书对农村社区体育经费资源的调查，主要从体育组织经费来源和社区体育专项资金两个方面进行调查。

（一）新农村社区建设示范单位的社区体育组织经费来源

农村社区体育组织的经费是指农村社区体育组织正常履行组织职能、开展组织活动以使体育组织能够正常运转所需要的财务经费，是社区体育赖以生存和发展的重要经济资源。调查结果如表3－20所示，新农村社区建设示范单位社区体育组织经费来源有：44.44%的组织经费依靠政府拨款；企业赞助占40.74%；成员自筹占37.04%；成员自筹渠道中只有4.35%的成员定期缴费，71.01%的成员在组织大规模活动中才缴纳一定的费用，说明虽然社区体育组织中依靠成员自筹经费的组织比例不低，但成员自筹经费在所有经费来源中所占比例非常低；靠组织经营所得的比例较小，只有17.28%。有17.28%的社区体育组织没有经费来源。

表3－20　新农村社区建设示范单位的社区体育组织的经费来源

来源渠道	没有经费来源	政府拨款	企业赞助	成员自筹	组织经营所得	其他
比例（%）	17.28	44.44	40.74	37.04	17.28	12.35

通过对新农村社区建设示范单位体育组织经费来源的调查结果的分析，可以说明绝大多数农村社区体育组织缺乏独立的经济地位，组织经费相对较少，无法满足农村社区体育组织正常运转的需要，经费来源渠道虽然众多，但主要经费依然靠政府拨款，在组织社区体育活动中对政府有着较大的依赖性，农村社区体育活动的组织政府的主导性起着至关重要的作用。

（二）新农村社区建设示范单位的社区体育专项资金

农村社区体育专项资金是指新农村社区建设资金中专门用于农村社区体育活动开展和农村社区基础设施建设的资金。经调查，新农村社区建设示范单位的社区建设资金中，74.59%的农村社区没有社区体育的专项资金，说明绝大多数农村社区体育活动的开展和社区体育基础设施建设缺乏必要的经费支撑，社区体育活动经费资源匮乏，尽管《全民健身条例》明确规定县级以上人民政府应当将全民健身工作所需经费列入本级财政预算，并随着国民经济的发展逐步增加对全民健身的投入①；《农村体育工作暂行规定》也明确提出：农村体育事业经费和体育基本建设资金应当列入县级财政预算和基本建设投资计划，并随着经济发展，逐步增加对体育事业的投入；乡镇、居委会应当随着经济的发展适当投入体育事业经费和体育基本建设资金，发展体育事业；县、乡镇、居委会应当鼓励企业、事业组织、社会团体和个人以投资、捐赠和赞助等形式支持发展体育事业。② 但在新农村社区建设的执行过程中，大多数农村社区建设和规划均未落到实处，说明新农村社区建设依然忽视了农村社区体育发展这一重要环节。

第四节　新农村社区建设示范单位社区体育共生规范

新农村社区建设示范单位的社区体育共生规范主要针对于其所在区域的农村社区体育政策法规和组织制度的建设状况进行调查，对于其他共生规范如风俗习惯、思想道德、宗教信仰等，由于对农村社区体育共生实践起着内在的隐形的约束作用，难以被量化，故不列入实证调查的范畴。

一　新农村社区建设示范单位社区体育政策法规建设状况

（一）居民对体育法规政策了解情况

我国尚未出台新农村社区建设背景下全国性的社区体育的专门政策和法规，对农村社区体育共生规范起约束作用的是我国当前已经颁布的体育政策法规中关于农村体育的相关规定以及农村群众体育的政策法规，因此，本次调查就是针对上述体育政策法规在农村社区居民中的宣传和普及情况展开的。

新农村社区建设示范单位农村体育政策法规的宣传和普及情况调查结果如表 3 – 21 所示，山东省农村社区居民对我国群众体育的政策法规能够做到了解和非常了解的仅占 12.95%，比例相当低；一般的占

① 国务院：《全民健身条例》，2009 年 8 月 7 日。

② 国家体育总局：《农村体育工作暂行规定》，2004 年 4 月 12 日。

28.63%；不太了解的占46.67%；毫无所知的占11.75%，一方面说明我国群众体育政策法规的普及程度不高；另一方面说明农村社区居民的体育科学素养较低，体育权利意识薄弱，对农村社区体育活动开展的需求程度不高。我国群众体育政策法规促进了我国群众体育事业快速、健康、有序的发展，也是我国公民体育基本体育权利的重要保障。农村社区居民对我国群众体育政策法规的了解程度低，意味着农村社区居民的体育权利和义务意识薄弱，维护自己体育权利的能力低，导致农村社区居民应该享受到的体育权利和体育服务的各项资源被赊欠、践踏和剥夺，农村社区建设中各项公共服务中公共体育服务建设的缺失，农村社区体育在社区各项建设中不受重视。而农村社区居民体育权利意识的觉醒程度不够，农村社区居民对社区体育被忽视甚至无视，态度漠然，使上述问题成为现实却无人去呼吁、争取，值得人们回味和思考。

表3－21　新农村社区建设示范单位社区居民群众体育政策法规了解情况

了解程度	非常了解	了解	一般	不太了解	毫无所知
比例（%）	2.75	10.20	28.63	46.67	11.75

（二）新农村社区建设示范单位社区专门体育法规政策建设情况

新农村社区建设示范单位社区专门体育政策法规是根据本社区的实际情况，制定或颁布的适用于本社区范围的地方性体育政策法规，对本社区居民体育活动的管理、组织和开展起到引导、规范、保障和约束作用，是农村社区体育共生实践最直接的约束条件。通过对社区领导和居民的调查发现，在新农村社区建设示范单位的农村社区领导中，有60.00%选择所在社区没有专门的体育政策法规，社区居民有77.84%选择所在社区没有专门的体育政策法规（见表3－22），考虑到农村社区领导有乡镇一级，下辖多个基层社区的原因以及部分农村社区居民对社区专门体育政策法规不太了解或毫无所知的原因，对同一问题的回答出现差异可以理解。但从整体情况来看，大部分新农村社区建设示范单位的农村社区缺乏专门的体育政策法规为社区体育发展保驾护航，这是新农村社区民主法制建设工作中的一大疏漏，农村社区体育发展无法可依，无章可循，必然造成农村社区体育发展的紊乱化、无序化，农村社区体育正常开展无法得到保障，农村社区居民的体育需求无法得到满足，农村社区居民的健康无法得到保障，不利于农村社区居民生活质量和幸福指数的提高。

表 3－22　　新农村社区建设示范单位农村社区体育组织规章制度建设状况

调查对象	有（%）	没有（%）
社区领导	40.00	60.00
社区居民	22.16	77.84

二　新农村社区建设示范单位农村社区体育组织规章制度状况

据调查，新农村社区建设示范单位农村社区中 53.45% 的体育组织没有健全的规章制度。农村社区体育组织规章制度是保证组织机构稳定、组织职能正常有效发挥的重要条件，也是约束和引导农村社区体育组织成员体育行为的重要准则，是农村社区体育发展组织化、正常化、有序化的前提，农村社区体育组织规章制度的缺失或不健全，使农村社区体育共生实践缺乏参考标准和导向依据，不利于农村社区体育的共生发展。

此外，对农村社区居民体育科学素养的调查结果表明，大部分居民对所从事的体育项目规则不甚了解，也使体育项目本身的共生规范对参与者失去了约束和引导能力，不利于体育项目的普及和推广，也不利于发挥体育项目本身的健身、娱乐身心功能的发挥。

总之，调查结果表明，农村体育共生规范依然很不健全，对农村社区居民的体育行为的引导和约束能力有所欠缺，需要进一步健全农村社区体育的相关政策、法律和制度，为农村社区体育共生发展保驾护航。

第五节　新农村社区建设示范单位社区体育共生实践

根据社会共生理论，实际发生的社会共生关系，就是共生实践。而在农村社区体育活动开展过程中，农村社区居民和社区体育组织实际发生的共生关系，就是社区体育的共生实践。新农村社区建设示范单位的社区体育共生实践状况则包括了农村社区居民和社区体育组织的体育行为实践和影响体育行为实践的相关因素。

一　新农村社区建设示范单位社区领导工作态度及体育行为情况

（一）新农村社区建设示范单位的社区领导对体育工作的态度

通过对新农村社区建设示范单位社区领导展开调查，如表3－23所示，发现92.43%的新农村社区建设示范单位的社区领导对社区体育工作持积极态度，其中，非常支持的占52.97%，支持的占39.46%。由于当前新农村社区建设刚刚起步，农村社区自治能力相对较弱，社会力量尚未充分调动起来，农村社区体育的发展依然以政府为主导，因此领导对社区体育工作持支持态度是农村社区体育得以快速发展的重要前提，说明目前农村社区体育发展拥有良好的发展契机和广阔的发展空间，只要提供一个合适的发展平台，农村社区体育的共生发展就会如燎原之火迅速蔓延，我国全民健身目标将会最终变为现实。

表3－23　新农村社区建设示范单位社区领导对体育工作态度

态度	非常支持	支持	无所谓	不太支持	反对
比例（%）	52.97	39.46	6.49	1.08	0

（二）新农村社区建设示范单位农村社区领导的体育行为

农村社区领导对社区体育工作持支持态度固然能够促进农村社区体育工作的发展，但如果社区领导对社区体育工作的支持仅仅停留在口头上而不付诸行动，对农村社区体育的开展所起的作用将非常有限。表3－24表明，对新农村社区建设示范单位的社区领导的体育行为的调查结果比较乐观，47.03%的社区领导热衷于体育活动，积极主动地参加体育活动。也有21.08%的农村社区领导虽然热衷于体育活动却不能经常参加，经进一步调查，造成不能经常参加体育活动的原因主要来自工作和社交压力，这部分社区领导对社区体育工作均持支持态度，应处理好工作和休息之间的关系，实现社会交往的转型，真正参与社区体育活动，既增进了自己的身心健康，又能够在社区体育中发挥模范带头作用，用自己的实际行动带动周围的居民参与到社区体育中来，在农村社区体育共生关系的形成、维持和演化过程中起到聚拢和引导作用；因工作需要才参加和健康需要才参加的社区领导分别为 12.43% 和 11.89%，这部分领导并未形成良好的体育意识和习惯，只是为了完成工作或因身体健康出了问题而不得已参加锻炼，应加强这部分社区领导体育意识的培养，激发起体育参与的积极性和主动性；还有 7.57% 的社区领导对体育活动不关注，从不参加体育活动，这不利于农村社区体育工作的开展。

表 3－24　新农村社区建设示范单位的农村社区领导体育行为状况

体育行为	比例（%）
热衷于体育活动，积极主动地参加	47.03
因工作需要才参加	12.43
因健康需要才参加	11.89
热衷于体育活动却不能经常参加	21.08
对体育活动不关注，从不参加	7.57

二　新农村社区建设示范单位的农村社区体育活动开展情况

农村社区体育活动的开展情况是农村社区体育共生实践的内容载体，一切体育共生行为都是围绕社区体育活动的开展发生的，没有农村社区体育活动的开展，居民和体育组织就缺乏体育行为形成的平台，体育共生实践的产生也就成为空谈，因此，农村社区体育活动开展情况是农村社区体育共生实践的重要内容。

（一）新农村社区建设示范单位社区体育活动的基本情况

对新农村社区建设示范单位农村社区体育活动的基本情况调查结果见表 3－25，有 58.38% 的农村社区没有制订社区体育活动计划，说明大部分农村社区体育的开展处于居民群众的自发状态，农村社区体育发展中共生关系的建立是不稳定和不持久的。

表 3－25　新农村社区建设示范单位社区体育活动的基本情况

基本情况	有或是（%）	没有或否（%）
社区体育活动计划	41.62	58.38
参加全民健身运动会	40.12	59.88
与邻近城市社区的体育交流	23.92	76.08
与邻近农村社区的体育交流	27.65	72.35
参加较高平台的体育活动或比赛	12.75	87.25

全民健身运动会为普通大众搭建了一个体育竞赛平台，能够吸引普通群众参与，增强全民健身意识，激发全民健身热情，促进全民健身活动的开展，为农村社区居民提供了体育健身活动成果积累自我展示的平台。农村社区居民能够代表本社区参加所在县域、市域乃至省域的全民健身运动会，不仅能够使代表们的健身热情空前高涨，也能够掀起所在社区所有居民的健身热潮，使所在社区体育的发展充满生机和活力，动力十足。调查显示，山东省农村社区参加过全民健身运动会的仅占40.12%，说明仍有大部分农村社区未参加过全民健身运动会，居民缺乏自我展示的社会平台，不利于上述社区体育活动的开展。

不同社区的体育交流可以互相学习和借鉴，互通有无，实现资源共享，形成良性竞争。不同农村社区体育资源的配置各有特点，各有所长，农村社区间体育交流的目的就是实现体育资源的共享，互通有无，让体育资源能够得到更加充分的利用，服务对象尽可能扩大，以弥补农村社区体育资源总量不足的缺陷。农村社区间体育交流还可以取长补短，彼此竞争，在广大农村形成千帆竞渡的良性竞争局面，只有这样，才能增强农村社区体育发展的动力和活力。调查结果表明，只有27.65%的农村社区与邻近社区之间存在着体育交流，农村社区体育发展处于各自为战的状态，社区的体育资源处于闲置状态，而另一社区因为同一种体育资源是空白或者缺乏而制约了居民体育参与，造成资源重复建设和浪费的现象并存，也不利于农村社区体育的共生发展，需要充分发挥乡镇一级的政府组织特别是乡镇文体站的调控职能，增加农村社区间的体育交流；参加较高平台的体育活动或比赛，是对农村社区居民参与体育活动或健身的一种激励和褒奖，也满足了农村社区居民自我表现和自我实现的需求，对农村社区居民的体育参与是一种有效的激励方式，如果辅助以媒体宣传，激励效果会更好。调查结果却表明，只有12.75%的农村社区参加过较高平台的体育活动或比赛，87.25%的农村社区缺乏更高层次的自我展示平台，这对于居民中体育参与者群体而言，缺乏持续的动力机制，对于其他群体而言，接触和参与社区体育活动的动力也不足，很难做好后一部分群体的转化工作，扩大农村社区体育人口的数量和规模的目标难以实现，农村社区体育发展共生主体之一——人的数量距离全民参与的目标相去甚远。

（二）新农村社区建设示范单位的社区体育活动的开展形式

通过对新农村社区建设示范单位社区体育活动开展形式的调查，结果见表 3 - 26，农村社区开展体育活动的形式，排在前三位的是居民自发参加体育活动（69.19%）、社区体育组织举办体育活动（24.32%）、居委会组织全社区范围体育活动（23.24%），之后依次为社区其他组织体育职能部门举办的体育活动（14.05%）、参加上级组织的体育活动（11.35%）、与其他农村社区联合组织体育活动（9.19%）、与城市社区结对组织体育活动互动（8.11%）和其他（4.86%）。农村社区体育的组织化程度较低，以农民自发参与为主，社区范围内的体育活动较少，与邻近社区间的体育交流较少，社区组织体育职能部门不够活跃，以农民为主要参与对象的健身活动或比赛体系和体制均不健全，农村社区体育在统筹城乡发展中缺乏独立的地位。

表 3 - 26　新农村社区建设示范单位农村社区体育活动的开展形式

形式	比例（%）
居民自发参加体育活动	69.19
社区体育组织举办体育活动	24.32
居委会组织全社区范围体育活动	23.24
社区其他组织体育职能部门举办的体育活动	14.05
参加上级组织的体育活动	11.35
与其他农村社区联合组织体育活动	9.19
与城市社区结对组织体育活动互动	8.11
其他	4.86

（三）新农村社区建设示范单位社区体育健身指导形式

针对农村社区居民体育科学素养相对较低，影响其社区体育参与意识和能力情况，开展多种形式的农村社区体育健身指导非常必要，既能够促进社区居民体育科学素养的养成，还能够营造农村社区体育活动的浓厚氛围，提高农村社区体育的组织化程度。

调查结果如表 3 - 27 所示，新农村社区建设示范单位的社区体育健身指导的形式排在前三位的分别为：社会体育指导员到健身站点现场指导（22.16%）、通过体育健身指导书籍、报刊学习（15.14%）、定期举办专家讲座（14.59%），之后依次为通过健身俱乐部指导（11.35%）和其他（10.27%），说明农村社区体育健身指导的形式呈现出灵活性和多样性，这也适合农村社区体育发展的形式灵活、内容多样的特征；但仍有47.03%的居民选择未接受过任何形式的体育健身指导，说明在新农村社区建设的大潮中，尽管农村社区各项服务事业均有较大发展，但进度不一，部分农村社区体育健身指导活动依然处于空白状态。鉴于农村社区居民的体育科学素养相对较低，社区体育健身指导环节的缺失，从居民个人角度而言制约着其社区体育参与的意识和能力，从社区体育整体发展而言，会造成社区体育共生发展主体要素的缺失，进而制约农村社区体育的共生发展。

表3-27　　新农村社区建设示范单位社区体育健身指导形式

形式	比例（%）
未接受过任何形式的体育健身指导	47.03
定期举办专家讲座	14.59
社会体育指导员到健身站点现场指导	22.16
通过体育健身指导书籍、报刊学习	15.14
通过俱乐部进行健身指导	11.35
其他	10.27

（四）新农村社区建设示范单位社区体育宣传形式

农村社区体育宣传是营造浓厚的社区居民体育健身氛围，吸引更多社区成员参与农村社区体育活动的重要措施和手段，将为农村社区体育共生发展输入正能量，将激发农村社区体育共生发展的生命力和活力。

调查结果如表3-28所示，新农村社区建设示范单位的社区体育宣传形式排在前三位的为：社区宣传栏（52.97%）、组织社区居民收看体育电视节目（26.49%）、通过社区体育比赛进行宣传（19.46%），还包括订阅体育报纸杂志、向社区居民公布相关的体育网站、聘请体育健身专家现场宣讲以及其他形式，说明山东省农村社区体育宣传形式也呈现多样化的特点，尤以社区宣传栏的形式为主。但通过对部分社区领导的电话访谈，发现社区宣传栏中体育健身内容所占版块的比例较小，农村社区居民对其关注的程度也比较低，建议社区体育宣传工作人员充分了解社区成员的体育需求，增加社区宣传栏中体育内容，尽可能吸引社区成员的关注。农村社区需采取多元化的社区体育宣传渠道，加强社区体育宣传的组织力度，强化社区体育宣传的效果，以增强农村社区居民的体育意识和培养体育兴趣，以提高社区体育宣传的关注度。调查显示，仍有23.24%的农村社区没有任何形式的体育宣传，村民接受体育信息只能靠自己寻找相关途径，不利于农村社区居民健康意识和体育参与意识的形成。农村社区体育宣传在当前农民体育意识较低、体育兴趣不浓厚的情况下，是提高农村社区居民体育参与度的重要途径，而农村社区居民的体育参与度则是农村社区体育共生发展的关键环节，能够培养农村社区居民的体育意识、将农村社区居民的兴趣和关注点从其他领域迁移到体育健身、休闲、娱乐领域中来，引导农村社区居民建立健康的体育生活方式，从而促进农村社区体育的整体发展。

表3-28　　新农村社区建设示范单位社区体育宣传形式

形式	比例（%）
没有任何形式的体育宣传	23.24
社区宣传栏	52.97
组织居民收看体育电视节目	26.49
订阅体育报纸杂志	11.35
向社区居民公布相关体育网站	5.41
聘请体育健身专家现场宣讲	5.95
通过社区体育比赛进行宣传	19.46
其他	8.65

（五）新农村社区建设示范单位农村社区居民体质监测状况

体质监测结果是居民进行科学锻炼的重要依据，也是对居民进行体育健身指导的重要参考，居民是否适合体育锻炼、适宜采用何种方式、接受多大强度、持续多长时间等都要依据体质监测的结果，因此社区居民的体质监测是农村社区体育活动开展的重要工作内容之一，不容忽视。调查结果表明（见表3-29），新农村社区建设示范单位配备体质监测系统，定期对居民进行体质监测的社区仅占6.27%，为社区居民建立健康档案的社区占32.97%，只有普通健康体检的社区占31.89%，

35.68%的社区没有任何形式的体质监测措施。社区居民健康档案的建立和普通的体检虽然能够为居民的体育参与提供一定的参考，但更多提供的是农村社区居民身体是否患有疾病，适宜不适宜参加锻炼，而为农村社区居民提供更科学、详细的健身依据却无法做到，要使农村社区居民体育参与科学化、健康化，必须配备体质监测系统，定期对居民进行体质监测，以为居民体育健身、休闲、娱乐提供详细的依据，使农村社区居民在社区体育参与中真正收获健康、享受快乐，获得身心全方位的调节和放松。

表 3-29　　新农村社区建设示范单位社区居民体质监测情况

监测形式	比例（%）
没有任何形式的体质监测措施	35.68
只有普通健康体检	31.89
为社区居民建立健康档案	32.97
配备体质监测系统，定期对居民进行体质监测	6.27

第六节　新农村社区建设示范单位社区体育共生发展的影响因素

对新农村社区建设示范单位社区体育共生发展影响因素的调查和分析，是构建农村社区体育共生发展模式，提出农村社区体育共生发展对策的重要参考依据。影响农村社区体育共生发展因素中，农村社区居民的体育参与是关键的核心问题，是从微观上制约农村社区体育发展的关键掣肘，直接决定着农村社区体育共生发展主体要素的健全、共生关系能否建立、共生资源能否被充分开发和利用、共生规范约束对象的存在等决定性的问题，必须作为本次调查的重点问题。农村社区体育共生发展存在的问题则是从宏观上把握农村社区体育发展的瓶颈，有待于构建农村社区体育共生发展模式去突破的关隘，也是提出农村社区体育共生发展对策的重要参照。故关于新农村社区建设示范单位社区体育共生发展的影响因素从微观和宏观两个层面上展开调查。

一 新农村社区建设示范单位社区居民体育参与影响因素

农村社区居民是农村社区体育共生发展主体要素的储备库，其体育参与是社区成员完成向农村社区体育共生发展主体转变的重要渠道，保障渠道畅通则是农村社区体育共生发展主体要素健全和完善的前提条件和基础。对新农村社区建设示范单位的社区居民体育参与的影响因素的调查，是为了了解社区体育共生发展主体要素形成渠道阻滞的原因，为健全和发展共生主体要素的对策的提出提供参考依据。调查结果如表3－30所示，在对新农村社区建设示范单位社区居民体育参与影响因素的调查中发现，有61.96%的社区居民选择没有闲暇时间，排在所有影响因素的第一位；第二位是社区体育场地设施不足，有36.86%的社区居民选择；第三位是社区体育组织数量少且组织能力不强，有32.35%的社区居民选择；之后依次为社区及周围没有体育健身活动氛围、缺乏体育健身知识技能、社区环境不适宜开展体育活动，体育活动场所距离住所太远、不方便，缺乏较高层次的展示平台，对体育健身活动的功效认识不足和缺乏必要的体育消费能力，患有不宜运动的疾病和其他。

表3－30　新农村社区建设示范单位的农村社区居民体育参与的影响因素调查（居民卷）

因素	比例（%）
没有闲暇时间	61.96
缺乏体育健身知识技能	24.51
社区体育组织数量少且组织能力不强	32.35
缺乏较高层次的展示平台	12.55
体育场地设施不足	36.86
社区环境不适宜开展体育活动	13.14
社区及周围没有体育健身活动氛围	25.10
对体育健身活动的功效认识不足	11.18
体育活动场所距离住所太远、不方便	12.75
缺乏必要的体育消费能力	5.88
患有不宜运动的疾病	5.29
其他	4.71

第一，闲暇时间不足是农村社区居民体育参与的最重要制约因素，也是农村社区体育共生关系形成的基本前提和条件，没有闲暇时间，就无法参与社区体育实践，也就无法形成居民与居民间、居民与体育组织间的体育共生关系。闲暇时间不足有两方面的原因：一是农村社区居民生产、生活行为的共生关系失衡，造成社区居民忙于生产、致力于经济发展而忽视了生活方式的改善、生活质量的提高，用于生产实践、发展经济的时间过多，挤占了用于改善生活方式、提高生活质量的闲暇时间。二是农村社区居民体育行为与其他生活行为共生关系的失衡，缺乏对闲暇时间支配的统筹，由于农村社区居民体育与健康意识的薄弱，体育参与意识和行为能力的不足，造成社区居民将闲暇时间过多地用于其他生活行为，体育活动的闲暇时间被挤压殆尽，从而影响了农村社区居民的体育参与。闲暇时间不足，居民体育共生实践就无法进行，社区居民间、居民与体育组织间、体育组织间的体育共生关系也就无从发生，农村社区体育共生资源中的时间资源不足，将严重制约农村社区体育的共生发展。

第二，社区体育场地设施是农村社区居民体育参与的重要物质基础，只有极少数的体育健身、休闲、娱乐项目对场地设施没有太高的要求，大多数体育项目必须借助一定面积的体育场地和一定数量和质量的体育设施才能进行。农村社区体育场地设施不足一方面是由于农村社区体育场地设施建设与农村社区基础设施建设的共生关系失衡造成的，由于新农村社区建设对社区体育发展认识的不足或偏差，农村社区建设缺乏科学统筹和合理规划，社区基础设施建设缺乏体育场地设施建设内容或体育场地设施建设被忽视，体育场地设施建设资金被挪用，导致农村社区体育场地设施建设不足；另一方面体育系统内城乡社区体育设施建设共生关系失衡造成的，由于传统的重城市轻农村的经济社会发展政策选择，造成绝大多数公共资源为城市发展所占有，农村在公共资源占有中处于弱势地位，在体育场地设施配置中城市社区占据了大部分资源，而农村社区的体育场地设施资源较少。农村社区体育共生发展重要的物质共生资源的不足，使一些体育健身、休闲、娱乐的项目根本无法开展，农村社区居民的参与也就成为空谈。

第三，农村社区体育组织数量少、组织能力不强是影响社区居民体育参与的重要因素之一。体育组织城乡发展不均衡导致城乡体育组织共生发展失衡，各级各类体育组织在农村社区覆盖率低，在乡镇、农村一级的社区缺乏相应的子组织或分支组织，如农民体育协会的组织机构仅仅延伸到县级，乡镇、农村社区缺乏农民体育协会的分支机构。同时农村社区体育组织与社区居民共生关系的失衡也导致农村社区体育组织建设工作的落后，一方面，农村社区居民体育与健康意识薄弱，体育参与动机和能力不强，对于加入社区体育组织兴趣不大、积极性不高，导致农村社区体育组织缺乏相应的成员基础；另一方面，农村社区体育组织由于自我管理、自我发展能力差，组织效能低下，开展的体育活动次数少、内容单一、形式固化，组织成员在组织活动中无法满足自己的需求，失去了组织的凝聚力和存在的客观基础，导致农村社区体育组织名存实亡。应强化农村社区体育组织建设，推动各级各类体育组织机构和职能向农村社区体育的延伸，增强农村社区体育组织文化建设，推动农村社区体育的共生发展。农村社区体育组织数量少且组织能力不强使农村社区体育发展失去了非常重要的共生主体，社区体育共生关系也失去了形成、维持和演化的基础。

第四，农村社区及周围缺乏体育健身活动的氛围、缺乏体育健身知识技能、体育的健身功效认识不足、缺乏必要的体育消费能力也对农村社区居民体育参与起着较为重要的影响，这主要是社区体育与社区教育、宣传工作共生关系失衡造成的。农村社区宣传中社区体育、健身内容的缺失，造成农村社区居民对体育与健康认识的不足，体育爱好和兴趣不浓厚，影响了农村社区居民体育参与的积极性，自然造成社区周围体育健身活动氛围的不足；农村社区教育中社区体育教育的缺失，使得农村社区居民的体育科学素养缺乏提高的平台，导致社区体育参与意识和能力不足，影响了农村社区居民的体育参与，造成农村社区体育发展共生主体数量的不足和体育科学素养整体缺陷，不利于农村社区体育共生发展；体育健身场所距离住所较远则是农村社区规划与农村社区体育发展共生关系失衡造成的，农村社区规划过程中没有考虑到方便社区居民体育健身、休闲、娱乐的因素，造成居民住所到体育健身场所距离较远且交通不便的因素，很多居民会因为惰性而让本属于健身的闲暇时间偷偷溜走。

第五，其他因素如社区环境不适宜体育健身活动、缺乏较高层次的展示平台、患有不宜运动的疾病等对农村社区居民的体育参与影响也不容忽视。患有不宜运动的疾病的社区居民需要先治病，康复后再参与体育健身；如无法治愈，就减少或避免体育健身活动的参与。农村社区居民体育参与是社区居民间、社区体育组织间、居民与社区体育组织间、社区体育与社区建设子系统间共生关系形成、维持和演化的前提，也是农村社区体育共生发展的重要瓶颈之一。

二　新农村社区建设示范单位社区体育共生发展存在的问题

新农村社区建设示范单位社区体育共生发展存在的问题调查是从宏观上了解农村社区体育共生发展面临问题，并分析各类问题形成的原因，为提出农村社区体育共生发展的对策提供参考。表 3－31 为对新农村社区建设示范单位的社区领导的调查结果，从管理的角度对农村社区体育发展存在的问题进行调查。调查结果显示，63.78%的社区领导选择了经费不足，排在了农村社区体育发展问题的首位，有 57.84%的社区领导选择了与经费不足关联密切的社区体育场地设施不足排在第二位，体育场地设施不足也在居民调查中影响社区体育参与因素的序位相同，54.59%的社区领导选择了社区居民参与意识不强，排在第三位。之后依次为缺乏社区体育人才（41.62%）、社区体育组织数量少且组织能力不强（35.14%）、社区居民缺乏体育健身知识和技能（26.89%）、缺乏较高层次的展示平台（26.49%）、基层政府不重视（24.86%）、缺乏社区体育政策法规保障（23.78%）、与城市社区间缺乏体育交流与互动（20.54%）、社区环境不适合开展体育活动（15.14%）和其他（4.86%）。

表 3－31　新农村社区建设示范单位社区体育发展存在的问题调查

问题	比例（%）
经费不足	63.78
社区居民参与意识不强	54.59
社区体育组织数量少且组织能力不强	35.14
缺乏较高层次的展示平台	26.49
社区体育场地设施不足	57.84
社区环境不适合开展体育活动	15.14
缺乏社区体育人才	41.62
缺乏社区体育政策法规保障	23.78

续表

问题	比例（%）
基层政府不重视	24.86
与城市社区之间缺乏体育交流和互动	20.54
社区居民缺乏体育健身知识和技能	26.89
其他	4.86

第一，体育事业的发展离不开经费的强力支持，竞技体育如此，群众体育也是如此。我国长期以来竞技体育与群众体育共生关系的失衡，近年来我国竞技体育优先发展的体育发展战略导致竞技体育在我国体育事业发展中处于绝对优势地位，体育经费投入竞技体育比例远远高于群众体育，造成群众体育经费普遍不足，成为制约我国群众体育发展的重要瓶颈；城乡社区体育共生关系的失衡也造成了农村社区体育经费不足的现状，由于群众体育对政府的依赖性较强，政府对社区体育发展的经费政策倾斜直接决定了不同区域社区体育发展的经费资源的多寡。我国采取优先发展城市社区体育的政策倾向，农村社区体育经费投入比例较少，加上农村社区地域分散，人口众多，造成农村社区体育经费相对不足；新农村社区建设各子系统共生关系的失衡，也造成了农村社区体育经费不足，农村社区建设资金中缺乏农村社区体育发展的专项资金，使农村社区体育发展缺少经费保障，制约了农村社区体育共生发展。新农村社区体育发展虽然强调因时因地制宜、灵活多样的发展模式，遵循因陋就简、就地取材、勤俭节约的原则，但是，农村社区体育起点低、地位低、摊子大的现状，决定了经费严重不足的严酷现实，加上农村社区居民本身体育消费意识和能力偏低，农村社区体育发展经费不足成为困扰其共生发展的首要因素。

第二，与经费不足关系最为密切的是体育场地设施不足。农村社区体育场地设施因经费不足、农村社区规划中社区体育场地设施版块的缺失以及农村社区人口数量众多等原因造成农村社区体育场地设施不足的现状，使农村社区体育发展面临无米之炊的尴尬局面。失去其共生发展的物质支撑，农村社区体育将成为空中楼阁，长此以往将难以为继。

第三，农村社区体育发展需要社区居民的积极参与，而其参与意识又决定了社区居民的参与频度和程度。农村社区居民体育参与意识不强意味着农村社区体育共生发展主体要素的缺失，没有了农村社区居民的体育参与，社区体育发展将成为空谈。农民受生产、生活方式和环境影响，以从事体力劳动为主，容易导致生理疲劳，对参加以身体活动为主的体育活动的愿望和需求都不大，再加上体育科学素养相对较低，对体育的健身功效认识不足，导致农村社区居民的体育参与意识不强。但体力劳动与体育活动不同，体力劳动往往以局部肢体的重复运动为主，容易造成局部肢体的疲劳和身体的非均衡发展，不利于身心健康。体育活动则可以促进身体的协调发展，达到身心放松的目的，有利于身心健康，因此应加强农村社区居民体育参与意识的培养。

第四，社区体育人才是社区体育发展的主导力量。发挥社区体育人才的组织、管理、带动和指导作用，对于农村社区体育的发展起着至关重要的作用。农村社区体育人才匮乏甚至空白的现状困扰着大部分农村社区，农村社区体育发展也因此受到严重制约，这是由农村社区体育发展与体育人才资源配置间共生关系失衡造成的，一方面，农村社区体育事业发展迅速，体育人才培养难以满足农村社区体育发展的需求；另一方面，体育人才择业多倾向于城市社区，愿意到农村社区工作的体育人才少。虽然近年来我国致力于统筹城乡发展，公共体育服务开始由城市向农村扩展和延伸，“体育三下乡”以及农村体育健身工程的实施，在一定程度上缓解了农村社区体育人才资源不足的状况，但是，要在短期内彻底改变这一现状是不现实的，社区体育人才缺乏将在今后一段历史时期内困扰农村社区体育的发展。

第五，社区组织数量少且组织能力不强、社区居民缺乏体育健身知识和技能、缺乏较高层次的展示平台、社区环境不适于开展体育活动等问题与农村社区居民达成共识，对上述问题已经做过分析，在此不再重复。

第六，基层政府不重视也是制约农村社区体育发展的重要因素。基层政府在农村社区体育发展共生主体中处于主导地位，其对于农村社区体育的重视程度，在农村社区体育共生发展中起着举足轻重的作用。当前农村社区公共体育服务供给体制不健全、供给机制不完善，农村社区体育市场尚不成熟，尚缺乏自我发展能力，农村社区体育共生发展对基层政府的依赖性很大。虽然选择基层政府不重视的社区领导比例较低，但考虑到这一回答对社区领导政治前途影响的敏感性，这一结果可以理解。目前，新农村社区建设刚刚起步，各项事业发展都处于探索阶段，各级政府都将主要精力放在那些经济和社会效益明显、见效快的领域，导致新农村社区建设子系统间共生关系的失衡，而社区体育这种社会效益隐性化、见效慢的精神文化生活领域则往往会惨遭忽视甚至无视，成为目前农村社区体育发展滞后的重要原因之一。

第七，农村社区体育的发展需要法律化、制度化做保障，而农村社区体育政策法规是法律化、制度化的前提。受农村传统的礼仪文化、社会习俗、宗教信仰影响，农村社区居民法制意识薄弱，社区法制建设处于全面落后的现状。我国现有政策法规体系中农村社区体育内容的缺失以及农村社区体育立法工作的落后，导致农村社区体育政策法规数量少，多数领域存在法律空白，对农村社区体育发展的保障能力以及农村社区居民的体育行为的引导和约束能力的缺失。农村社区体育共生关系约束条件的缺失，制约了农村社区体育的共生发展。

总之，山东省新农村社区建设实验全覆盖示范单位社区体育共生发展存在的主要问题为：农村社区体育共生资源不足，如缺乏闲暇时间、社区体育场地设施不足、经费短缺、缺乏社区体育人才；农村社区体育共生主体缺失和行为意识能力不足，如社区体育组织数量少且组织能力不强、居民缺乏体育健身知识技能、社区居民参与意识不强等；农村社区体育共生环境正能量不足，如社区及周围没有体育健身活动的氛围，说明目前农村社区体育发展的共生要素尚不健全、共生关系较为单一且缺乏关联性和稳定性，农村社区体育与新农村社区建设各子系统间共生关系失衡，农村社区体育的地位不够突出，应着力于培育农村社区体育发展的共生要素，构建和强化多元化、稳定合理的社区体育内外共生关系，促进农村社区体育内部诸要素之间及其与新农村社区各子系统间的和谐共生，推动新农村社区体育的共生发展。

第四章　新农村社区体育共生发展模式构建

第一节　新农村社区体育共生发展模式构建目标和指导思想

一　新农村社区体育共生发展模式构建目标

目标是指社会活动想要达到的境界或目的，新农村社区体育共生发展模式构建的目标则是指在新农村社区建设背景下，农村社区体育的发展要解决什么问题，达到什么境界或目的。新农村社区体育共生发展模式的构建要解决的问题就是在新农村社区建设背景下实现农村社区体育由传统的无为、自发、孤立、非组织化的被动发展模式向有为、自觉、共生、组织化的主动发展模式的转变。从新农村社区体育共生模式构建要解决的基本问题出发，提出模式构建目标符合正确的逻辑思维方式，因此本研究认为农村社区体育共生发展的总体目标是在现有社区体育人口和组织总量、社区体育资源总量和社区体育政策法规体系共同推动的基础上，以社会共生理论为指导核心，结合新农村社区建设理论和公民社会理论等的指导，以健全农村社区体育系统的共生要素为出发点，优化农村社区体育系统内主体要素之间的体育共生关系，规范体育共生实践，同时协调、规范、优化农村社区体育系统与新农村社区建设各子系统之间的共生关系，实现农村社区体育系统内部要素及其与新农村社区建设各子系统之间的共生发展，以增强农村社区体育发展动力，促进农村社区体育健康持续发展。

二 新农村社区体育共生发展模式构建指导思想

（一）新农村社区体育共生发展模式须以满足社区居民的体育与健康需求为宗旨

农村社区体育作为我国全民健身事业的重要组成部分，增强农民体质、增进农民身心健康是其发展基本目标，也是农村社区体育发展的动力源泉。农村社区体育发展以农村社区居民为主体，居民参与是农村社区体育共生发展的基本前提和动力源泉，而居民体育参与的动机源自对于体育健身、休闲、娱乐与身心健康的需求，而社区体育活动恰恰能够充分满足上述需求，因此，需求越强烈，居民参与社区体育的动机就越强，农村社区体育共生发展的主体要素数量就能持续增加并保持稳定，其因共同的体育行为和活动内容建立的长期而稳定共生关系，农村社区体育共生发展就能持续健康的进行。因此，农村社区体育共生发展模式构建过程应以满足社区居民的体育健身、休闲、娱乐和健康的需求为行动指南，处处为促进农村社区居民的身心健康考虑，从而实现农村社区体育共生发展的目标。

（二）新农村社区体育发展应实现系统内部诸要素之间的和谐共生

理想的农村社区体育共生发展模式，社区体育系统内部共生主体要素之间是一种和谐的共生关系。要实现系统内部主体要素的和谐共生，构建新农村社区体育共生发展模式的过程中应当遵循以下指导思想。

（1）注重加强农村社区居民的体育与健康意识的养成，刺激其体育需求，激发居民体育参与的动机，培养社区居民体育参与意识和能力，调动其社区体育参与的积极性和主动性，增加农村社区体育共生主体——体育人口的数量和规模。

（2）加强农村社区体育组织建设，健全农村社区体育组织体系，扩大社区体育组织成员规模，优化组织职能，实现农村社区体育的组织化，促进农村社区体育发展另一共生主体的形成和发展。

（3）加强农村社区体育政策法规建设，完善社区体育政策法规体系，充分发挥农村社区风俗习惯、思想道德、宗教信仰、社会价值观念等隐性约束条件的作用，健全农村社区体育共生发展约束条件，对农村社区体育共生实践加强约束和引导。

（4）加大农村社区体育投入，强化农村社区体育资源的配置，既增加农村社区体育资源总量，又要注意社区体育资源的综合配套和优势互补，实现农村社区体育资源在平等基础上的交换和共享。

（5）新农村社区体育共生发展应在共生主体要素（社区居民和社区体育组织）健全的基础上，在农村社区体育共生规范（以农村社区体育政策法规为核心的约束条件）的引导、约束和保障的前提下，实现对农村社区体育资源的合理分享和共享，形成牢固、稳定、关联性强的农村社区体育共生关系，在农村社区居民之间、居民与体育组织之间、社区体育组织之间竞争与合作机制作用下，实现农村社区体育健康、科学、持续的发展。

（三）新农村社区体育发展必须与新农村社区建设协调共生

新农村社区建设是我国近几年提出来的崭新的历史任务。农村社区体育如何在新农村社区建设新形势下实现可持续发展是农村社区体育发展面临的课题。农村社区体育是新农村社区建设不可忽略的工作之一，而新农村社区建设则为农村社区体育发展提供了难得的契机和优良的自然、社会和文化环境。农村社区体育发展必须充分利用新农村社区开展基础设施建设、基层组织建设、公共服务建设、民主法制建设的大环境，推动农村社区体育场地设施、体育组织、公共体育服务、体育政策法规等共生关系基本要素的健全和完善，同时在新农村社区建设各项工作中也要将体育生活化的理念贯穿始终，突出农村社区建设的体育元素，从而推动农村社区体育的发展。农村社区体育发展应与新农村社区建设融为一个统一的整体，彼此间相辅相成，农村社区体育发展要带动诸如社区基础设施、精神文化生活、医疗卫生服务等领域的发展，对新农村社区建设起到促进作用。新农村社区建设和农村社区体育之间存在着相互依存、互利互动的协调共生关系，农村社区体育共生发展模式构建过程中一定要树立社区体育与新农村社区建设协调共生的思想，结合新农村社区建设的实际情况，充分利用新农村社区建设带来的契机和有利条件，加快农村社区体育发展的步伐；同时发挥农村社区体育在增强居民社区参与、全面带动社区各个领域建设的作用，推动新农村社区建设的快速发展，以实现农村社区体育与新农村社区建设的和谐共生发展。

第二节 新农村社区体育共生发展机制

建立农村社区体育共生发展机制主要体现在社区体育系统自我调节和自我积累的功能上。农村社区体育的自我调节功能表现为随着社区居民人口结构和体育需求的不断变化和发展，调整社区体育活动的内容、形式，使农村社区体育保持稳定持续的发展；根据新农村社区建设进程的不断变化，调整农村社区体育系统与社区建设其他子系统间的关系，优化农村社区体育系统对新农村社区建设的带动作用；农村社区体育的自我积累功能表现为随着农村社区体育活动持续不断的开展，农村社区体育共生主体数量和规模不断扩大，社区体育共生资源越来越丰富，约束条件越来越健全，主体间的共生关系越来越密切、持久、稳定，农村社区体育与新农村社区建设之间的共生关系关联度越来越大。农村社区体育共生发展机制使农村社区体育系统内外共生关系越来越合理，自我发展能力越来越强，真正实现农村社区体育的共生发展。

一 建立农村社区居民多样化的体育与健康需求养成机制

传统的农村社区居民虽然同质化特征比较明显，但随着社会主义新农村建设的深入，新的农村社会阶层分化越来越明显，农村社区居民的同质化特征逐渐弱化、异质化特征逐渐强化。农村社区居民的异质化现象决定了其需求类型、层次的呈多样化发展趋势。随着农村社区居民生产、生活条件的不断改善，社区居民的健康问题日益引起关注和重视，其体育与健康需求也随之凸显出来，且呈现出多样化的特征。农村社区体育的发展源自于农村社区居民的体育参与，而农村社区居民的体育参与又源自于其体育与健康需求的养成，鉴于农村社区居民异质化特征明朗化的趋势，农村社区居民的体育与健康的需求也呈现出多样化的特征。

农村社区居民体育与健康需求的养成，是催生农村社区体育共生行为的前提，体育与健康的需求越强烈，其社区体育参与的积极性和主动性就越高。在传统农业社会，农民的生产方式以体力劳动为主，更容易造成生理上的疲劳，加上农民生活水平相对较低，对以身体活动为主要形式的体育活动的重要性认知程度不高，体育参与需求不强。由于农民整体受教育程度较低，对健康的理解仅仅停留在有没有疾病的狭隘层面，对于“灰色健康”“亚健康”等概念认识模糊，对“现代文明病”造成的危害认识不足，体育与健康需求不强，社区体育参与的积极性和主动性不高。农民对健康的关注度较低，健康需求较低，因此，在传统社会农民与体育健身、休闲、娱乐活动是相对隔离的，社区体育参与程度较低，且多为自发状态，农村社区体育共生实践少且缺乏稳定性，不利于农村社区体育的共生发展。

为培养农村社区居民的体育与健康需求，调动其社区体育参与的积极性和主动性，促进居民稳定共生行为的形成，必须以基层政府部门为主导，以农村社区体育组织为主体，面向农村社区居民广泛开展农村社区体育的宣传教育工作，建立农村社区体育培训和指导机构，结合由于农村生产生活方式转变造成的农民体力活动不足的现象以及医疗卫生制度改革造成的看“看病难、看病贵”的现状，使农村社区居民更加关注健康，树立健康意识，认识到体育的健身、休闲和娱乐功效，重新唤醒农村社区居民身体活动的本性和意识，引导农村社区居民的本性朝通过体育行为实现健康的方向伸展，社区体育参与意识和能力不断增强，催生农村社区居民体育共生实践行为的持续、稳定的发生，实现农村社区体育的共生发展。

二　建立农村社区体育资源配置与交换、共享机制

农村社区体育共生发展最终要建立合理的社区体育共生关系，而合理的农村社区体育共生关系就是农村社区居民合理分享社区体育资源，满足各自的体育与健康需求。

农村社区体育共生发展必须以充足的、多样化的共生体育资源为物质载体，因此配备足够数量的社区体育公共资源，是建立社区体育资源配置与交换、共享机制的前提。应建立以政府投入为主、社会和个人集资为辅的渠道多元化的社区体育投入机制，在人力、物力、财力的投入上向农村社区倾斜和扶持，扩大《农民体育健身工程》全覆盖的区域范围，加大农村社区体育资源的综合配置力度，建立农村社区体育资源配置的长效机制，增加农村社区体育资源的数量和规模，以最大限度地满足农村社区居民的体育健身、休闲和娱乐的需求。

在农村社区体育资源总量不足情况下，应鼓励农村社区居民根据各自社区的实际情况，采取就地取材、因地制宜的方针，遵循简单、简约

化的原则，自己开发具有本社区特色的体育资源。同时，农村社区体育资源需避免同一化的重复配置，邻近社区间应注重资源互补配置，建立农村社区体育资源协调机构，加强农村社区体育资源的管理，实现农村社区内部、农村社区间、农村社区与邻近城市社区间资源的交换和共享，以解决农村社区体育资源相对不足带来的困境，最大限度地满足农村社区居民对体育资源的需求。

三　建立农村社区居民的公民意识培养机制

公民意识是指公民对自己在国家生活中的角色和宪法、法律所赋予的权利义务的认识和认同，具体包括主体意识、权责意识、平等自由意识、参与意识等。主体意识促使农村社区居民作为独立的个体参与社区体育活动；权责意识不仅仅有利于农村社区居民体育权利的保护，同时还有利于权利本位意识即个人权利为首位的推广；平等和自由意识是农村社区居民体育共生关系形成、维持和演化的基本前提；参与意识不仅仅包括农村社区居民的参政议政意识，更包括其作为社会主体的参与意识。这与农村社区居民长期以来形成的等级观念分明、个体意识薄弱、顺从意识根深蒂固等特征截然不同，对促进农村社区居民的体育参与，推动农村社区体育共生发展有着积极的影响。

（一）积极发展农村产业经济，巩固农村公民意识生根发芽的社会基础

借助新农村社区建设的契机，积极培育农村产业市场环境、推动农村经济体制改革，加快农业产业化、市场化进程，摆脱农村生产和经营对政府的依赖性，实现农村生产经营和农业经济的独立和自主，提高农业生产效率，增加农民的收入水平。鼓励农民积极参与市场竞争，为农村社区居民公民意识奠定良好的社会基础，同时通过市场竞争唤醒农民的主体意识。农业生产效率提高了，农民收入增加了，农村社区居民闲暇时间也就充裕了，并且更加关注自身的健康问题，社区体育走进农民生活才有了可能。

（二）建立农村社区居民公民意识教育机制

农民由于文化素质总体水平相对较低，平均受教育程度低于城市社区居民，其对法律知识、权利内容等公民意识的接受和理解程度较低，严重影响农村社区居民公民意识形成和巩固。因此要大力发展农村学校教育和社区教育，提高农村社区居民综合素质，将公民意识的教育贯穿

农村学校教育和社区教育始终，尤其是学校政治思想课要加大学生公民意识教育的内容比例并将公民意识教育纳入政治思想课的课程体系当中；在农村社区教育中，强化农村社区自治和民主政治的宣传和教育，加强农村社区居民的法律意识培养，促进居民体育民主和权利意识的觉醒，增加农村社区居民用法律维护自己权益的能力。通过学校体育、课外活动等校园文化形式加强对农村社区学生公民意识具体内容方面的宣传；在农村社区教育中，增加农村社会对公民意识的关注，通过农村社区居民喜闻乐见的精神文化娱乐活动，对农村社区居民进行公民意识具体内容的宣传，使公民意识在农村社区居民思想和灵魂深处生根发芽，且根深蒂固，以适应农村社区体育共生发展对居民公民意识的需求。

（三）建立农村社区居民公民意识实践机制

公民意识实践机制能够通过公民意识的实践场景和过程，增强农村社区居民对于自己公民主体地位的情感体验，从而进一步强化其公民意识。根据新农村社区建设的内容和实践情况，建立农村社区居民公民意识实践机制，继续坚定不移地推行农村社区建设的村民自治制度和村民代表大会制度，使农村社区居民在政治参与实践中践行公民的主体意识和参与意识，体验公民的平等意识和自由选择意识，享受权利意识带来的政治、经济、社会利益；积极宣传、组织、开展农村社区各项志愿性活动，鼓励农村社区居民的志愿性参与，使农村社区居民积极参与各种社区公共活动，树立社区主人翁意识，在各种志愿性活动中增加与基层政府平等对话和交流的机会，在社区生活中摆脱对基层政府的依赖，充分发挥社区居民的自我管理、自我发挥和自我实现的才能，使农村社区居民的公民意识进一步得到强化、深化和固化。

四　建立农村社区体育组织建设的长效机制

农村社区体育组织是农村社区居民体育共生行为作用于社区和社会的重要桥梁和载体，也是农村社区体育共生发展的主体之一。农村社区体育共生关系就发生在社区体育组织成员之间，成员与社区体育组织、社区之间，社区体育组织之间，社区体育组织与社区之间，社区之间，农村社区体育组织是社区共生发展的不可或缺的核心要素。因此，建立社区体育组织建设的长效机制是非常必要的。

（一）增加农村社区体育组织的数量、规模和门类

农村社区体育组织数量少、规模小、门类单一是目前农村社区体育

组织建设的现状，该现状无法满足农村社区体育共生发展的需求。为改变这一困境，需加大农村社区体育组织建设力度，增加农村社区体育组织的数量、规模和门类。在新农村社区建设村民自治思想指导下，借新农村社区组织建设力度加大的东风，在基层政府的指导下，借鉴城市社区体育组织建设的经验，遵循村民自愿的原则，鼓励农村社区居民自愿行动、主动参与，在各农村社区成立各级各类体育组织；加大宣传力度，吸纳更多的社区居民加入体育组织，扩大组织成员规模和服务范围；增加对农村社区体育组织经费支持，适度降低农村社区体育组织的注册门槛，确保其社会地位的合法性和独立性，提供组织功能发挥宽松的社会环境。

（二）优化农村社区体育组织的结构，强化组织功能

理想的农村社区体育组织应该是机构设置合理、部门权力划分明确、层级结构清晰、各部门协调一致，能够将社区体育组织效能最大化的组织结构。需要在社区体育精英和志愿者中选出组织能力强、社会关系广、具有较高威望的人担任农村社区体育组织领导者和骨干，健全农村社区体育组织机构设置，科学合理地做好组织机构的职能分工。在组织工作中充分考虑到成员利益和需求，提高农村社区体育组织的凝聚力，充分调动组织成员的积极性和主动性，深化和固化组织成员社会关系的相关性和连带性，增加组织成员在社区体育活动中情感、心理、行为上的相互依赖、鼓励、带动效应，发挥农村社区体育组织在社区体育活动中的凝聚、向心作用，将农村社区居民吸纳到农村社区体育活动中来。通过优化农村社区体育组织结构，强化其组织能力，担当起农村社区体育共生实践的组织功能。

（三）成立农村社区体育组织的协调机构或部门

随着农村社区组织建设工作的推进，农村社区体育组织数量、规模和门类的增加，各级各类社区体育组织必将星罗棋布于各个农村基层社区中，农村社区居民体育参与热情日趋高涨，农村社区体育组织开展的体育活动必将万花齐放、百家争艳。为保障农村社区体育活动热而不乱，有条不紊，实现农村社区体育资源的充分、合理利用和共享，必须建立农村社区体育组织的协调机构或部门。

农村社区体育组织的协调机构或部门负责协调各社区体育组织之间的工作，在乡镇综合文化站的宏观领导下，负责社区较大规模的综合性

体育活动的领导、指挥、协调作用。目前，大多数农村社区成立了农村社区体育委员会或社区体育协会为核心的协调机构。为增强农村社区体育组织协调机构或部门的权威性，高效发挥其领导、指挥和协调职能，可采取由政府领导兼任机构或部门领导的方式，也可采取由社区各体育组织公选的方式产生，以最大限度地保障各农村社区体育组织的利益，满足各体育组织的需求。同时农村社区体育组织的协调机构或部门还负责各体育组织间交流和沟通，增进和稳固各社区体育组织间的关系，以确保农村社区组织间体育共生关系的形成、维持和演化。

（四）重视农村社区体育群体的发展，增强群体内部和群体之间关系的关联度

农村社区体育共生发展除了依靠具有正式结构和规范制度的体育组织之外，社区体育群体也起到不可忽略的作用，尤其是在农村社区体育发展初级阶段，社区体育群体成为农村社区居民参与的主要形式，需要引起足够重视。农村社区体育群体成员之间的共生关系由于缺乏正式的规章制度约束，结构相对松散、容易多变。农村社区体育群体之间由于成员结构、兴趣以及群体活动内容等的差异，缺乏沟通、交流和互动，共生关系除群体成员之间较为密切外，群体之间则相对疏远和薄弱，关联度较低。

农村社区体育群体是社区体育共生发展不可忽略的重要力量，在农村社区体育发展中应重视体育群体的发展，为农村社区体育群体提供宽松的活动环境，要赋予社区公共体育资源的使用权，充分发挥农村社区成员中体育精英的影响、号召和带头作用，拉近其与农村社区体育组织的社会距离，组织社会体育指导员，对群体活动进行科学指导。通过节假日组织综合性体育活动，提供农村社区体育群体成员自我展示以及群体间交流、互动的平台，缩短彼此间的社会距离，增强彼此间是社会关系的关联度，为农村社区体育群体成员之间、群体之间体育共生关系的深化、固化打下基础。

五　正确规范、引导农村社区居民、组织间体育竞争与协作行为

斗争与妥协并存、互动是社会共生关系运行和演化的机理，也是社会发展活力的源泉。社会共生主体间经过斗争与妥协的互动，形成双方都满意的共生关系。斗争与妥协作为社会共生机制，在农村社区体育领域中表现为农村社区居民和农村社区体育组织之间在社区体育实践中的

竞争与协作。社区体育实践中的竞争主要表现为社区居民之间、居民与体育组织之间、体育组织之间以及社区之间对体育资源的竞争、体育活动和比赛过程中对行为目标的竞争；协作主要表现为对社区体育资源的交换和共享、社区体育活动或比赛组织管理中的配合与协调行为、社区体育活动或比赛参与过程中的合作行为。

农村社区体育是在竞争与协作机制的基础上共生发展的，积极、主动的体育竞争和合理、高效、密切的体育协作行为是农村社区体育共生发展的活力源泉。为保障农村社区体育竞争与协作的良性运行，需要健全和完善农村社区体育的相关政策法规制度和体系，这就需要以《中华人民共和国体育法》《全民健身条例》等为立法指导，遵循新农村社区建设的规律，结合农村社区体育发展的实践需求，加大农村社区体育立法工作的力度，做好农村社区体育政策法规的宣传和教育工作，鼓励农村社区体育组织完善自己的规章制度，建立农村社区体育实践的监督和奖惩机制，倡导公平、公开、公正的竞争思想和理念，鼓励社区体育主体要素间为共同的体育目标密切协作，实现农村社区体育共生资源的合理分配和共享，用完善的社区体育政策法规制度和体系，引导、规范农村社区居民和社区体育组织的竞争与协作行为，保障农村社区体育走向良性共生发展的未来。

第三节　新农村社区体育发展共生体系构建

新农村社区体育发展共生体系是社区体育共生发展模式的基本组成部分之一，构成了农村社区体育共生发展模式的基本框架。如果将农村社区体育视为一个系统，则其共生体系应该包括系统内部主体要素的共生体系，即内共生体系和以农村社区体育系统为共生主体之一的农村社区体育与新农村社区建设各子系统间的共生体系即外共生体系。以社会共生理论为指导，根据社会共生关系的构成要素及社会共生关系形成、维持、演化的条件和机制，结合农村社区体育系统发展目标及实践情况，遵循系统性原则，构建新农村社区体育发展的共生体系。

一　新农村社区体育发展内共生体系构建

农村社区体育发展内共生体系是在某个社区区域范围内，以社区体育为系统，由该社区体育系统内部构成要素围绕社区内的体育资源，在一定的约束条件下形成的共生体系。可见农村社区体育发展的内共生体系由体育共生主体、体育共生资源和约束条件等基本要素构成。由于农村社区体育共生主体缺少自己专属的体育资源，而是围绕农村社区体育公共资源形成的各种共生关系，体育公共资源只能分享不能交换，因此体育共生主体间属于分享型体育共生关系结构而不是交换型体育共生关系结构。农村社区体育发展分享型内共生体系结构如图 4 –1 所示。

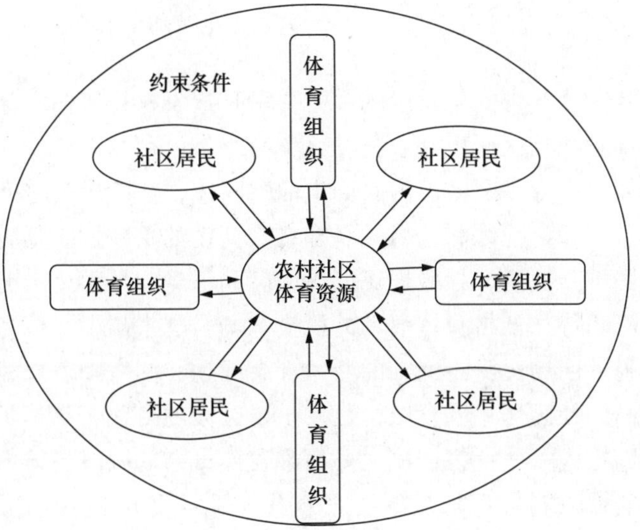

图 4 –1　农村社区体育发展内共生体系结构

（一）农村社区体育内共生发展体系结构图解

图中体育组织是指农村社区体育组织及其他社区组织中行使体育职能的部门，社区居民是指具有体育行为农村社区居民，二者共同构成农村社区体育内共生发展的主体要素。农村社区体育资源即农村社区体育内共生资源，以农村社区体育公共资源为主，是农村社区内开展体育活动和比赛所依赖的一切物质和精神条件的总和。离开农村社区体育组织或农村社区居民的箭头“→”表示农村社区体育内共生主体承担社区体育资源配置、开发、管理的相应的义务，承认其他共生主体分享社区体育内共生资源的某些权利；趋向农村社区体育组织或农村社区居民的箭头“←”是指农村社区体育组织和社区居民获得对农村社区体育内共生资源的某些权利。至于如何实现农村社区体育组织间、农村社区居民间以及农村社区居民与体育组织之间对社区体育内共生资源的交换，要视交换的环境、共生主体的需求量和需求的程度，遵循广义的等价交换原则。约束条件是指农村社区体育的相关政策法规、项目规则、农村社区的风俗、习惯、道德、信仰、宗教等对农村社区体育内共生实践起约束、引导和规范作用的各种明确的行为标准和内在的心理、情感约束。

（二）农村社区体育发展内共生体系要素分析

1. 主体要素

农村社区体育内共生发展的主体要素是指农村社区体育活动中的人或组织，即农村社区居民和农村社区体育组织。

农村社区作为一定区域内农民生活共同体，社区成员之间的人际关系因血缘、亲缘、地缘和业缘关系存在着高度的关联性。随着农村社区生产水平的不断提高，社区居民的体力劳动强度和从事生产劳动的时间均呈现下降趋势，从事身体活动的机会和场合越来越少，体力活动不足将成为农村社区居民将要面临的新的社会问题；同时随着农村社区生活水平的提高，社区居民膳食结构也发生了巨大的变化，高热量、高脂肪营养的不断摄入，使社区居民又要面临营养过剩的困境。体力活动不足和营养过剩使农村社区居民饱受“现代文明病”的侵扰，居民的健康问题日益突出。再加上我国医疗卫生服务体系存在着城乡发展不均衡、农村医疗服务体系覆盖面小、保障水平低导致农民“看病难、看病贵”的问题，农村社区居民对健康的关注度逐渐增加，健康需求逐渐增强。随着农村生产力水平的提高，农村社区居民的余暇时间逐渐增加，且对体育健身功效认知的逐渐加深，进一步意识到体育手段对健康干预和疾病预防的作用。因此农村社区居民因对健康的追求而产生体育需求，进而为满足自身的健康和体育需求而倾向于体育活动。随着在闲暇时间选择体育参与行为方式的居民越来越多，农村社区的体育人口将越来越多。农村社区体育内共生发展体系中主体要素之一即具有体育行为选择的农村社区居民，这部分居民人口数量越多，主体要素越健全。

农村社区体育组织既包括体育专门组织，又包括农村社区其他组织中的行使体育职能的部门。农村社区体育组织总体上主要有基层社区单项体协、农村社区老年体协、基层社区行业体协、基层社区农民体协、基层社区体育志愿者协会、社区体育活动站点、社区体育辅导站、社区体育服务中心、社区体育协会等类型，同时接受乡镇综合文化站的领导，但上述体育组织都健全的基层农村社区基本没有，具体到某个农村社区仅有其中一两个或几个体育组织，且大多数为非正式体育组织。农村社区体育组织是大多数居民参与社区体育活动的桥梁和中介，是农村社区居民体育共生行为、实现人的体育属性充分伸展的载体。农村社区体育组织作为农村社区居民的集合体，反映其组织成员的体育与健康的总体需求，具有“人”的特性，本身也就具备了体育需求，产生体育行为，成为农村社区体育内共生体系的主体要素之一。另外，农村社区其他组织具有体育职能的机构或部门也是农村社区体育内共生发展体系的主体要素，农村社区其他组织包括村民委员会、农村社区经济合作组织、农村社区互助组织、农村社区服务组织、农村社区志愿者组织等等，负责组织内部成员体育活动的管理与组织工作，是社区其他组织成员体育共生行为的重要载体，对社区体育内共生资源具有某种需求，彼此之间形成某种共生关系。

2. 资源要素

农村社区体育内共生资源是农村社区体育内共生关系的纽带。由于农村社区居民生产生活水平相对较低，家庭经济条件与城市社区居民相比较差，个人或家庭拥有的私人体育资源较少，因此农村社区体育共生资源大多数为公共体育资源。农村社区共生体育资源的主要构成如图4－2所示。

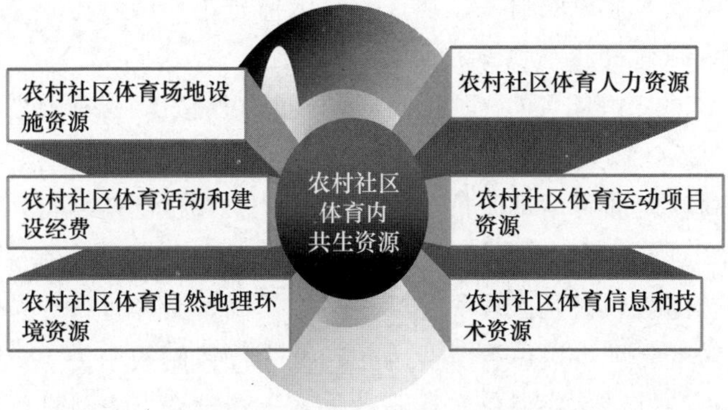

图4－2　农村社区体育内共生资源结构

（1）农村社区体育场地设施。农村社区体育场地设施资源是农村社区居民和社区体育组织体育共生实践活动的空间条件和重要物质载体，是农村社区体育共生发展水平的重要标志。农村社区体育场地设施资源又包括农村社区体育场地资源和农村社区体育设施资源。由于农村居民的活动空间相对宽松，在新农村社区建设和规划中都设计了农村室外活动广场，因此农村社区体育场地资源相对丰富。但是，农村社区体育设施资源由于建设起步晚，基础差，政府对农村社区体育设施资源的配置力度小，目前依然处于比较匮乏的状态。虽然随着农民体育健身工程的推进和全覆盖范围的扩大，上述状况有所改善，但要在短期内彻底改变这一现状是很困难的。农村社区体育场地设施资源具有公共产品的属性，即在使用和消费上非竞争性和非排他性。农村社区体育场地设施资源的公共产品属性决定了农村社区体育内共生主体对社区体育场地设施资源权利和义务的分享型共生关系的形成。

（2）农村社区体育活动和建设经费。农村社区体育活动和建设经费是农村社区体育内共生发展的重要保障条件，它的主要形式有政府财政拨款、农村社区居民自筹、企事业单位或社会体育团体赞助等。农村社区体育由于发展程度较低，社区体育健身娱乐市场尚未健全，市场机制尚未成熟，加上农村社区居民人均可支配收入相对较低，社区体育活动与建设经费的主要来源以政府财政拨款为主，经费来源渠道单一。虽然目前我国体育彩票资金分配中用于农村社区体育发展的比例逐年提高，但面临庞大的资金受众以及体育活动开展和社区体育场地设施建设的空缺，农村社区体育发展的需求依然难以满足，农村社区体育活动和经费不足将成为造成农村社区居民和社区体育组织激烈竞争关系的主要因素，成为制约其共生发展的重要“瓶颈”。

（3）农村社区体育自然地理环境。农村社区大多处于平原、山区或邻近水域，工业污染较少，空气质量较高，适合体育健身、休闲、娱乐，是农村社区体育活动开展的绝佳环境。农村社区体育自然地理环境资源丰富，具有与大自然接近的天然优势，非常适合户外体育健身、娱乐和休闲。随着农村社区居民生活水平的提高，其体育行为选择的目的也会发生转变，即由以体育健身为主转变为以休闲娱乐为主。随着城乡一体化进程的推进，农村信息化服务体系逐渐健全，农村社区居民获取体育信息、技术的渠道进一步拓宽，其体育科学素养就会发生质的变化。农村社区居民利用天然的、丰富的自然地理环境资源，在体育科学素养日益提高的过程中，走出家庭、回归自然，积极参与体育健身、休闲、娱乐活动，促进了农村社区体育的共生发展。农村社区体育自然地理资源为他们的体育共生实践提供了便利。

（4）农村社区体育人力资源。农村社区体育人力资源既包括各种体育专业人员，如农村社区体育组织的管理人员、农村中小学体育教师、农村社区社会体育指导员等，也包括具有一定体育特长或爱好的体育骨干、精英和积极分子。人力资源在农村社区体育的发展中起着智力支持与方向引领的作用。农村社区体育组织中大多数为非正式组织，其管理人员多为组织成员选举产生，或作为某一活动的发起者而自然成为组织的管理者。农村社区体育组织管理者有些具有体育专业背景，有些则是某项体育活动的爱好者，要胜任管理者的角色，需要充实自己的体育专业知识和体育管理理论，树立自己的知识权威，以提高农村社区体育指导、宣传、组织和管理的效率；农村中小学体育教师是来自于各级各类高校体育专业的毕业生，拥有深厚的体育专业理论背景和专业化的实践技能。在倡导学校服务社区、发展学区体育的今天，为发挥农村中小学体育教师专业优势，每个农村社区体育组织可以吸纳 1—2 名农村中小学体育教师作为组织管理层成员之一，使体育教师在完成学校体育教学任务的同时，为农村社区体育共生发展提供人力和智力支持；农村社区社会体育指导员具有丰富的体育健身、休闲、娱乐指导知识和较高的体育组织和实践能力，对农村社区居民体育科学健身、休闲、娱乐活动的指导、组织、管理、动员起着中流砥柱的作用，农村社区配备足够数量的社会体育指导员是满足农村社区居民健康和体育需求的重要保障。为丰富农村社区体育人力资源，应加大农村社区社会体育指导员的配备力度，增加社区社会体育指导员的数量；建立科学合理的农村社区体育培训制度，优化社区社会体育指导员知识技能结构，提高社区社会体育指导员的质量，以更好地满足农村社区体育共生发展对人力资源的需求。

（5）农村社区体育运动项目资源。农村社区体育运动项目资源是社区体育内共生实践的内容载体。运动项目对于社区居民群体的体育共生实践行为只有适宜不适宜、会不会的问题，没有能不能的问题，具有典型的消费和使用的非竞争性和非排他性。农村社区居民体育需求因年龄、性别、体质状况、文化背景、经济条件等因素的不同呈现出多元化的特征，为满足其多种多样的体育需求，运动项目资源也应该丰富多样，适合不同年龄、性别、民族、文化程度、经济基础社区居民的运动项目都一应俱全，使农村社区居民体育健身、休闲、娱乐的形式和手段多样化，社区体育组织类型也因运动项目资源的丰富而门类齐全。为丰富农村社区体育资源，应加强体育健身项目的创新与推广，挖掘农村社区民间、民俗、民族传统体育项目资源。农村社区体育传统项目资源是指世代相传的、具有民族、民俗和地域特点，对农村社区体育共生实践具有独特、持续的影响力和广泛的群众基础，是该地区农村社区居民喜闻乐见的体育项目资源，往往会成为农村社区体育发展的品牌，成为当地农村社区体育共生发展的形象代表。传统体育项目资源的挖掘、推广与现代体育健身、休闲、娱乐项目的创新推广相结合，使农村社区居民和社区体育组织的共生实践具有多种选择，彼此之间才会形成更多相互竞争、相互协作、相互依存的共生关系，充分发挥体育群体的蝴蝶效应，促进农村社区体育共生发展。

（6）农村社区体育信息和技术资源。农村社区体育信息和技术资源是农村社区居民了解体育知识、体育技术、体育动态等一切体育现象的重要窗口。随着我国农村信息化发展的深入，我国农村信息化基础设施有了长足的进步，广播电视、网络村村通工作开展迅速，为农村社区居民了解外部世界的信息和技术提供基本的支撑条件。农村社区体育信息与技术资源是农村信息化工程的重要工作内容之一，伴随着农村信息化工程的全面实施，农村广播电视、网络村村通覆盖范围越来越大，极大丰富了农村社区体育信息、技术资源。农村社区体育信息技术资源是农村社区居民健康与体育需求形成的重要动力之一，也是农村社区居民体育科学素养提高的途径，对于提升农村社区居民体育参与意识和行为的能力具有重要意义，是农村社区体育共生实践形成的重要助推器。

3. 约束条件

农村社区体育内共生发展的约束条件多以体育共生规范的形式对社会共生关系起到约束作用。农村社区体育共生规范包括农村社区体育相关的政策法规、农村社区体育项目规则、农村社区体育组织规章制度以及农村社区所在区域的社会风俗、习惯、道德、宗教、信仰等，其间的结构和对农村社区体育内共生实践的规范约束作用见图 4-3。

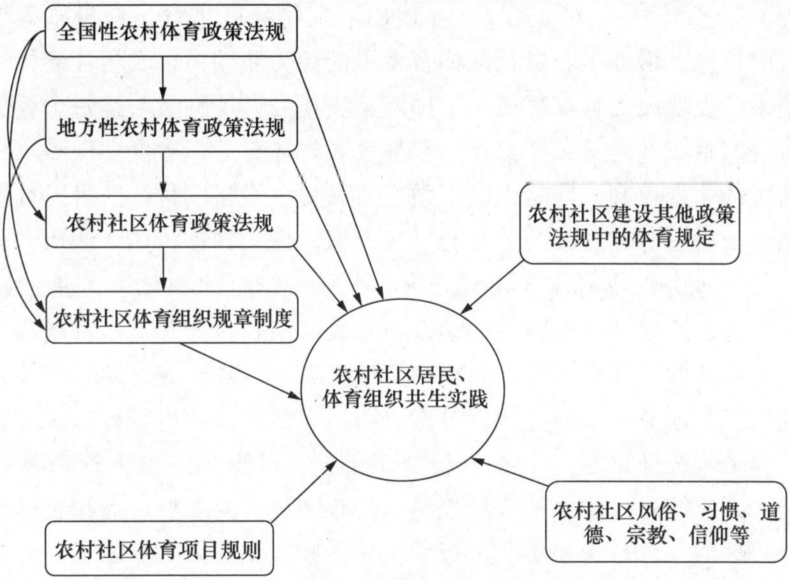

图4－3 农村社区体育内共生发展的约束条件体系

（1）全国性农村体育政策法规。其中最高层次的法律是《中华人民共和国体育法》（简称《体育法》）中关于群众体育和农村体育的规定，为农村社区体育内共生发展提供了基本原则和指导思想，确立了农村体育在我国群众体育乃至体育事业发展中的社会地位，是农村社区体育发展的重要保障和前提。《体育法》赋予了农村社区体育发展的基本权利，规划了农村社区体育发展的未来和方向，是农村社区体育发展最高层次的法律性文件。行政法规中《全民健身条例》《公共文化体育设施条例》；中央文件中《全民健身计划纲要》《中共中央国务院关于〈加强青少年体育增强青少年体质的意见〉》《国家体委关于深化改革加快发展县级体育事业的意见》《中共中央国务院关于进一步加强和改进新时期体育工作的意见》中对群众体育事业的相关规定，特别是《国家体委关于深化改革加快发展县级体育事业的意见》中强调了农村体育是县级体育工作的重点，为农村社区体育发展指明了方向，提供了宽松的社会环境。另外，在一些体育部门规章中也对群众体育或农村体育的发展作了明确规定，尤其是《体育事业“十二五”规划》中规定了要加大对农村体育工作的扶持力度，深入实施《农民健身工程》《雪炭工程》《全民健身路径工程》，并提出了农村社区体育场地设施等资源建设的目标，增强了农村社区体育发展的活力和动力，农村社区体育发展迎来了大发展的良好契机。上述政策法规强调体育参与是每个公民应享有的基本权利之一，国家在逐年加大农村体育工作力度，保障农村社区居民的体育权利，同时也应加强宣传教育，增强农村社区居民社会责任感，积极履行体育参与的社会义务，积极投入到社区体育活动中去。

（2）地方性农村体育政策法规。根据全国性农村体育政策法规的指导思想、原则和工作精神，结合本行政区域农村体育工作特点，对本行政区内的农村体育工作作出明确规定，对本行政区域内的农村体育工作的目标、任务、实施、监督等作出明确规定，如各省、自治区、直辖市出台了本行政区域的《全民健身条例》《体育场地设施管理办法》，等等。地方性农村体育政策法规对本行政区域内的农村居民和农村基层体育组织的体育行为和实践进行了引导、规范和约束，保障了农村社区内共生发展的正常运行。

（3）农村社区体育政策法规。它是农村社区层面的关于社区内体育活动发展规范、准则或文件。农村社区体育政策法规对社区体育内共生实践具有直接的规范、引导、保障作用，是具有操作和执行意义的规范性文件，为确立农村社区体育社会地位，明确农村社区体育发展方向和目标，引导社区居民和社区体育组织的体育行为，实现农村社区体育资源的合理分享，建立合理的农村社区居民间、居民与社区体育组织间、社区体育组织间的内共生关系做出应有的贡献。尽管农村社区体育法规因各自社区体育开展实际情况不同而有差异，但都根据本社区体育活动开展的环境、资源、社区居民的体育行为等，制定出具有本社区特色的体育政策法规，对本社区体育的共生实践起到规范、引导和约束作用。鉴于新农村社区建设工作刚刚起步，农村社区体育专门政策法规较少，加大农村社区体育立法工作力度，健全和完善农村社区体育政策法规体系，加强农村社区体育法制宣传，强化农村社区体育政策法规的执行和监督环节，是农村社区体育内共生发展的必然要求。

（4）农村社区体育组织规章制度。它是农村社区体育组织制定的组织体育活动开展过程和进行体育管理的规则和制度的总和，是农村社区体育组织成员必须遵守的行为准则。农村社区居民的体育共生行为往往以社区体育组织为中介和桥梁而满足居民自我体育实现的需求，农村社区居民的体育共生行为和社区体育组织的体育共生行为均要遵守组织的规章制度，同时组织规章制度也是维护本组织及其成员分享社区体育资源某些权利的重要保障。农村社区体育组织类型不同，其规章制度的内容也不一样，但均对本组织成员具有约束、引导和规范作用，对组织外居民则不具备上述作用，是体育组织内部规则。为发挥农村社区体育组织的桥梁和纽带作用，更好地承担农村社区体育的组织职能，保障农村社区体育组织的合法权益，实现农村社区体育共生资源的合理分享，健全和完善农村社区体育组织的规章制度，固化农村社区体育组织结构，增强组织成员之间的关联性是非常必要的。

（5）农村社区建设其他政策法规中的体育规定。它是新农村社区建设对农村社区体育服务、农村社区体育资源、农村社区体育开展等方面的要求和规定。如《民政部关于开展“农村社区建设实验全覆盖”创建活动的通知》《民政部印发〈全国农村社区建设实验县（市、区）工作实施方案〉》，出台了《“全国农村社区建设实验全覆盖示范单位”自荐材料》、《全国和谐社区建设示范单位指导标准（试行）》以及地方新农村社区建设的相关政策法规，其中大多数政策法规中都将农村社区体育与农村社区文化作为一项内容作出具体规定，明确了农村社区体育在新农村社区建设中的地位和作用，制定了农村社区建设评估标准和调查问卷，其中包含了农村社区体育的内容，虽然内容比重不高，但已经看出农村社区体育是新农村社区建设的重要内容和任务之一，为农村社区体育在新农村社区建设的背景下如何发展指明了方向。

（6）农村社区体育项目规则。它是农村社区居民基本的体育行为准则和规范，对农村社区居民体育行为具有普遍的约束、指导和规范作用。之所以在体育项目规则前加上农村社区，是因为农村社区体育项目规则有可能照搬标准的体育项目规则，也可能是标准体育项目规则的简单化。所谓标准体育项目规则的简单化是指根据农村社区居民实际的运动能力和对项目知识技能的掌握程度，对标准体育项目规则进行内容的简化处理、难度的降低化处理、标准的宽松化处理，以适应农村社区居民的体育实践活动。农村社区体育项目种类繁多，与之相对应的不同体育项目的规则也不同，但项目规则对所有从事本项目活动的社区居民和体育组织具有普遍的约束、指导和规范作用。农村社区体育项目规则能够保障社区体育主体在某一具体项目规则面前的平等性，其共生关系也是平等的，对共生资源的分享和使用也是平等的，共生主体满足自己体育自我实现的机会也是平等的，是农村社区体育合理内共生关系建立的重要保障。

（7）农村社区风俗、习惯、道德、宗教、信仰等虽然对农村社区体育共生主体的共生实践不具备强制性的约束力，但都是内化于心、潜移默化地对农村社区居民体育共生行为选择进行约束、引导的隐性规范。农村社区居民的任何行为、社会实践都要尊重风俗、按照日常习惯、遵循公共道德、不违背自己的宗教和信仰，在特殊情况下，这种隐性规范对农村社区居民体育共生实践的约束强度要大于体育政策法规的强制约束力，效果会更好。农村社区风俗、习惯、道德、宗教、信仰等促进农村社区居民体育行为参与，起到号召动员作用。如在传统节庆日举办综合性的社区体育活动、比赛或展演，会组织众多的农村社区居民积极参与，很多少数民族传统的节庆日都有类似的体育活动，实际上是鼓励农村社区居民和社区体育组织积极参与体育活动，积极参与体育竞争并在竞争中相互协作，形成农村社区体育合理的内共生关系，推动农村社区体育的共生发展。

二　新农村社区体育发展的外共生体系构建

新农村社区体育发展的外共生体系是将农村社区体育作为一个系统，农村社区体育与新农村社区建设各子系统作为共生主体，彼此之间形成相互依存、相辅相成共生关系所构成的共生体系。根据社会共生理论，结合农村社区体育发展与新农村社区建设各子系统之间的相互作用情况以及共生资源的利用情况，农村社区体育发展的外共生体系属于多主体间资源交换型体育共生关系，结构如图 4－4 所示。

（一）农村社区体育发展外共生体系结构及图解

农村社区体育是指作为研究对象的农村社区体育发展共生系统，其与新农村社区建设其他子系统间的共生关系如何对农村社区体育和新农村社区建设和谐共生发展有着至关重要的影响。其中，农村社区基础设施建设是指农村社区的生产生活基础设施建设，为新农村社区体育发展提供坚实的物质基础和良好的物质环境，是农村社区体育共生发展的重要支撑；农村社区组织建设是农村社区建设的基础，主要包括社区基层党组织、社区自治组织和社区民间组织建设，为农村社区体育组织建设提供宽松的组织环境；农村社区公共服务建设是促进农村社区生

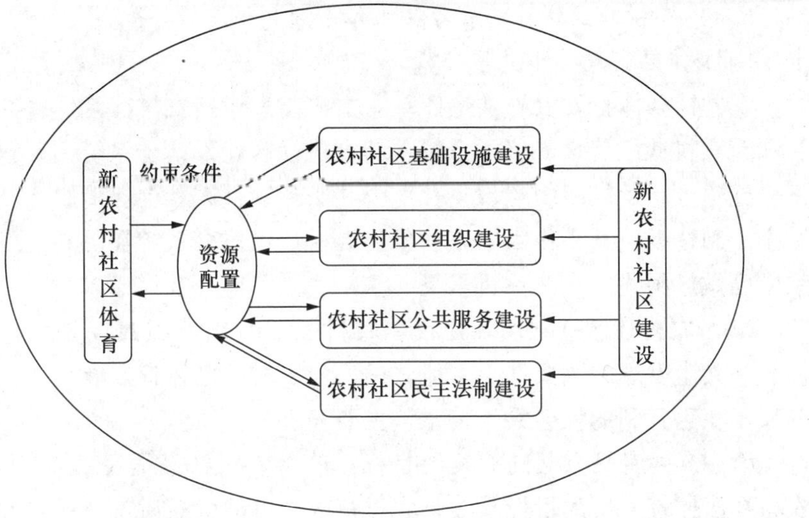

图4－4　农村社区体育外共生发展体系结构

产、改善农村社区生活的重要保障，推动了农村社区体育公共服务的发展；农村社区民主法制建设是农村社区居民政治、社会独立主体地位的重要保障，为农村社区体育共生发展提供共生规范。离开共生主体的“→”表示农村社区体育系统与新农村社区建设各子系统作为外共生主体需承担支付资源的义务，趋向主体的“←”表示农村社区体育系统与新农村社区建设各子系统作为外共生主体获得对资源的某些权利；资源配置系统是指参与农村社区体育与新农村社区建设诸子系统之间资源配置的诸要素及其相互联系、相互作用共同完成体育共生资源在不同方向上，具有不同规模和数量的分布功能的系统，能够实现农村社区体育资源充分利用和合理分享，改善和优化农村社区体育主体的共生关系。至于如何实现农村社区体育与新农村社区建设诸子系统之间对体育资源的交换，要视交换的环境、共生主体的需求量和需求的程度，遵循广义的等价交换原则。约束条件是指农村社区体育的相关政策法规、农村社区体育与新农村社区建设诸子系统的约定或协议、上级主管部门的协调机制、农村社区的风俗、习惯、道德、信仰、宗教等对农村社区体育与新农村社区建设诸子系统间的体育共生实践起约束、引导和规范作用的各种明确的行为标准和内在的心理、情感约束。

（二）农村社区体育发展外共生体系分析

1. 主体要素及共生关系分析

农村社区体育发展外共生体系的主体要素包括农村社区体育系统本身和新农村社区建设的诸子系统，新农村社区建设诸子系统主要包括基础设施建设、社区组织建设、社区公共服务、社区社会保障服务和社区民主法制建设。其中作为研究对象的农村社区体育系统在内共生发展体系中已做过阐述，在此不再重复。

（1）农村社区基础设施建设。农村社区基础设施建设是农村社区体育外共生发展的重要共生主体之一，与农村社区体育发展存在着相互依存、互惠互利的社会共生关系。主要表现为：

第一，两者具有共同的发展目标：改善农村社区居民的生活质量。农村社区体育发展的目标是改善农村社区居民的生活质量，促进农村社区居民的全面发展。新农村社区基础设施建设的目标是搞好农业生产、促进农民增收、改善生活环境，归根结底也是为了提高农民的生活质量。新农村社区体育发展与农村社区基础设施建设因目标的一致性而在实施过程中为满足农村社区居民的共同需求必然形成密切的共生关系。

第二，新农村社区体育发展与农村社区基础设施建设拥有对方需要的共生资源。农村社区体育可以为农村社区基础设施建设提供高素质人力资源和基础设施建设的信息资源。农村社区基础设施建设、规划应以农村社区居民为主体，需要高素质人才队伍完成，而农村社区体育的发展对于提高农村社区居民的综合素质具有重要作用，可以为农村社区基础设施建设提供高素质的人力资源库。生活基础设施农村社区基础设施建设中占有非常重要的地位，而生活基础设施建设中必然包括文体娱乐基础设施，文体娱乐基础设施建设均有其建设的具体标准和要求，而体育场地设施建设的标准和要求需要农村社区体育系统根据社区居民的体育需求和自身发展目标来提供，因此，农村社区体育发展可以为农村基础设施建设提供文体娱乐基础设施建设所需的信息资源。农村社区基础设施建设可以为农村社区体育发展提供必要的综合配套条件和支撑，农村社区基础设施建设规划中不仅有农村社区体育需要的体育场地设施等物质基础，还提供交通、水电、供暖、环保等综合配套条件，保障农村社区体育的正常开展。

第三，新农村社区体育和农村社区基础设施建设在工作内容上存在着交叉。农村社区体育共生资源中的体育场地设施配置其实是农村社区基础设施建设内容的重要组成部分，而农村社区基础设施建设也为农村社区体育发展提供了必需的物质共生资源和综合配套条件。农村社区体育可以借新农村社区建设对加强基础设施规划的契机，强化体育场地设施资源的配置，以满足农村社区居民多元化的体育与健康需求。农村社区基础设施建设则借农村社区体育迅速发展契机，强化农村社区文体娱乐设施的建设，充实农村社区基础设施建设的内容。

总之，新农村社区体育与农村社区基础设施建设存在密切的共生关系，没有农村社区体育的发展，农村基础设施建设的文体娱乐设施将因缺乏必要的建设参考标准和规范而无从进行，甚至造成文体娱乐设施的缺失，农村社区基础设施建设将是不完整的；没有农村社区基础设施建设，农村社区体育发展将失去物质资源以及综合配套条件的支撑，其共生发展将成为空谈，因此，两者之间存在着密不可分、相互依存的互利共生关系。

（2）农村社区组织建设。农村社区组织建设是农村社区体育发展的外共生主体之一。农村社区体育参与主体是全体社区居民，自然也包括各个社区组织的成员在内。农村社区组织的体育伸展属性和农村社区体育组织化发展属性相互交融，二者之间形成了密不可分的共生关系。农村社区组织成员来源于农村社区全体居民，每个农村社区居民都有体育属性的伸展，产生体育需求，农村社区组织成员个体体育属性的伸展综合构成了社区组织的体育伸展，生成农村社区组织的体育需求，需要通过农村社区体育发展的平台获取各类体育资源，以满足农村社区组织的体育需求；农村社区体育组织是新农村社区组织不可或缺的组成部分，社区体育组织的建设也健全了农村社区组织体系，是对农村社区组织建设内容的重要补充；农村社区体育发展中激发和培育的农村社区居民的社会参与意识和能力，也是农村社区组织的保持旺盛生命力和发展动力的根本所在，对于提升农村社区组织的凝聚力和组织效能具有积极的作用。

农村社区组织建设中包含农村社区体育组织的建设内容，农村社区体育组织是农村社区体育内共生发展的主体之一，也是农村社区体育活动开展的重要载体，农村社区组织建设一方面为农村社区体育组织建设提供组织构建的指导思想、原则、准则和规范，另一方面本身的体育职能机构也对农村社区体育组织的运行起到支持和帮助作用，直接推动了农村社区体育组织的建设，为农村社区体育内共生主体的培育做出贡献；农村社区组织体育属性的伸展还为农村社区体育发展提供必要的经费支持；农村社区组织建设中基层党组织和农村社区自治组织在社区体育的开展和管理中起着主导作用，对于推动农村社区体育的发展起着至关重要的作用。因此，农村社区组织建设和农村社区体育系统间存在着资源互补、内容交叉，彼此相互依存、相互促进的共生关系，两者之间的协调发展是农村社区体育共生发展实现的前提和基础。

（3）农村社区公共服务建设。农村社区公共服务包括基础教育服务、科技信息服务、社会治安服务、医疗保健服务、文化体育服务和社会保障服务，这些与农村社区体育发展都有相辅相成的联系，因此，农村社区公共服务与农村社区体育发展的共生关系也非常密切。

第一，农村社区基础教育服务。农村社区基础教育服务的普及，能够为社区体育提供开放的体育教育资源，使农村社区居民能够从小接受体育教育，养成积极的体育参与意识，掌握扎实的体育参与知识技能，培养其体育参与的意识和能力，为农村社区居民的终身体育意识和习惯的养成打下基础；农村社区体育发展丰富了农村社区基础教育服务的内容和体系，农村体育发展对社区基础体育教育提出了更高的要求，使农村基础体育教育在社区基础教育中的地位进一步提高，农村社区基础体育教育资源配置进一步加强，从而对农村社区基础教育服务质量的提高和农村基础教育的全面发展具有积极的促进作用。农村社区体育与农村社区基础教育之间存在着互融互动、相辅相成的共生关系。

第二，农村社区科技信息服务。农村社区科技信息服务不仅仅局限于提供农业生产经营的科技信息资源，也为农村社区体育共生发展配备了提供体育信息资源的技术、仪器、手段和人员，提供大量的体育信息资源，诸如体育常识、体育健身知识和技能、体育健身项目推介，等等，对于提升农村社区居民的体育科学素养有着极大的推动作用，有利于农村社区居民加深对体育的认识、转变对体育的态度，增强体育参与的意识和能力，积极参与社区体育活动，从而增加农村社区体育发展的动力和活力；农村社区体育发展开拓了社区科技信息服务的范围，增加了农村社区科技信息服务的市场需求，通过提高农村社区居民的综合素质来增强其对社区科技信息服务的依赖和渴求程度以及接受能力，从而成为刺激农村社区科技信息服务的发展动力，进而获取更多、更广泛的信息服务效益。农村社区体育与农村社区科技信息服务存在着相互促进的共生关系。

第三，农村社区治安服务。农村社区治安服务能够为社区体育的共生发展提供安定、有序、祥和的社会环境，使农村社区居民参与体育活动过程中有较强的安全感，增加农村社区居民体育参与过程的愉悦体验和幸福感，使社区居民体育参与的兴趣更浓、积极性更高，为农村社区体育活动开展营造良好氛围和环境平台，有利于农村社区体育的和谐、健康发展；农村社区体育有利于提高社区居民的综合素质，有助于帮助社区居民树立文明、科学的生活方式，增加社区居民的沟通和交流，消除冷漠和敌视，化解居民之间的冲突和矛盾；同时为农村社区居民提供一种安全、合理、合法的情绪宣泄渠道，可以改善农村社区居民的人际关系，降低农村社区的犯罪率，从而间接地维护了农村社区的治安和稳定。因此，农村社区体育与农村社区治安服务存在着相互依赖、互惠互利的共生关系。

第四，农村社区医疗保健服务。农村社区医疗保健服务和社区体育发展都是为了农村社区居民的身心健康。农村社区医疗保健服务内容包括医疗保健设施的供给和保养、农村新型合作医疗、常见病多发病医治、卫生防疫、计划生育和大病医疗统筹等。其中医疗保健除了能防病治病之外，还能起到对农村社区居民体质监测的部分作用，因此医疗保健部门应该和农村社区体育组织密切合作，利用医疗保健设施的优势资源，对农村社区居民的体质状况进行定期监测，建立社区居民体质健康数据库，为农村社区居民健身项目选择、健身时间、频度和强度的合理安排提供参考依据，使农村社区居民能够科学地参与社区体育活动，增强体质、增进健康。另外，农村社区体育的参与必须以身体健康、没有疾病为前提，因此农村社区医疗保健服务通过对疾病的预防和诊治，能够使农村社区居民摆脱疾病、保持健康，为积极参与社区体育活动提供身体保障，农村社区医疗保健服务对农村社区体育发展起到辅助和保障作用。农村社区体育发展可以增强社区居民的体质、预防疾病、增进健康，起到减少疾病发生率，减轻社区医疗保健服务负担的作用。另外，农村社区居民可以根据保健专家开出的运动处方，通过在保健专家的指导下参与体育锻炼起到身体康复和保健作用，从这个意义上讲，农村社区体育发展对社区医疗保健服务能够起到辅助作用。总之，农村社区体育与农村社区医疗保健服务存在着目标一致性，彼此之间存在着相辅相成的共生关系。

第五，农村社区文化体育服务。农村社区文化体育服务包括文体活动设施和场地供给和维护保养，组织农民开展文化娱乐体育活动，开展精神文明建设，传播科学技术知识，满足农民的精神文化需求。农村社区文化体育服务为农村社区体育发展提供所需要的公共体育场地设施资源、公共活动体育项目和内容资源，最大限度地满足农村社区居民的公共体育需求，使农村社区居民最大限度地参与体育活动，农村社区公共体育服务是农村社区体育发展的核心和主体部分；农村社区体育发展使体育生活方式成为社区居民余暇时间的主要支配方式，农村社区体育活动逐渐由农村社区居民的强身健体的单一目的转变为体育健身、休闲和娱乐等多元目的，成为社区居民文娱活动的主要形式，并且农村社区体育活动开展中往往包含其他文化、娱乐元素，对农村社区文化娱乐活动起到带动作用，从而促进农村社区文化体育服务的建设。因此，农村社区体育与农村社区文化体育服务存在着你中有我、我中有你的相互依存、互惠互利的共生关系。

此外，农村社区体育发展与农村社区环境卫生服务、社会保障服务建设存在着密切的共生关系。农村社区环境卫生服务为社区体育活动的开展提供了整洁、卫生、优美的环境平台，农村社区居民在整洁、卫生、优美的环境中参与体育活动，会有一种清新感、舒适感和愉悦感，更有利于身心健康，因而农村社区居民参与社区体育的积极性更高，更有利于农村社区体育的积极开展；农村社区体育发展对农村社区环境卫生会提出更高的要求，农村社区居民在体育健身、休闲和娱乐过程中会意识到环境卫生的重要性，环保意识进一步增强，就会自觉保持环境卫生、对污染环境、破坏环境卫生的行为予以批评、谴责、制止，从行动上支持农村社区环境卫生服务建设。农村社区社会保障服务建设能够改善农村社区居民中边缘群体，特别是弱势群体的生活环境和生活条件，解决其生活的后顾之忧，扫除了这部分群体参与社区体育活动的障碍，使农村社区体育参与主体更加广泛，全民参与程度越来越高，有利于农村社区体育的发展；农村社区体育可以根据社区的边缘群体、弱势群体生活需求提供必需的文化体育资源，有利于改善农村社区边缘、弱势群体的生活质量，而保证农村社区边缘、弱势群体的生活质量也是农村社区社会保障服务的主要任务之一，因此，农村社区体育的发展对农村社区社会保障服务是一种有益的补充。

（4）农村社区民主法制建设。农村社区民主建设为社区体育发展提供社会公平、权利平等、社会参与、自主管理等民主文化资源，有利于农村社区居民体育权利意识、社会主体意识、体育参与意识的养成，这都是农村社区体育发展所依赖的民主氛围和文化土壤，也是农村社区体育发展充满动力和活力的源泉；农村社区法制建设为社区体育发展提供了政策和法律、法规资源，保障了农村社区居民的体育权和健康权，对农村社区体育发展起到规范、引导和约束作用。农村社区居民通过参与社区体育活动促进了参与、公平、竞争、主体等意识的觉醒，而这些也是农村社区民主建设过程中居民素质中最为缺乏的元素，是农村社区民主选举、民主决策、民主监督等民主制度建设的“瓶颈”所在，农村社区体育发展则有助于社区民主建设突破制约“瓶颈”，踏上新的台阶；另外农村社区居民通过参与社区体育还能够养成遵守规则的行为和习惯，而这种行为和习惯将迁移到农村社区居民的民主、政治、社会生活中去，有利于农村社区法制建设守法、执法环节的建设，推动农村社区法制建设的进程。因此，农村社区体育发展与农村社区民主法制建设存在着相互促进的共生关系。

总之，农村社区体育发展与农村社区建设的其他子系统之间存在着相互依存、相互补充、互惠互利的共生关系。

2. 资源配置系统

资源配置系统由资源供给主体、需求主体和配置方式三部分构成如图4－5所示。资源供给主体包括县（市）级政府及其农业、民政、体育行政部门、基层社团和各级各类企业；需求主体包括以农村社区体育系统为核心的农村社区建设的各子系统；体育资源主要包括人力、物力、财力、信息等资源，配置方式主要有市场配置、政府制度配置和社会文化配置三种。

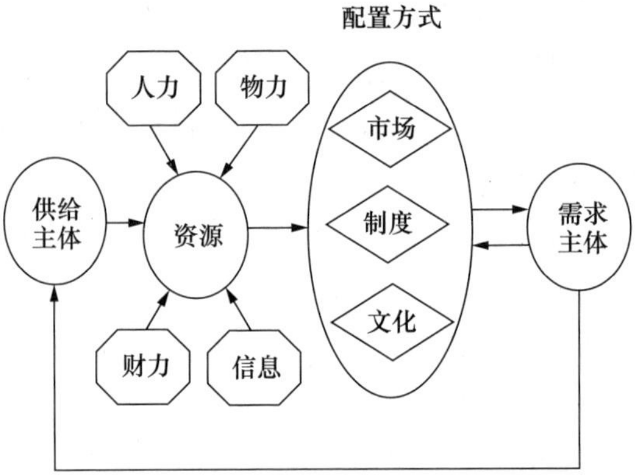

图4－5　农村社区体育外共生发展体系的资源配置系统

（1）供给主体中各级各类企业负责物质资源的生产和制造，主要为农村社区体育提供物质资源；县级政府及其农业、民政和体育部门以及基层社团负责人力资源开发和管理、财力资源投入和支出、信息资源的供给与传播以及物质资源的购置和分配。供给主体在社区资源配置过程中要科学统筹、合理规划，充分考虑到农村社区体育发展的需求，同时兼顾农村社区建设其他子系统的需求，掌握农村社区体育与农村社区建设其他子系统的发展需求变化的动态，遵循效益最大化原则，加大农村社区体育资源的配置力度，注重发挥农村社区体育资源综合化、多元化功能，以满足包括农村社区体育在内的新农村社区建设的多元化需求，实现农村社区资源的合理配置，避免社区资源配置的重复化和单一化，以达到农村社区资源配置效益的最大化。

（2）本书因突出农村社区体育与新农村社区建设子系统之间的共生发展，故农村社区资源以农村社区体育资源为核心和主体，社区体育资源的内容与农村社区体育内共生发展体系相同，此处不再重复。

（3）社区体育资源的配置方式一般有市场配置、政府制度配置和社会文化配置三种。根据农村社区体育发展的实际情况，目前我国农村体育健身、休闲娱乐市场尚不健全和成熟，资源配置方式中市场配置仅限于各级各类企业对农村社区体育资源的配置。因为农村社区体育资源大多属于公共产品，而目前我国公共产品仍然以政府购买为主，因此，在体育资源市场配置中，企业作为资源配置市场的卖方主体，县级政府和农业、民政和体育部门以及基层社团作为买方主体，将企业提供的体育物质资源作为商品，按照市场价格机制对资源要素进行调控。

农村社区体育共生资源配置方式以政府制度配置为主，社会文化配置为辅。县级政府和农业、民政、体育部门通过制定政策、法规和制度等规范性文件，对社区体育资源配置进行规划、分配，加大对农村社区体育资源配置扶持和保障力度，确保农村社区体育资源高标准、高质量的分配到位；通过制度配置明确政府资源配置的导向，传递政府体育资源调配的信号，采取优惠政策鼓励体育资源流向农村，激发农村社区居民体育参与的热情，提高农村社区体育资源的利用效率，促进农村社区体育发展；通过健全规范性、准则性文件，对农村社区体育资源的利用进行引导和规范，促进农村社区体育资源的合理利用；发挥政策、法规、制度的调节功能，明确体育资源供给主体的分工和协作，确定农村社区体育资源配置的数量、种类以及资源使用的权利和义务，达到互通有无、综合利用的目的；将农村社区体育资源配置纳入农村社区资源配置的总体规划中去，注重农村社区资源的整体性和综合配套性，使农村社区体育资源既能够服务于农村社区体育发展，也能够服务于新农村社区建设的整体要求。

社会文化配置主要针对体育资源供给主体中的基层社团而言。社会文化对社区体育资源的配置是一种隐性的、内在的软约束，对体育社团的资源配置行为产生潜移默化影响；社会文化像一种内在的、既定的社会规则，对社团的资源配置行为起强制性约束作用。在受传统文化影响较深的农村社区，社会文化配置对体育资源的开发走向有时起着决定性的支配作用，尤其是对于那些非正式性的社团和群体，体育资源配置基本依靠社会文化公认的约定、原则进行，社会文化资源配置方式对农村社区体育资源配置作用不可忽视。

总之，农村社区体育资源的配置机制是市场配置、政府制度配置和社会文化配置相结合共同作用的结果。目前农村体育市场尚不成熟，体育资源的配置以政府制度配置为主，市场配置和社会文化配置为辅。政府制度资源配置方式应遵循农村体育资源市场规律、尊重农村社会文化，才能达到有效的资源配置。而市场配置和社会文化配置则是对政府制度配置方式的有益补充，并且随着农村体育健身、休闲、娱乐市场的发展，市场配置必将取代政府制度和社会文化配置方式，成为体育资源配置的核心方式。

（4）资源需求主体即农村社区体育及农村社区建设其他子系统，包括农村社区基础设施建设、农村社区组织建设、农村社区公共服务建设、农村社区民主法制建设。在社区资源供给主体提供社区资源总量一定的情况下，通过政府制度配置、市场配置和社会文化配置共同作用下，向农村社区体育及其新农村社区建设系统分配一定数量和种类的以社区体育资源为核心和主体的综合配套资源，最大限度地满足农村社区体育外共生发展主体的体育与健康需求，是资源配置系统的最终目标。

社区资源需求主体是资源配置的终端环节，从本书研究的视角出发，农村社区体育外共生发展体系中资源配置系统的需求主体是农村社区体育及新农村社区建设其他子系统。农村社区体育及农村社区建设子系统通过资源配置获得一定数量和种类的综合配套资源或对资源的某些权利，但是，具体到某个社区而言，依然存在着体育资源相对不足的问题，制约着本社区内体育的发展。根据社会共生理论，农村社区体育和农村社区建设其他子系统的资源配置客体虽然均能获取到一定综合配套资源或者对资源的某些权利，但不同社区资源的配置不尽相同，因此为最大限度地满足农村社区体育发展对体育资源的需求，资源需求主体获取综合配套资源后会再次通过资源配置机制，形成彼此之间资源的再配置，即农村社区体育与农村社区建设其他子系统间综合配套资源的交换与共享。农村社区体育与农村社区建设其他子系统之间因彼此交流和互动，实现体育资源的交换与共享，可以优势互补，互通有无，彼此之间形成既竞争又协作的共生关系。

3. 约束条件

农村社区体育发展外共生体系的约束条件绝大部分与农村社区体育发展内共生体系的约束条件相同，也就是除社区范围内的政策法规体系以及社会风俗、习惯、道德、宗教、信仰等约束条件之外，其他政策法规体系、体育项目规则以及农村社区与周围环境所公认的社会风俗、习惯、道德、宗教、信仰等都是相同的，在此不再复述。除上述约束条件之外，对农村社区体育外共生关系起约束作用的还有农村社区体育与农村社区建设子系统之间的约定、协议等，这种约定、协议可能是口头的，也可能是书面的，还可能是历史形成的约定俗成。这些约定、协议规定了彼此从对方那里获取体育资源或对对方体育资源的某些权利以及自己向对方提供的体育资源或赋予对方对己方体育资源的某些权利，以及在共同参加上级举办的体育活动和比赛中如何联合与协作等共同认可内容，对农村社区体育与周围环境主体之间共生关系的形成和优化起到引导、规范和保护作用。

第四节　新农村社区体育共生发展对策

新农村社区体育共生发展模式的构建最终要解决的根本问题是如何通过健全农村社区体育发展的内外共生体系、构建合理的内外共生关系促进农村社区体育的和谐、共生、持续、健康的发展，以增强农村社区居民的体质、增进居民健康，提高社区居民的生活质量，为我国新农村社区建设和农村全民健身事业做出突出贡献。因此，以社会共生理论、公民社会理论、新农村社区建设理论等为理论指导，以新农村社区建设示范单位农村社区体育共生发展现状和存在的问题为实践依据，以健全农村社区体育发展的共生要素、构建和完善农村社区体育发展的内外共生体系、建立农村社区体育发展合理的共生关系为主旨，提出农村社区体育共生发展的对策是本书研究的逻辑终点。

一　突破传统发展观念，树立农村社区体育共生发展观

体育是现代人类社会的一种重要的生活方式，无论是自己作为独立的社会文化系统，其内部共生主体之间；还是作为社会的一个子系统，其与社会其他子系统之间，均存在着千丝万缕的联系。随着体育现象扩大化、复杂化趋势的进一步发展，其对社会的影响和渗透将无处不在、无时不在，这种联系将更加广泛和密切。体育系统内部参与主体之间的相互依存、相互作用，以及体育系统与其他社会子系统之间的日益密切的社会关系，就是一种典型的共生，我们可称之为体育共生关系。体育共生是体育系统的基本存在和发展方式，在各种体育现象或体育行为中普遍存在，因此，体育发展是一种共生发展，遵循社会共生规律。

农村社区体育是在新农村社区建设的新形势下农村体育事业发展的新形态。农村社区体育作为我国群众体育事业的重要组成部分，在其体育实践活动中必然存在着共生现象，农村社区居民和农村社区体育组织在其共同的体育行为过程中，必然建立起各种各样的共生关系，并在社区居民和社区体育组织体育需求的不断变化中维系和演变。同时，体育

共生也存在于农村社区体育与其周围环境主体之间，社区体育与新农村社区建设各子系统间因对环境和资源的共同获取和分享，彼此的相互依存和相互作用共生关系。因此，农村社区体育的发展是一种农村社区体育系统内部诸要素之间内共生及其与新农村社区建设各子系统之间外共生共同形成的共生发展。

我国农村体育发展始终处于一种孤立、封闭、分散和无秩序的状态，农民的体育参与也多以个人或家庭的形式为常态，农村社区体育的开展处于无组织的自发状态，人与人之间缺乏交流与互动，彼此之间的连带作用非常弱，属于相互隔离、闭门自娱的发展模式。传统的农村体育发展观念认为：农村发展应以经济发展为中心，体育是经济发展的附属品，先发展经济后开展体育；体育活动是脑力劳动者锻炼的方式，农民以从事体力劳动为主，身体很强健，除了老年人，其他人不需要从事体育活动；体育健身是个人的事情，不需专门组织；农村社区体育和城市社区体育各自发展，不需要交流和互动；等等，严重制约了我国农村社区体育的发展，导致我国农村社区体育长期以来处于严重滞后状态，不少村落缺乏体育场地设施，或者为数不多的体育场地设施被闲置，农村体育活动处于散乱、无序的状态，与城市体育的差距非常明显，农民的健康问题不容乐观。

树立农村社区体育共生发展观，就是要将农村社区体育看作我国社会体育事业不可或缺的组成部分，农村社区体育与新农村社区建设之间存在着相互依存、互惠互利的共生关系；同时农村社区体育系统内部的主体要素即农村社区居民和农村社区体育组织之间也存在竞争与协作并存的共生关系。需要从共生论的视角看待农村社区体育的发展，从农村社区体育的内、外共生关系出发去探讨其发展的机制，以构建合理的内外共生关系、充分发挥竞争与协作的共生机制来促进农村社区体育的发展，实现农村社区体育自身及其与新农村社区建设间的和谐共生发展。

二　培育农村社区体育共生主体

农村社区体育共生主体这里主要是指内共生主体，即农村社区居民中具有体育行为特征的人和农村社区体育组织。通过山东省农村社区体育的实证调查发现，农村社区体育内共生主体存在的普遍问题是：农村社区居民具有体育行为特征的人口比例少，尤其是达到体育人口标准的比例更少；农村社区体育组织数量少，类型单一；其他农村社区组织的体育职能机构形同虚设，无法履行本组织的体育组织职能。农村社区体育发展的内共生关系发生在共生主体之间，共生主体匮乏，共生关系就无法形成，农村社区体育的共生发展就成为空谈。因此，培育农村社区体育共生主体是农村社区体育共生发展的首要前提。

（一）培养农村社区居民体育参与意识和能力，增加社区体育人口数量和比例

农村社区居民的体育科学素养主要包括农村社区居民的健康意识、体育态度、价值观念和体育知识、技能。农村社区居民的体育行为特征取决于其体育科学素养的高低，尤其是要具有持续、稳定的体育行为特征，达到体育人口标准，需要有较高的体育科学素养。因此，农村社区居民的体育科学素养较低是制约农村社区居民体育的“瓶颈”，也是大力发展农村社区体育人口的关键环节。

1. 普及农村社区健康教育，强化农村社区居民的健康意识

农民综合素质的提高是新农村社区建设的战略目标之一，大力发展农村社区教育已经成为提高农村社区居民综合素质的普遍举措。农村社区教育是指以乡、镇、村为地域的，将学校教育、家庭教育和社会教育融为一体，与社区经济发展和社会进步紧密结合，为促进社区青少年学生全面发展和提高社区全体成员的整体素质而进行的一种“大教育”体系。当前农村社区教育的内容主要包括扫盲教育、富民教育、农村职业技能教育、卫生健康教育和提高生活质量教育。其中农民的卫生保健教育和提高生活质量教育作为农村社区教育的重要内容，均含有居民健康宣传和教育的内容。因此，普及农村社区健康宣传和教育要充分利用农村社区教育的平台，强化农村社区居民的健康意识，增强居民获取健康干预手段的能力，是提高农村社区居民体育科学素养的重要途径。

（1）充分认识健康教育的重要性，搞好农村社区健康教育志愿者队伍建设。基层乡镇政府要充分认识到社区健康教育的重要性，对社区健康教育给予大力支持，以乡镇综合文化站牵头和协调，农村学校体育和医疗卫生部门密切配合，在乡镇医疗卫生系统和农村学校体育教师以及社区居民离退休人员中选出综合素质较高、自愿为农村社区健康教育义务服务的人员，组成一支志愿者队伍。建立志愿者队伍成员定期、轮换接受培训制度，对在社区健康教育中表现优异的人员要给予适当奖励，并将其表现作为所在单位的工作业绩考核的评价指标之一，以激发

志愿者队伍从事社区健康教育工作的积极性。

（2）树立基层服务意识，推动农村社区健康教育规模化和常态化。农村社区健康教育面向基层社区所有成员，农村社区因地域分散、居民素质相对较低、基础条件差等原因，社区健康教育志愿者在社区健康宣传和教育过程中会遇到各种困难，因此，农村社区健康教育志愿者队伍必须树立基层服务意识，在工作中发扬吃苦耐劳的奉献精神，深入农村社区开展健康宣传和教育。为使农村社区健康教育普及程度更高，促进农村社区健康教育规模化和常态化，在乡镇政府以及综合文化站指导下，各农村社区建立健康教育制度，定期举办农村社区健康宣传和教育活动，乡镇综合文化站可以制定各农村社区健康教育工作轮换制度，以协调各农村社区健康教育的竞争与冲突。各农村社区要组织好健康宣传和教育的组织工作，社区领导班子带头，发挥农村社区精英的动员和号召作用，组织社区居民接受健康教育。农村社区以学校和社区服务中心为主阵地，提供农村社区健康教育的场所，利用晚上、周末、假期、农闲及传统节庆日时段，搞好健康宣传，对农村社区居民进行健康教育。

（3）农村社区健康教育内容应突出膳食结构与体育锻炼的健康价值。农村社区健康教育应结合农村社区居民现有的生活习惯和方式，针对居民常见疾病、不良生活习惯和亚健康的生活状态，以疾病预防和健康促进为出发点，以着力于构建农村社区居民的健康生活方式为目标，突出合理的膳食结构和实施科学锻炼相结合的主要内容，将体育与健康密切结合起来，使居民充分认识到体育对健康的积极干预的重要性，了解体育的健身、休闲和娱乐功效和价值，使农村社区居民因关注健康而关注体育参与，因健康意识的增强而重视体育参与，形成强烈而稳定的体育意识。

（4）培养农村社区居民的公民意识，促进其健康权利和义务意识的觉醒。农村社区居民公民意识中最重要的是平等和自由意识、参与意识、权利和义务意识。随着新农村社区建设进一步发展，村民自治制度越来越深入人心。村民自治制度不仅是农村社区民主政治制度的伟大创新，也是农村社区公民社会到来的重要标志。在村民自治制度的影响下，农村社区居民的公民意识越来越强，权利和义务意识、平等和自由意识、社会参与意识逐渐内化于心，对农村社区居民的社会生后产生长久和深刻的影响，为适应新农村社区建设中民主法制建设内容的需要，农村社区教育要注重农村社区居民公民意识的培养。公民意识的觉醒，使农村社区居民在体育与健康意识形成过程中，逐渐认识健康是自己应该享受到的基本权利，同时保持健康也是自己在减轻社会负担、为社会多做贡献方面的义务；同时作为社会参与一种的社区体育参与也是农村社区居民的权利和义务之一，是社区居民义不容辞的义务和必须得到保障的基本权利。当农村社区居民将体育参与和增进健康当作权利维护的时候，其体育参与就处于自觉阶段了，成为具有稳定体育行为特征的社区体育主体也就不成问题了。

2. 加大体育宣传力度，培养农村社区居民的体育参与意识和需求

农村社区居民社区体育参与度低，一是由于健康意识薄弱，健康维权意识不强；二是接触体育信息的机会较少，接受的体育信息量也少，对体育的认知和了解也就少，从而导致居民体育意识薄弱，无法转化为体育需求。体育需求不强烈，体育参与动机就不强，农村社区居民的体育参与行为也就不会持续、稳定，也就无法成为农村社区体育的共生主体，因此培养农村居民的体育参与意识和需求是非常必要的。

（1）利用多种宣传媒介，向农村社区居民宣传体育的功能与价值。充分利用农村信息服务网络平台，借助互联网的体育板块和各体育行政部门的政府网站、有线电视和广播的体育频道和健身栏目、各种报纸杂志的体育版块以及体育类报纸杂志等媒体工具，向农村社区居民进行体育健身、休闲、娱乐等信息的全方位、综合性宣传。既要让社区居民通过观看高水平的竞技体育竞赛，感受体育竞争的精彩和魅力，获得积极的情感体验，从而有了模仿和参与的动机，又要通过典型的体育健身案例，向农村社区居民宣传体育健身的重要意义、推广形式多样、简单易行、兴趣盎然、喜闻乐见和适合不同年龄段农村社区居民参与的体育项目，从而使社区居民结合自己的身体状况产生体育参与的意识和需求。利用各种传播媒介，向农村社区居民宣传体育的功能和价值，使农村社区居民从认识体育到了解体育，到熟悉体育，再到喜欢体育，最后到迷恋体育，其体育意识和需求就会逐步变强，社区体育参与也就是自然而然的事情了。

（2）通过社区宣传栏，向农村社区居民进行体育健身宣传。农村社区宣传栏是最贴近社区居民的宣传工具，为使农村社区居民了解更多的体育信息，社区宣传栏中体育与健康宣传版块的内容应该适当增加或

者定期举办体育健身信息专栏。社区体育宣传栏的内容要丰富多彩，既有体育健身、休闲、娱乐的基本知识和技能，又有体育健身典型案例或现身说法，还应该有居民合理饮食卫生习惯的养成，从社区居民日常生活点滴抓起，以社区居民最关注的健康问题为重点，以体育锻炼与疾病预防为突破点，向农村社区居民灌输社区体育参与的重要性以及对自身健康的益处，逐步增强社区居民的体育意识和需求，引导居民养成良好的生活习惯和体育锻炼的习惯，促进其终身体育意识和习惯的培养。

（3）通过组织开展体育活动和比赛向农村社区居民进行体育参与宣传。农村社区体育活动和比赛是对社区居民进行体育参与宣传和鼓励的最直接、最有效方式。通过开展本社区体育活动和比赛，可以使农村社区居民亲身感受到体育的浓厚氛围，亲眼看到社区体育参与者健康的体魄、充满活力的精神面貌以及难以自抑的喜悦感，必然使旁观者有跃跃欲试的冲动和需求。通过为农村社区居民提供更高层次的展示平台，使其有了更多的自我表现的机会和场合，能够将自己平时科学健身和锻炼的成果充分展示出来。农村社区开展体育活动和比赛要充分利用传统的、重大的节庆日和农闲季节，活动内容要注重普适性，使社区全体成员都加入社区体育活动和比赛中，必要时可采取适当的强制要求所有社区成员均必须参与并对参与者予以适当的奖励；同时，通过其他宣传媒介对体育活动和比赛的宣传来吸引更多的社区居民加入其中。农村社区居民在体育实践中可以亲身体验中享受身体活动后的轻松、清爽以及竞争带来的成功感和愉悦感，从而进一步激发其体育参与的积极性和主动性，形成强烈的体育参与意识和需求，使体育参与成为其稳定的行为特征。

3. 加强社区体育健身指导，增强农村社区居民体育参与能力

农村社区居民有了体育参与的意识和需求，尚不足以形成稳定有效的体育行为实践，农村社区居民作为社区体育共生主体依然是不完整的。只有在强烈的体育参与意识和需求的支配下，以健全的体育参与能力为支撑，才能形成稳定的体育行为实践，农村社区体育共生主体才是完整的，才能保障农村社区体育的共生发展。因此，加强农村社区体育健身指导，增强居民社区体育参与能力，才能够增加农村社区体育人口的数量和比例，培养完整的农村社区体育共生主体。

（1）组织农村社区居民体质诊断和监测。农村社区居民体育参与

必须科学、适度，有利于居民的身心健康。因此，居民体育参与过程中运动负荷量、强度、持续时间、活动内容和方法等，必须跟农村社区居民身体的实际状况相适应，严格参照居民体质诊断和监测的结果，从这一角度来讲组织农村社区居民进行体质诊断和监测是非常必要的。经济发展水平较高、条件较好的农村社区要引进居民体质监测系统，定期对农村社区居民进行体质监测。不具备体质监测条件的，可以以乡镇为单位引进体质监测系统，建立农村社区居民体质轮换监测制度。条件更差一点的农村社区，要定期对农村社区居民进行体检，建立健康档案，作为农村社区居民社区体育参与的参考依据。通过健康体检和体质监测，使居民至少知道自己是否患有不宜运动的疾病，自己的体质适合参加多大强度的体育活动等基本知识，避免盲目、过度地体育参与现象出现。同时，通过体质监测还可以提供社区居民体育参与过程中体质变化的信息，使农村社区居民及时了解体育参与的积极成果，有利于更积极地投入到社区体育活动中去。居民体质诊断和监测要坚持公益性原则，对农村社区居民免费或少收费，可以借助农村学校体育教师和乡镇医疗卫生工作人员的力量组织居民进行体质诊断和监测，并详细记录在案。

（2）组织体育健身知识讲座。农村社区体育健身知识讲座可以采取外聘健身专家讲座和社区内具有体育健身知识特长的社会体育指导员、体育志愿者、体育骨干等讲座相结合的形式，对农村社区居民进行体育健身知识技能的讲授。体育健身知识技能讲座的受众要分批、分层次组织，将不同人群体质状况、兴趣爱好和运动能力等情况的不同，将青少年学生、老年人、妇女、青壮年等群体分开组织学习，使健身知识技能讲座更有针对性。体育健身知识技能讲座的内容除基本的健身知识技能外，还要注重新的体育健身项目的推介和民族、民俗体育项目的挖掘、推广。农村社区居民体育健身知识技能的掌握，是农村社区居民体育参与的重要依仗和必要条件，也是作为农村社区体育共生主体的必备素质，因此体育健身知识技能讲座要定期举行，形成制度。

（3）选派社会体育指导员。尽管农村社区居民通过体育健身知识技能讲座能够掌握必要的体育健身知识和技能，但体育健身知识技能讲座的内容均是共性的内容，具有一定程度的普适性，不能完全兼顾农村社区居民个体对体育健身知识技能的掌握情况及其自身的体质现状，在其社区体育参与过程中还会遇到困惑和不解，存在体育健身实践上的误区，因此，需要配备足够数量的农村社区社会体育指导员，并经常到体育健身站点现场指导。在现场指导的过程中社会体育指导员一定要树立服务意识，耐心、热情地回答居民健身的疑问，及时纠正居民健身过程中存在的误区，对居民的体育健身进行有针对性的指导，以提高农村社区居民体育参与行为的科学化。

（4）举办体育健身知识竞赛。农村社区居民体育科学素养的提高除外部条件之外，其自身内在条件即对体育健身知识技能学习的积极性和主动性也很重要。如果农村社区居民在体育健身知识技能讲座中流于形式，处处消极被动，就很难掌握必要的健身知识和技能，因此激发农村社区居民自觉学习的热情就非常重要。通过经常开展多种形式体育健身知识竞赛，营造浓郁的体育学习氛围，采取一定的奖励措施，激发农村社区居民体育学习的热情，将居民的体育学习由被动变为主动、由消极变为积极。

总之，农村社区居民因为对健康的关注，产生健康需求；因为认识到体育与健康的密切关系，形成体育参与意识和需求；体育参与需求要得到满足，需要有体育参与能力的支撑；农村社区体育健身指导是提升农村社区居民体育参与能力的基本途径；农村在体育参与意识和需求的驱动下，通过体育健身的主动学习、接受体育健身指导，获取必要的体育健身知识技能，积极投入到社区体育活动中去，使社区体育参与成为长期、稳定的行为实践，农村社区居民才真正成为农村社区体育的共生主体，农村社区体育共生发展才能最终实现。

（二）加强农村社区体育组织建设，健全农村社区体育组织体系

农村社区体育组织是农村社区体育内共生关系的另一主体，是农村社区居民体育参与的桥梁和载体，健全的农村社区体育组织体系和高效的社区体育组织职能，是农村社区体育和谐共生发展又一前提，因此，必须加强农村社区体育组织建设，健全社区体育组织体系，强化社区体育组织职能。

1. 加强县（市、区）体育行政部门领导，健全农村基层社区体育组织体系

由于当前我国农村社区体育的开展对政府依然有着较强的依赖性，因此加强县（市、区）体育行政部门对农村社区体育的领导，对于促

进农村社区体育共生发展具有十分重要的意义。县（市、区）体育行政有关部门负责全县城乡群众体育的领导和协调工作，其对农村社区体育工作的重视程度，直接影响农村社区体育组织的建设，因此，要加强县（市、区）体育行政部门对农村社区体育工作的领导，增加对农村社区体育的政策倾斜、经费投入、人力资源配置以促进农村社区体育的发展。

农村基层社区体育行政组织目前仅有乡镇综合文化站。健全农村基层体育行政机构实际上就是在乡镇普遍设立综合文化站，健全乡镇综合文化站组织机构，强化其体育活动的组织职能，保障乡镇文化站的工作内容中体育活动的开展占有相当的比例；为提高乡镇综合文化站的行政和社会地位，文化站领导可以由乡镇长或主管文体卫生教育工作的副职兼任；将乡镇综合文化站体育活动的开展和组织工作作为乡镇政府工作考核的重要内容，以引起乡镇综合文化站对体育工作的重视。为更好开展农村社区体育活动，需要健全农村社区体育组织体系，一方面促使全国性的行业体育协会如全国农民体育协会、全国老年体育协会、全国少数民族体育协会等组织机构向乡镇、农村社区基层延伸和扩展，强化其对农村社区体育的组织和管理职能。另一方面在乡镇综合文化站的领导和协调下，各农村社区要成立社区体育协会、体育活动中心等基层体育组织，负责农村社区体育活动的开展，为了更好地发挥社区体育协会和体育活动中心的服务职能，社区体育协会和体育活动中心的领导可由村委会领导兼任；降低农村社区体育组织成立的门槛，采取村委会同意批准即可成立的管理办法，鼓励社区居民自发成立各项目体育协会，组织开展不同项目的体育活动；为保障农村社区体育活动的正常有序开展，乡镇综合文化站要定期检查和不定期抽查相结合，将农村社区体育活动开展情况作为新农村社区建设考核的重要内容，作为村委会领导工作业绩考核的重要内容，以强化农村社区体育活动中心的组织管理职能，增强对农村社区体育活动开展的重视。

2. 健全农村社区体育组织，促使组织职能正常化

在新农村社区体育组织建设过程中，健全社区体育组织结构，明确组织机构的权利、义务和责任是非常必要的。为了促使农村社区体育组织能够独立开展体育活动，履行自己的职责，必须出台政策法规，明确农村各级各类体育组织的合法、独立的社会地位，增强农村社区体育组

织的独立性和主体性。在农村社区体育组织建设中要明确体育组织的目标，根据目标体系划分组织机构和组织职能，用组织制度的形式将各组织机构的权利、义务和责任确定下来，使农村社区体育组织具有相对稳定的结构，各机构责权分明，分工合理，各部门职能明确，只有这样才能使农村社区体育组织真正履行自己的职责，搞好农村社区体育活动的组织和开展工作。

3. 加强农村社区体育组织间的交流和联系

农村社区体育组织之间由于活动内容、人群构成、组织目标不同而具有相对的独立性和封闭性，但社区体育组织成员间的社会关系紧密而复杂，社区体育组织成员在社区体育生活中可能会扮演多重角色或从事一种或几种体育项目，从而导致社区成员可能会加入多个社区体育组织，使得社区体育组织之间既有区别又有交叉重叠，因此，社区体育组织之间不可能完全隔绝，彼此存在着密切的社会共生关系。农村社区体育组织在各自职责范围内组织、开展体育活动时，因社区体育资源的稀缺性和有限性，社区体育组织间因使用同一资源而形成一种或几种竞争关系；同时农村社区体育组织为实现自己的组织目标，彼此要借用对方拥有的体育资源，这就需要体育组织之间相互协调与合作。因此，农村社区体育组织之间竞争与协作并存，形成彼此发展的合力，而农村社区体育组织间的合力成为农村社区体育发展的核心动力。

农村社区体育组织的交流与互动是其竞争与协作关系产生的主要渠道，为促进农村社区体育组织之间的交流与互动，需要建立农村社区体育组织的协调机构，为此不少农村社区建立了农村社区体育协会或委员会，负责本社区范围内各种体育活动的组织、协调和管理；制定社区体育组织管理办法，对农村社区体育组织的交流与互动进行规范、约束和引导；充分利用组织成员之间密切、复杂的社会关系，增加社区体育组织之间的各种联系，缩小组织之间的社会距离，增加组织间的关联度，从而增加社区体育组织间的合力，进而增加农村社区体育共生发展的动力。

总之，农村社区居民积极、主动的社区体育参与促使其具有持续稳定的体育行为特征，成为农村社区体育内共生发展的主体要素之一；农村社区体育组织体系的健全和组织职能的强化和优化，使其成为农村社区体育内共生发展的另一主体要素。农村社区体育内共生发展两大主体要素健全，才具备了农村社区体育共生发展的基本前提。

三 优化配置农村社区体育共生资源

社区体育共生资源是农村社区体育共生关系的主要纽带，加大农村社区体育投入，增加农村社区体育资源总量，在农村社区体育资源总量一定的情况下，实现社区体育共生资源的合理分享、优势互补，最大限度的满足农村社区体育共生主体的体育需求，是农村社区体育资源优化配置的最终目标，也是促进农村社区体育共生发展的重要举措。

（一）充分了解农村社区体育资源需求状况

农村社区体育共生资源的供给应避免盲目性，以社区居民和社区体育组织的体育资源需求为导向。农村社区体育共生资源供给的种类和数量取决于共生主体体育资源需求量和种类状况，在进行体育共生资源供给之前，要通过社会调查详细了解农村社区居民对体育资源的需求。农村社区居民体育资源需求的调查可由县（市、区）级群众体育行政部门领导，县级农民体育协会组织，各乡镇综合文化站以及农村社区领导班子积极配合实施，分步骤、分批次地对农村社区居民体育资源的需求状况进行全面调查，翔实地掌握农村社区体育资源需求的第一手材料，并组织专业人员进行归纳、分类和整理，建立关于农村社区体育资源需求的数据库，以供农村社区体育资源配置的参考之需。

通过建立农村社区体育资源需求的数据库，对农村社区体育资源需求的内容、数量进行分析，了解哪些资源是农村社区体育发展急需的，哪些资源处于闲置和过剩状态，哪些农村社区体育资源不足，哪些农村社区体育资源种类单一等一系列问题，使农村社区体育资源供给更加有针对性，有计划、有重点、有先后地对农村社区体育资源进行配置，将有限的体育资源配置给最需要它的共生主体，以最大限度地满足农村社区体育共生主体对体育资源的需求，追求农村社区体育资源效益的最大化。

（二）加大农村社区体育资源投入力度，增加农村社区体育共生资源总量

农村社区体育资源总量不足已经成为制约我国农村社区体育共生发展的主要瓶颈。加大农村社区体育资源投入力度，增加农村社区体育共生资源总量，是优化配置农村社区体育共生资源的当务之急。

1. 增加农村体育财政预算比例，使农村社区体育发展获得更多的经费支撑

体育经费资源是农村社区体育共生发展的重要资源，是农村社区体育其他资源的根本支撑，是增加农村社区体育其他共生资源配置的先行条件。虽然我国各级政府财政预算中用于群众体育发展的经费比例在逐年增加，但受传统的城市优先发展思想的影响，群众体育经费资源大多被城市社区体育所占有，农村社区体育发展的经费资源比例相对较少，且农村社区体育本身摊子就大，经费需求量有多，因此我国农村社区体育经费资源不足已经成为不争的事实，严重制约了农村社区体育的发展，加大农村社区体育经费投入已经成为当务之急。

在统筹城乡发展思想指导下和社会主义新农村建设实践的带动下，当前我国新农村社区建设进行得如火如荼，农村社区体育发展也获得难得的发展机遇。统筹城乡体育发展已经成为我国群众体育事业发展的基本指导思想，农村社区体育和城市社区体育享有平等的发展机会和政策，并且体现出向农村社区体育倾斜的政策倾向。各级政府应该在满足城市社区体育发展经费需求的同时，适度增加农村社区体育经费投入的数量和比例，并积极引导其他社会团体、企事业单位大力支持农村社区体育发展，加大向农村社区体育投资力度，为农村社区体育发展提供有力的经费支持。新农村社区建设专项资金预算支出中，划出农村社区体育专项资金，用于支持农村社区体育事业的发展，增进农村社区居民的健康。

2. 加强社会体育指导员队伍建设

我国社会体育指导员总体数量不足，区域、城乡之间配置不均衡。由于农村社区生活、工作条件和城市社区相比相对较差，社会体育指导员不愿意到条件比较艰苦的农村去生活和工作，导致农村社会体育指导员严重缺乏，部分农村社区甚至没有一名社会体育指导员。因此需要加强社会体育指导员队伍建设，采取多种政策支持和激励措施，鼓励社会体育指导员服务农村社区体育发展，到广大农村去发挥自己的智慧和才干，为社会主义新农村建设贡献自己的力量；同时抓住新农村社区建设对农村生产、生活条件改善的契机，努力为社会体育指导员提供生活和工作上的便利，吸引社会体育指导员到农村工作。加强社会体育指导员队伍建设需要从增加社会体育指导员数量和提高社会体育指导员质量两方面着手。

（1）加强社会体育指导员培训基地和师资队伍建设。加强社会体育指导员技术等级培训基地和师资队伍建设，增加社会体育指导员培训、审批机构的数量，适度下放社会体育指导员职业技能和技术等级的审批权，发挥高等体育院校和高等学校体育院系在培训与培养社会体育指导员中的作用。公益型社会体育指导员的培训，国家级社会体育指导员由批准的高等体育院校培训，由国家体育总局相关部门审批；一级社会体育指导员的培训工作，也应委托高等体育院校和有条件的其他高等院校进行，报省级体育行政部门审批；其他等级的社会体育指导员培训工作，也可由体育院校和其他学校等专门教育培训机构承担，由地市级体育行政机构审批。有条件的体育院校和其他学校应在体育专业教育中开设社会体育指导的相关课程，为体育专业学生获取社会体育指导员资格创设有利条件。职业社会体育指导员的培训由经过专门资质认证的培训基地承担，并由国家社会和劳动保障行政部门审批。

（2）严格社会体育指导的培训、培养过程和考核标准。严格社会体育指导员技术等级培训、培养过程和考核标准，严把社会体育指导员队伍建设质量关，提高社会体育指导员的整体素质，使其能够胜任各级各类体育活动的组织、管理和指导任务。已获取社会体育指导员资格的人员，鼓励其投身农村，为农村社区体育发展提供指导和服务。对于愿意到农村社区工作的社会体育指导员，在工资、福利、住房等各方面予以优惠政策，树立、宣传、包装农村社区社会体育指导员先进典型并给予物质和精神方面的奖励，以激发农村社区社会体育指导员的工作热情。同时建立农村社区社会体育指导员的科学培训制度，采取定期、不定期相结合的方式，对农村社区社会体育指导员进行培训，及时更新和优化农村社区社会体育指导员的知识技能结构，以适应不断变化的农村社区体育发展需要。

3. 加强社区体育场地设施规划建设

社区体育公共场地设施是农村社区体育共生发展的物质载体，是农村社区公共基础设施的重要组成部分。在广大农村社区体育场地设施数量少、种类单一，有些社区甚至没有任何体育场地设施；经济发展水平较高、基础设施建设条件较好虽然配置了部分体育场地设施，但闲置、损坏现象较为严重，且存在着重复建设的现象。总之，社区农村社区体育场地设施不足已经成为制约农村社区体育发展的最重要的因素。因此，充分利用新农村社区建设中大力发展农村公共基础设施的大好时机，加强农村社区体育场地设施规划建设是农村社区体育发展破除瓶颈的重要举措，为农村社区体育共生发展提供丰厚的物质资源。

在新农村社区建设过程的基础设施建设规划中一定要有体育场地设施，且要统筹规划、综合考虑，注重体育场地设施建设的多元化用途以及不同农村社区间体育场地设施的互补性，同时，结合“农民体育健身工程”“雪炭工程”“全民健身路径工程”的推广和实施，最大限度丰富农村社区体育场地设施资源的数量和种类。在体育场地设施资源相对不足的情况下，鼓励基层农村社区因地制宜、因陋就简、就地取材，充分发挥农村社区居民的聪明智慧和才能，自己动手，制作简易的体育健身设施和器材，与配备的标准的体育场地设施器材相得益彰。同时，充分利用农村学校的体育场地设施，鼓励农村学校体育场地设施在满足学校体育教育需要的同时向周围农村社区开放，探索农村学校体育场地设施服务农村社区的管理模式，提高学校体育设施的社会效益，以弥补农村社区体育场地设施不足的现状。

4. 健全社区体育信息服务网络

社区体育信息资源是农村社区体育发展的重要依仗和动力，鉴于农村社区环境的闭塞性以及农村社区信息服务网络的不健全，导致农村社区体育信息资源的不足，农村社区居民对体育发展目标、发展规律、体育健身知识技能等体育信息认识不足，缺乏社区体育参与的动力，因此，健全社区体育信息网络，搭建农村社区体育信息服务平台，为农村社区体育发展提供尽可能多的体育信息资源是非常必要的。

农村社区体育信息网络是农村社区信息网络的重要组成部分，其在设备、技术、人员、资金配备方面是相同的，农村社区体育信息资源是新农村社区建设信息资源的重要组成部分，和新农村社区建设信息资源一样，通过农村社区信息网络传播。随着新农村社区建设进程的加快和国家新闻出版广电总局农村广播电视和互联网覆盖范围的进一步扩大，农村社区体育信息资源的传播渠道、信息受众、信息总量将迅速发展。因此，为进一步健全农村社区体育信息网络，搭建社区体育信息服务平台，应积极响应和配合广播电视网络村村通工程，推动广播点射和互联网农村覆盖范围的不断扩大，为农村社区提供体育信息资源需要的设备、技术、人员和资金，健全农村社区信息网络。有选择地向农村社区居民推介体育信息的相关网站、无线广播、有线电视体育频道或体育健身专栏以及农村社区体育宣传栏，为农村社区居民提供各种类型的体育信息，增加农村社区居民社区体育参与的动力和体育行为实践能力，促进农村社区居民的体育参与。

（三）遵循政府计划配置为主、市场配置为辅的资源配置机制

在市场经济比较成熟和发达的国家和地区，市场是体育资源配置的核心机制，政府计划仅仅起到对体育资源宏观调控的作用。但我国农村体育健身娱乐市场起步较晚，发育尚不成熟，农村社区居民的体育消费能力较低，市场的资源配置机制尚不健全，依靠市场进行农村社区体育资源的优化配置有些脱离农村社区体育发展的现实。根据当前我国农村社区体育发展的实际情况，政府依然在社区体育资源配置中起到主导作用，因此，社区体育资源配置应以政府计划配置为主、市场配置为辅，注重社区文化对体育资源的配置作用，并根据农村社区体育健身娱乐市场培育的进程，不断调整政府、市场及社区文化在体育资源配置中的作用，逐渐弱化政府在农村社区体育资源配置中的作用，强化市场和社区文化对农村社区体育信息资源配置的职能和作用，加速培育农村社区体育健身娱乐市场，增强农村社区体育自主发展的能力。

在农村社区体育资源配置过程中，县、乡镇政府体育行政部门应根据农村社区体育资源需求的实际状况，充分考虑到影响农村社区体育发展的社会风俗、习惯、伦理、道德、宗教、信仰等社区文化因素，制定关于农村社区体育资源配置的政策法规，并加强政策法规的执行力度，以保证农村社区体育资源配置到位。同时尽快出台农村社区体育健身娱乐市场的培育的扶持政策，加快农村社区体育市场的成熟进程，逐步增加农村社区体育资源市场配置的比重，尽快实现农村社区体育资源由政府计划配置向市场配置的过渡和转化。

（四）体育资源配置要突出重点，保证优势、特色体育活动优先发展

农村社区体育系统内部诸要素之间、农村社区体育与新农村社区建设各子系统之间的发展均属于非均衡发展，农村社区体育发展水平不同、所处的地域不同、经济发展程度不同决定了农村社区体育对资源的需求不同，体育资源的配置也应体现出非均衡性。

农村社区体育发展必然有重点发展、优先发展社区以及特色体育项

目社区，再由优先、重点、特色发展的农村社区体育带动周围其他农村社区体育的发展。在农村社区体育资源总量相对不足的情况下，体育资源倾向于先进、重点、特色项目社区配置是正确的，也是符合发展规律的。因此，在体育资源的配置过程中要满足优先保证先进、重点、特色体育项目社区对体育资源的需求，在人力、财力、物力、信息等各类资源上予以重点扶持，不能搞大而全、“一刀切”的社区体育资源配置。

（五）避免农村社区体育资源的重复配置

农村社区体育资源的重复配置一方面指社区内同一体育资源的多次配置，另一方面也只附近社区间同一体育资源的多次配置。资源的重复配置是资源浪费的重要表现，在以政府计划配置为主要方式的农村社区体育资源配置中，由于政府政策执行的惯性使然，社区体育资源的重复配置现象较为普遍，应特别引起重视。

资源的重复配置使得农村社区体育共生资源差异性消失，资源利用的效益也趋于单一化，导致农村社区体育资源的丧失了互补性，就无法满足农村社区体育共生主体多元化的体育需求，农村社区体育发展必将走向趋同化，差异性和互补性逐渐消失，社区体育共生关系将丧失存在的前提和条件，农村社区体育共生发展将无法实现。我国体育政策法规对农村社区体育资源的配置提出标准化的要求，如《农民体育健身工程》要求实施对象配备灯光水泥篮球场一块、乒乓球台一张，对农村社区体育资源的配置数量和标准起到了积极作用，促进了我国农村社区体育资源的开发和配置。但本书认为，虽然资源配置标准的提出有利于农村社区体育资源配置的量化和考评，但过于标准化不利于农村社区体育发展的差异性和互补性，由于农村社区和城市社区相比人口数量和密度、区域范围都比较小，具体到某一个基层社区对某种体育资源的需求量相对较小，会导致有些社区体育资源浪费和闲置，另一些社区则体育资源严重缺乏，因此，在具体资源配置中要科学统筹、合理规划，注重资源配置的多样性和层次性，注重资源的用途的互补性和综合利用价值，以促进农村社区体育内部主体要素之间对资源的交换和分享以及农村社区体育与新农村社区建设各子系统之间对体育资源的交换和分享，充分挖掘有限体育资源的综合价值，追求资源利用的效益最大化。

另外，农村社区体育资源应注重与其他社区资源的统筹配置，使之与农村其他社区资源形成综合配套的整体，开发农村社区体育资源的多元功能，促进农村社区体育资源的综合利用，实现农村社区体育与农村社区建设其他子系统对资源的交换和分享。

四　健全和完善农村社区体育共生发展的约束条件

（一）深入把握农村体育发展的思想导向

现行政策法规体系中虽然缺乏专门的农村体育政策法规，但是，在其具体内容中有对农村体育的具体阐述和规定，为农村社区体育发展奠定了思想基础，明确了农村社区体育发展的未来导向。

1. 法律层面上的指导思想

现行体育政策法规中，唯一的具有法律效力的是《中华人民共和国体育法》，其中规定了公民参与社会体育活动的权利、全民健身计划的推行、政府在群众体育活动中的职能等规定，是农村社区体育共生发展的根本保障，也是农村社区居民体育参与行为必须要遵循的最高规范和准则。

2. 行政法规中的指导思想

目前，涉及农村社区体育发展指导思想的行政法规包括《全民健身条例》和《公共文化体育设施条例》。《全民健身条例》明确了全民健身计划及其实施要考虑到农村居民的特殊需要，专门对政府体育行政部门以及村委会在农闲、节庆日开展农村全民健身活动职责作出规定，并提出农村公共体育设施建设规划的指导性原则；《国家体育锻炼标准施行办法》中《公共文化体育设施条例》对农村公共文化体育设施的建设、规划、管理和保护都做出明确规定，指出要对少数民族地区、边远贫困地区和农村地区的公共文化体育设施的建设予以扶持，鼓励机关、单位、学校文化体育设施向公众开放等，奠定了农村社区体育场地设施在新农村社区建设中的合法地位，是农村社区体育场地设施开发和利用的重要思想基础和法律保障。

3. 中央文件中的指导思想

涉及农村社区体育发展指导思想的中央文件包括《全民健身计划纲要》《国家体委关于深化改革加快发展县级体育事业的意见》和《中共中央国务院关于进一步加强和改进新时期体育工作的意见》。

《全民健身计划纲要》指出，我国全民健身计划实施对象是全国人民，重点是青少年，农村社区居民也在全民健身计划实施对象之列。明确提高农民的体质与健康水平是农村社会发展的一项重要内容，充分发挥村民委员会和各级农民体育协会的作用，并与文化站协同配合，做好农村体育工作。对群众体育宣传、立法、组织建设、经费投入、体质监测等各项群众体育活动的开展提出明确的要求，从整体上、宏观上对我国群众体育（包括农村社区体育在内）事业的发展给予战略思想上的指导。

《国家体委关于深化改革加快发展县级体育事业的意见》明确指出，农村继续开展评选全国体育先进县活动，推动农村体育的发展，特别强调农村体育是县级体育工作的重点，要把发展农村体育放在突出的位置。积极开展多种形式的农村体育活动，提高农民身体素质，为发展农村经济服务，为促进农村精神文明建设服务；对农村体育经费、场地设施、农村社会体育指导员队伍建设以及农村体育活动的开展做出具体规定，解决了我国农村体育发展社会地位低下的现实问题，为我国农村社区体育的发展提供了政策依据。

《中共中央国务院关于进一步加强和改进新时期体育工作的意见》指出，注重区域体育、城乡体育共同发展，加大对中西部地区和农村体育事业发展的支持力度，提出构建以乡镇为重点的农村群众体育服务体系，首次提出了城乡体育共同发展指导思想，是我国统筹城乡发展思想的较早体现，目前尚未出现适应新农村社区建设新形势下的农村社区体育发展的相关指导思想。

4. 部门规章中的指导思想

目前涉及农村社区体育发展指导思想的部门规章主要包括《体育事业“十二五”发展规划》《2001—2010 年体育改革与发展纲要》等。

《2001—2010 年体育改革与发展纲要》指出，我国是一个农业人口占多数的国家，居住分散，农村体育的重点应放在乡镇。以乡镇为龙头，村民委员会为基础，农民体协为纽带，形成有辐射力的组织网络。开展农村体育要“因地制宜、科学文明”，为广大农民所喜闻乐见。乡镇政府要把体育事业纳入社会发展规划，进一步明确了我国农村体育发展的特点、重点、工作方针和战略地位。

《体育事业“十二五”发展规划》提出，建立完善完善符合国情、比较完整、覆盖城乡、可持续的公共体育服务体系；保证设施建设经费，加大对农村以及欠发达地区的资金扶持力度；继续实施“农民体育健身工程”“雪炭工程”“全民健身路径工程”，提出社区（行政村）普遍建有全民健身设施，50% 以上的街道（乡镇）、社区（行政村）建有便捷、实用的全民健身设施，积极推进城乡新建居住区建设全民健身设施；60%以上的农村乡镇建有体育组织，50%以上的农村社区建有体育健身站（点）的目标，并要求开展农村居民的体质监测工作对农村全民健身设施、组织等服务体系的城乡覆盖提出明确的目标。

5. 规范性文件中的指导思想

涉及农村社区体育发展指导思想的规范性文件主要有《农民体育工作暂行规定》《关于实施农民体育健身工程的意见》《中国体育彩票全民健身工程管理暂行规定》《关于进一步加强社会体育指导员工作的意见》和《“十一五”农民体育健身工程建设规划》等。

《农民体育工作暂行规定》规定了农村体育工作的主管部门、主要对象、工作目标和基本任务、管理的机构和组织、物质条件保障和农村体育活动开展的原则、形式、内容等均作出具体而明确的规定，是对我国农村体育工作系统的、全面的指导，虽然文件出台时，我国新农村社区建设的历史任务尚未提出，但是，由于我国体育立法工作的滞后性，针对新农村社区建设背景下农村社区体育开展的规范性文件尚未起草，《农民体育工作暂行规定》依然是当前我国农村社区体育发展主要的思想依据。

《关于实施农民体育健身工程的意见》提出，构建全民健身体系重点在农村，难点也在农村，实施农民体育健身工程，大力推进农村体育场地设施建设是构建全民健身服务体系的重要内容；提出了实施农民体育健身工程的指导思想、目标任务；农村公共体育场地设施建设的项目、建设要求、实施对象、投资原则和方式以及实施农民体育健身工程的意义，是指导农村体育公共场地设施资源建设的纲领性文件，极大地促进了农村社区体育公共场地设施建设工作。《“十一五”农民体育健身工程建设规划》对农民体育健身工程建设规划的指导思想、基本原则、发展目标作出了明确规定，确定了建设内容和具体标准，对资金预算和保障措施作出了严格规定，使我国农民体育健身工程建设取得了巨大的成效。《中国体育彩票全民健身工程管理暂行规定》明确指出，农村乡镇是体育彩票公益金的受赠单位。《关于进一步加强社会体育指导员工作的意见》指出，加快农村社会体育指导员队伍的发展，侧重对晨晚练站点及基层群众体育组织中社会体育骨干的培养，为农村社区体育的发展提供人力支持。

上述农村体育的有关规定，反映了国家、政府、社会对我国农村体育发展的基本指导思想，保障了农村社区居民参与体育活动的基本权利和义务，是引导、规范和约束我国农村社区体育共生发展的宏观层面上的共生规范，为农村社区居民参与社区体育活动扫清了障碍，提供了共生资源条件，为我国农村社区体育共生发展保驾护航。新农村社区建设政策法规体系中社区体育发展规定，确立了农村社区体育在新农村社区建设和规划中的地位，提出了城乡社区体育协调发展的思想，增进了农村社区体育和城市社区体育的交流和互动，为发挥城市社区体育对农村社区体育的扶持、带动作用奠定了思想基础。根据农村社区建设政策法规中农村社区体育发展的规定，明确表明农村社区体育发展要与新农村社区建设相适应，是新农村社区建设内容体系不可或缺的一部分，与农村社区建设之间存在着相互依存、相互促进的共生关系。

（二）制定、颁布新农村社区体育政策法规

依据体育政策法规和农村社区建设政策法规中关于农村体育发展的思想导向，结合新农村社区建设政策法规中关于社区体育发展的规定，从农村社区体育发展的现实状况和条件出发，在充分了解农村社区居民和社区体育组织的体育需求的基础上，考虑到农村社区体育发展的环境要素，从改善和优化农村社区体育主体间的共生关系出发，严格按照政策法规制定的法定程序，制定符合社会主义新农村建设的全国性农村社区体育政策法规。各农村社区在民政主管部门的基层政权和社区建设机构的领导下，由乡镇综合文化站牵头和协调，村委会负责组织实施，基层农民体育协会辅助，制定颁布符合本社区实际情况和特点区域性农村社区综合性的体育政策法规，对社区内居民体育参与行为和实践进行规范、引导和约束，对各类社区体育组织开展体育活动进行指导，对体育组织间的共生关系进行协调，为社区内各类体育组织的规章制度的建立提供宏观依据。

制定颁布的农村社区体育政策法规填补了我国农村社区政策法规的空白，与我国体育政策法规和农村社区建设政策法规形成部分与整体的关系，保障我国体育政策法规体系和新农村社区建设政策法规体系的完整性，同时又称为社区内各类体育组织规章制度的指导性规范，为体育组织规章制度的建立和完善提供指导和依据。

（三）建立、健全农村社区体育组织的规章制度

我国农村社区体育组织数量少，且组织机构不健全，组织职能弱化甚至处于瘫痪状态的严峻现实，使农村社区体育活动的组织化程度非常低，不利于农村社区体育的发展。为强化农村社区体育组织职能，健全体育组织机构，应在农村社区综合性体育政策法规指导下，结合社区体育组织成员和组织活动内容特点，充分发挥组织成员的智慧和才能，虚心征求组织成员的意见，根据民主集中制的原则，制定本组织的规章制度，以规范组织成员的体育共生实践，协调与其他体育组织间的共生关系。

通过农村社区体育组织规章制度的制定，合理规划组织机构，明确组织目标，科学划分组织机构权力，使各组织机构围绕组织的目标独立行使自己职能，最终将各机构的职能合力转化为整个组织的组织职能，使组织职能进一步强化。通过向组织成员宣传规章制度，要求组织成员必须遵守规章制度，对组织成员的体育行为进行规范和约束，强化了组织成员间共生关系的关联度，增强了组织的凝聚力，更有利于实现农村社区体育组织的目标。

（四）加强农村社区体育政策法规的执行力度

农村社区体育政策法规和农村社区体育组织的规章制度的制定和颁布，必须辅以严格的执行程序，否则任何政策法规、规章制度都将失去约束力，成为一纸空文。因此加强农村社区体育政策法规的执行力度是增强约束力的关键环节。

加强农村社区体育政策法规的执行力度，首先，应做好政策法规体系的宣传工作，让居民对农村社区体育政策法规了解、熟悉，知道政策法规对自己体育行为的约束，能够做什么，应该做什么，不能做什么，不该做什么，知道违反体育政策法规应该承担什么责任，受到什么惩罚。做好农村社区体育政策法规体系的宣传工作，可采取全方位、多渠道的宣传途径，如在社区宣传栏中开辟体育法规知识普及板块、开展社区体育政策法规讲座、举行社区体育政策法规比赛、利用社区宣传广播电视、网络工具等，使农村社区居民对社区体育政策法规耳闻目濡，充分了解。

其次，政策法规执行过程要公开、透明，严格遵守政策法规的规定和程序，为此，要加强农村社区教育工作，培养农村社区居民的公民意

识和价值观念，营造平等的社会民主氛围。

再次，体育政策法规执行过程对遇到的问题要处理及时，注重结果的时效性，不能拖延耽搁，同时执行过程中要排除各种社会因素的干扰，尤其是人情因素的干扰，做好体育法规政策执行的解释工作。

最后，充分发挥农村社区居民对体育政策法规的执行的监督作用，居民有权通过组织程序对体育政策法规执行者进行罢免。只有农村社区体育政策法规执行到位，其约束的强制性才有效，才能对农村社区体育共生主体的共生实践进行引导、约束和规范。

（五）弘扬农村社区文化

农村社区文化包括社区风俗、习惯、道德、伦理、宗教、信仰、约定等内容，这些约束条件都潜移默化地作用于农村社区居民的日常生活行为中，成为农村社区居民约定俗成的行为规范和准则，多数已转化为社区居民的自觉行为，当然对农村社区居民的体育行为实践也具有潜移默化的作用。在广大农村社区，由于居民的法制意识薄弱，社区文化对农村社区居民体育共生行为的引导和约束作用在某种程度上要优于农村社区体育政策法规。

弘扬农村社区文化，对农村社区体育共生发展起引导和推动作用，如传统节庆日的一些文体活动，能够引起农村社区居民体育参与的热情，激发居民体育参与的积极性，并形成长期、稳定的体育行为，同时增进社区居民间的感情，拉近居民间的社会距离，更有利于其在体育行为实践中形成密切的共生、连带关系。因此为发挥社区文化对农村社区体育发展的引导、约束作用，我们应注重社区文化的传承和发展，重视传统节庆日大型文体活动的组织和开展，充分挖掘社区社会风俗、习惯、道德、伦理、宗教、信仰、约定中的体育元素，使其更好地融入农村社区体育活动和比赛的组织和开展中；农村社区体育活动和比赛的组织与开展也要充分尊重当地社区的风俗、习惯、道德、伦理、宗教、约定的内容，居民的体育行为实践要遵循社区文化的内容规定和约定俗称，使二者理性结合，互动互利。充分挖掘社区文化中民俗、民间、民族传统体育项目，使其发展成农村社区体育的典型和特色，优先发展农村社区的传统体育项目，做好农村社区传统体育活动的组织和管理工作，使之带动农村社区其他体育活动项目的开展，形成社区体育共生主体牢固而稳定的内共生关系。

五　优化农村社区体育发展共生关系

农村社区体育共生发展本质上是农村社区体育发展内共生主体之间的共生关系和农村社区体育系统与新农村社区建设子系统间外共生关系的合理化演化，因此优化农村社区体育发展的共生关系，就是要使农村社区体育内共生主体及农村社区体育系统与新农村社区建设各子系统间合理的交换、分享社区体育共生资源，以最大限度地满足农村社区体育共生主体的体育需求，实现农村社区体育共生主体的自我发展，从而推动农村社区体育系统的共生发展。优化农村社区体育发展共生关系的举措包括以下几个方面。

（一）倡导、保障农村社区体育主体的体育权利平等和体育行为选择自由

人人平等，是社会共生论的价值内核，也是社会共生关系产生的基本前提。因此，体育共生关系的形成，也是以农村社区体育内共生主体及农村社区体育系统与新农村社区建设各子系统间体育权利的平等为前提的。而平等的体育权利也意味着体育行为选择的自由两者是相互依存，相辅相成的。

1. 提倡体育权利平等和行为选择自由

通过多种形式的农村社区教育，对农村社区居民进行公民教育，培养居民公民意识，尤其是公民意识中的平等和自由意识、主体意识、权利和义务意识，使农村社区居民的公民意识内化于心。

公民平等意识、权利和义务意识的养成，使农村社区居民意识到体育权利是公民的基本权利之一，应该得到维护和保障。体育参与既是一种权利，也是一种义务，每个公民都应该在享受体育权利的同时，将体育参与作为向社会应尽的、必须履行的义务，在自己身上实现体育权利和义务的统一。平等意识的养成使农村社区居民意识到每个社区成员乃至每个社会成员，无论年龄、性别、文化、财富、地域等存在着怎样的差异，其在享受体育权利和履行体育义务时都是平等的，且他们获取参与社区体育的机会是均等的，社区体育参与过程中的地位都是平等的。

主体意识使农村社区居民作为一个独立的社会主体，具有社会行为选择的自由。而农村社区居民体育权利的平等，促使农村社区居民的体育参与行为选择自由更加充分。农村社区居民可以选择参与体育也可以选择退出体育，可以选择这种体育项目也可以选择那种体育项目，可以

使用这种体育设施也可以使用那种体育设施，可以单独参加体育活动也可以与其他人一起，可以较长时间参与也可短时间参与，可以在家庭中参与也可以到社区参与，可以在本社区参与也可以到社区之外去参与，可以高强度活动也可以中等强度或低强度参与，等等，显示出充分的体育行为选择自由。如果农村社区居民体育行为无法自由选择，而是被严格限制只能选择某种特定的、单一体育行为，一方面农村社区体育共生主体的差异性和互补性将消失，体育共生关系或消失或难以维持，不利于合理体育共生关系的形成、维持和演化；另一方面难以满足居民多元化的体育需求，不适应农村社区居民复杂异质化发展趋势，使居民社区体育参与的热情丧失，影响其社区体育参与的积极性和主动性，农村社区体育共生发展也就失去了动力基础。因此，要培养农村社区居民的公民意识，保障其体育权利的平等和行为选择的自由，并为其提供多种可供选择的资源，促使农村社区居民体育参与行为的多样化，以满足社区居民多元化的体育需求。

2. 加强体育法制建设

现行体育政策法规，规定了公民享有体育运动的权利和义务。但农村社区居民在我国传统的社会结构中虽然群体庞大，却一直处于弱势地位。我国现行的农村体育政策法规中只对农村社区体育的组织管理、资源配置等相关内容作了规定，农村社区居民的体育权利和义务却一直未见提及，也没有强调居民体育权利的平等和自由。由于农村社区居民整体素质相对较低，公民意识不强，对自己体育权利平等的渴求并不强烈，导致农村社区居民体育权利被无情剥夺却浑然不知，缺乏维权意识。同时农村社区居民由于体育参与动机不强、愿望不高，对体育行为选择自由意识不强，即使缺乏体育行为选择的机会和自由，缺乏可供自由选择的体育资源，也表现为无欲无求，致使居民的体育参与欲望和程度均不高、社区体育资源不足，制约了农村社区体育的共生发展。

为保障农村社区居民体育权利的平等和体育行为选择的自由，在制定和颁布农村社区体育政策法规和社区体育组织规章制度时，要突出农村社区居民体育权利的平等性和体育行为选择的充分自由，用制度和法律的形式保障农村社区居民具有更多可供选择的体育资源，并有具体保障措施确保农村社区居民体育权利的平等和体育行为选择的自由，使农村社区居民的体育共生实践具有多元化特点，彼此之间体育行为形成相互依存、互惠互利的体育共生关系。

3. 搞好体育资源优化配置

农村社区居民在意识上和法律上都具有了体育权利的平等性，也能保障居民体育行为选择的自由。但农村社区体育资源数量和种类的不足也会极大地限制农村社区居民体育权利的平等和体育行为选择的自由，因为体育资源的匮乏可能导致农村社区居民在从事体育活动时有多种选择的需要，却无足够的体育资源支撑来供选择。故要保障农村社区居民体育行为选择的自由性，除法律上的保障之外，还要有充足的社区体育资源可供选择，以实现农村社区居民体育共生实践的差异性和互补性。加大农村社区体育资源的配置力度，搞好农村社区体育资源的优化配置，增加社区体育资源的数量和种类，在体育资源的配置过程中，特别注重体育资源的多样性和互补性，开发农村社区体育资源功能的综合性，使农村社区居民在体育项目、体育场地设施、体育信息等方面有多重选择的可能，为其体育行为提供自由选择的机会和空间，维护农村社区居民体育权利的平等性。

（二）培养农村社区体育共生主体多元化的体育需求

农村社区体育共生关系形成的另一前提是农村社区体育共生主体之间的差异性和互补性。如果农村社区体育主体完全相同，表现出最强的单一同质性，则社区体育共生关系根本不可能发生。农村社区体育共生主体间的差异性和互补性在体育共生关系中表现为体育行为选择的多样性，而体育行为选择的多样性则取决于农村社区体育主体体育需求的多元化，因此，培养农村社区体育主体多元化的体育需求是优化农村社区体育共生关系的重要措施之一。

农村社区居民因性别、年龄、性格、文化、经济等因素的差异，导致其体育需求内容各不相同，使得农村社区居民整体的体育需求呈现出多元化的而趋势，另外同一社区居民，因其兴趣、爱好的广泛性，可能会产生多种体育需求，如一个人既有打篮球的需求又有踢足球的需求，既有打太极的需求又有跳健身操的需求，表现出个人体育需求的多元性，进而又形成体育共生实践的多元性。当前农村社区居民因受传统生产方式和经济结构和自身体育科学素养较低的影响，社区体育参与能力较弱，其体育需求也呈现出简单化、单一化特征。为改变这一现状，应强化农村社区体育教育，激发农村社区居民各种各样的体育兴趣，提高农村社区居民的体育科学素养，尤其是体育健身、休闲和娱乐技能多样化的培养，着力促进农村社区居民多元化的体育需求的养成，彼此之间形成差异性和互补性，以保证社区体育共生关系的建立和优化。

（三）提供可供农村社区体育共生主体交换和分享的体育共生资源

农村社区体育内、外共生关系是围绕社区体育共生资源建立的，体育共生关系的优化则是围绕如何合理分享体育共生资源展开的。只有提供可供农村社区体育共生主体交换和分享的体育共生资源，才能建立合理的体育共生关系，否则，体育共生关系就会因为联系纽带的消失而中断，成为互不相关的主体要素。

农村社区体育内共生关系属于资源共享型，因此，需要提供可供社区居民和社区体育组织间共享的体育共生资源。资源共享型共生关系发生的条件是农村社区体育内共生主体必须都同时需要社区体育共生资源。鉴于农村社区居民和社区体育组织的体育需求具有多元性，为最大限度地实现体育共生资源共享，满足内共生主体的多元体育需求，提供的体育共生资源必须具备多重属性，能够共同满足多个共生主体的需求。因此在体育内共生资源配置时，除加大投入力度，尽可能增加农村社区体育共生资源总量外，还应根据农村社区居民的体育与健康需求，体现人性化设计，尽可能开发综合性多用途的体育共生资源，注意资源的综合配套性，以实现农村社区体育多共生主体对体育共生资源的共享，形成合理的农村社区体育内共生关系。

农村社区体育外共生关系是农村社区体育与农村社区建设子系统间的共生关系，属于资源交换型体育共生关系。这类共生关系发生的前提是共生主体必须拥有其他主体所需要的资源。因此，在农村社区体育及农村社区建设各子系统间共生资源配置时要注意共生资源的差异性、互补性和综合配套性，同时注重社区资源功能的综合开发，既能服务于农村社区体育的发展，又能服务于新农村社区建设各子系统。建立农村社区体育与新农村社区建设各子系统之间资源交换的协调机构，以合同或口头约定等形式明确农村社区体育与新农村社区建设各子系统之间资源交换和共享的权利、义务以及交换的原则，使农村社区体育与新农村社区建设之间成为一个有机的统一整体，使彼此之间形成相互依赖、互惠互利的合理的社区体育外共生关系。

（四）科学引导和合理规范农村社区体育主体的共生实践

农村社区体育主体的共生实践即由社区体育主体的各自体育行为选择而产生的体育共生关系，科学引导和合理规范农村社区体育主体的体育共生实践实际上就是使共生实践尽可能遵循体育共生规范生成的既定秩序，使农村社区体育主体间的共生关系合理化、有序化，向着有利于农村社区体育发展的方向演化。

1. 倡导农村社区体育共生主体需求的理性化

合理的体育共生关系源自体育共生主体对体育资源的理性需求，盲目的、过度贪婪的体育需求，往往会造成农村社区体育共生资源严重短缺和严重浪费现象并存，农村社区体育主体或为争夺资源而产生过度、非法竞争行为，使农村社区体育共生关系秩序混乱，或因需求得不到满足而丧失体育参与的积极性，导致农村社区体育共生发展失去发展的动力。倡导农村社区体育共生主体体育需求的理性化，应遵循以下三个方面的原则，以引导农村社区居民形成正确合理的体育共生实践。

（1）体育需求应与社区经济、社会发展相适应。农村社区居民作为农村社区体育发展的现实或潜在的共生主体，应和农村社区当前的经济、社会发展水平相适应。农村社区体育共生主体的体育需求不是空中楼阁和海市蜃楼，需要一定的经济基础做物质支撑，需要农村社区居民较高的体育科学素养水平作技术技能支撑，需要现代化的社区生活方式作行为支撑，需要精干高效的社区组织体系做组织支撑，还需要宜居化的社区环境支撑。因此，农村社区居民的体育需求不能超越农村社区经济、社会发展的实际水平，否则将因需求得不到满足而挫伤社区体育参与的积极性和热情，使社区体育共生发展丧失动力。

农村社区体育组织也是一定经济、社会发展阶段的产物，其组织规模、机构设置、组织功能均应适应农村社区的经济、社会发展状况，反映农村社区经济、社会发展的各种需求。农村社区体育组织的体育需求受限于社区经济、社会发展的实际条件，不能脱离实际盲目扩大组织规模、调整组织功能、设立组织目标、购置体育设施和开展组织活动，通过制定农村社区体育组织的相关制度，引导其建立理性的体育需求，避免出现农村社区体育组织发展的冒进行为。

（2）体育需求应鼓励多元化。为实现农村社区体育发展内外共生关系的多样化，应当鼓励农村社区体育共生主体多元化的体育需求，以保障其体育行为选择上的多样性和充分自由，从而促进农村社区体育的共生发展。但是，农村社区体育共生主体体育需求的多元化并不等同于泛滥化。所谓泛滥化就是体育需求过于多元化，需求内容和种类大而全，缺乏重点，以避免出现不切实际或不适合体育组织特点的非理性体育需求，在参与社区体育活动时胡子眉毛一把抓，导致农村社区体育共生主体共生实践的盲目性和无计划性。因此，农村社区体育共生主体的体育需求应倡导多元化而非泛滥化，根据自己的兴趣、爱好和身心状况，选择适合自己的体育实践活动，从而对适合自己年龄、性别、身体状况的以及自己感兴趣的体育资源形成稳定、合理的需求。

（3）正确处理农村社区体育自然人主体和组织主体需求之间的关系。农村社区体育自然人主体和组织主体之间是个体和集体的关系，且农村社区体育组织是农村社区体育自然人主体即社区居民体育属性伸展的重要桥梁和媒介，是农村社区居民体育实现的载体；同时农村社区居民是农村社区体育组织构成的人口基础，社区居民的体育需求综合而成为农村社区体育组织的需求。在绝大多数时间和场合，自然人主体和社区体育组织主体间的需求是一致的。农村社区体育组织的体育需求应能够反映绝大多数组织成员的体育需求，这是农村社区体育组织生命力的根源所在。但有些时候和场合，个别组织成员的体育需求和体育组织的体育需求会出现不一致或产生矛盾，当这种情况发生时，应鼓励体育组织与成员之间增加沟通和交流，成员向体育组织表达自己的体育诉求，社区体育组织则根据成员的体育诉求适度对组织目标和职能进行调整，如实在不能满足成员的体育需求，必要时应说服农村社区体育自然人主体服从农村社区体育组织主体的体育需求；而组织主体在满足自身体育需求的前提下，尽可能、最大限度地满足组织内自然人主体的体育需求，为组织成员谋取更大的体育利益。

2. 鼓励农村社区体育共生主体竞争

农村社区体育共生资源的稀缺性和社区居民、体育组织体育需求的无限性，决定了农村社区体育主体间围绕体育共生资源的竞争是客观存在的，应该承认农村社区体育共生主体间为争夺体育共生资源而产生竞争的客观性和合理合法性。农村社区体育共生主体间围绕体育共生资源展开的竞争是农村社区体育共生关系形成、维持和演化的重要动力，应当予以重视和鼓励。但并非所有的竞争都会对农村社区体育的共生发展产生正能量，我们需要的是公平、合理、合法的理性竞争行为。鼓励农村社区体育主体间公平竞争的行为，需要从以下几个方面入手。

（1）培养农村社区体育共生主体的竞争意识和行为能力。公平竞争是体育的基本属性之一，也是人们参与体育实践必须遵循的原则之一。农村社区居民和社区体育组织在参与社区体育实践过程中，不可避免的会参与身体活动的某种竞争，这种竞争或是与对手之间竞争，或是自我实现竞争，或是征服某一自然物，可以说农村社区体育共生主体在体育实践中无时无刻不在经历着竞争，体验着竞争带来的乐趣，久而久之，必将热衷于竞争，勇于竞争，强化自己的竞争意识。同时体育竞争强调竞争的公平、公正、公开，注重竞争的伦理性，这对于农村社区体育共生主体公平竞争行为的养成具有重要的促进作用。农村社区体育共生主体的公平竞争意识和行为能力，使其在社区体育实践中围绕体育共生资源，形成公平、公正、合理的竞争关系，有利于农村社区体育的共生发展。

（2）为农村社区体育共生主体提供竞争场合和环境。农村社区体育共生主体的竞争行为的发生需要一定的农村社区体育活动的场合和环境，因此在农村社区体育的发展过程中应积极组织和开展各级各类社区体育活动和比赛，为体育主体提供竞争的场合和环境，形成对农村社区体育共生资源的竞相开发和利用，提高农村社区体育共生资源的综合利用效率，充分实现共生主体体育属性的伸展，满足农村社区体育共生主体的体育需求，形成农村社区体育踊跃参与、千帆竞渡的大好格局。

（3）提供共享的体育共生资源。要提供农村社区体育共生主体需要且可供社区所有体育共生主体共享的体育共生资源。农村社区体育共生资源的开发，一方面要急农村社区体育共生主体之所急，应农村社区体育共生主体之所需，使之对体育资源产生需求而形成竞争；另一方面增加农村社区体育共生资源的总量和种类，加强体育共生资源的科学规划，注重配置的综合配套性，开发体育共生资源的综合性功能，形成体育共生资源的多样性和互补性，从而有利于农村社区体育共生主体围绕共生资源形成合理的竞争。同时，采取奖励措施，对竞争获胜的主体予以物质、精神上的奖励，激发体育共生主体竞争的兴趣和动机等。

（4）健全农村社区体育政策法规体系。农村社区体育共生主体间的竞争行为，应在一定的共生规范约束下进行，以保证竞争行为的合法性和公平性。健全农村社区体育政策法规体系，是农村社区体育共生发展约束条件的重要组成部分，对体育共生主体的竞争行为具有强制性的约束作用，能够起到有效的引导、规范和约束作用，使其在政策法规允许的范围内进行竞争，以保证竞争合力的方向与农村社区体育发展的目标一致。另外，强调农村社区体育主体权利和义务的平等性，保证竞争过程的公开、公正，对采取不正当手段的竞争行为要予以严厉处罚，保证主体间竞争的公平性。

3. 增加农村社区体育主体间的沟通和交流

农村社区体育共生主体满足自己的体育需求，增强体育自我实现的能力，仅仅依靠竞争是无法实现的，彼此间的协调与合作也起到同等重要的作用。农村社区体育共生主体在公平竞争中各自获利，但当社区体育共生资源总量有限，社区体育共生主体在竞争中由于能力有限或者因过度竞争使各自利益受损的情况下，必将坐下来进入谈判环节。谈判就是农村社区体育共生主体间沟通和交流的过程，可以避免共生主体在竞争中两败俱伤。沟通和交流的结果必然是主体之间在体育共生资源的获取和利用上各自让步，达成妥协。农村社区体育共生主体间彼此妥协，意味着一种新的以协调与合作为基础的新的共生关系的形成，农村社区体育共生主体间的协作平台就达成了。

为了更好地搭建农村社区体育共生主体间协调与合作的平台，必须增加彼此间的沟通和交流。这就要求农村社区体育共生主体间必须以承认彼此间的差异，以求同存异作为社区体育主体间协调与合作所遵循的基本前提；通过农村社区体育共生主体间的交流与合作，消除彼此间因竞争可能产生的敌对情绪和矛盾，了解彼此间的体育需求，寻找彼此间体育需求的共同因素和条件，寻求彼此间协调、合作的切入点，为彼此间的协作打下基础；农村社区体育共生主体间的协作必须要在相关政策法规和彼此间约定、协议的范围内形成，以合同、协议、约定的形式保证协作过程中主体间体育利益的获得，使协作达到主体利益最大化目标。农村社区体育主体之间公平竞争与彼此协作，是农村社区体育共生关系形成、维持和演化的动力机制，也是实现农村社区体育共生发展目标的基本形式，必须要正确引导和规范。

（五）做好新农村社区建设的统筹规划，促进社区体育与社区建设共生发展农村社区体育发展与新农村社区建设各子系统间存在着互惠互利、相互促进的共生关系。为了促进农村社区体育与新农村社区建设各子系统间的共生发展，农村社区建设要加强统筹和规划，突出农村社区体育发展的重要地位。同时充分发挥农村社区体育在新农村社区建设中的催化作用，增加农村社区建设的动力和活力。

1. 做好农村社区体育组织工作

将农村社区体育作为新农村社区建设不可或缺的组成部分，制定专门的、翔实的农村社区体育活动计划，充分发挥农村乡镇综合文化站的领导和协调功能，成立专门的农村社区体育综合协调机构，鼓励村委会领导担任机构的主要领导，以发挥其对社区体育的领导和协调功能。做好农村社区体育组织的领导、协调和管理工作，推动全国性农民体育组织向乡镇、农村社区一级延伸，健全农村社区体育组织体系，鼓励农村社区居民积极参加各种体育组织，努力搞好农村社区体育组织文化建设，增加农村社区体育组织的凝聚力，提高其组织效能。大力宣传农村社区体育活动，充分发挥农村社区居民的体育与健康需求的引导作用，鼓励社区居民积极参与农村社区体育活动，在农闲、传统节庆日的闲暇时间上做好农村社区体育的文章，广泛开展农村社区居民喜闻乐见的、内容多样、形式各异的农村社区体育活动，充分挖掘农村民族、民俗、民间传统体育活动的资源宝藏，丰富农村社区体育活动的项目资源，形成社区居民广泛参与、各社区组织积极配合、通力合作的农村社区体育发展新局面，促使农村社区体育活动开展常态化和组织化。

2. 做好新农村社区建设资金统筹工作

充分利用新农村社区建设的契机，做好新农村社区建设资金的统筹工作，增加农村社区体育发展资金的投入，必要时可以划拨农村社区体育发展专项资金，做到专款专用，用于支撑农村社区体育的发展。广开农村社区体育资金来源渠道，加大农村社区体育财政预算，增加体育彩票公益金中农村社区体育经费的比例，鼓励企业、社团等社会力量对农村社区体育的经费支持和投入。根据新农村社区建设的实际情况和社区居民的体育需求，加大农村社区体育资源的配置力度，做好农村社区体育资源配置的规划工作，增加农村社区体育资源的配置总量，注重农村社区体育资源配置种类的多样性和互补性，避免社区体育资源的重负配置，将农村社区体育资源的综合配套条件也纳入到资源配置工作中去，以方便农村社区居民对体育资源的使用，最大限度地满足农村社区居民的体育需求。

3. 充分发挥农村社区体育的辐射、带动作用

农村社区体育发展必须与新农村社区建设相适应，将农村社区体育作为新农村社区建设的重要内容，成为新农村社区建设的子系统之一，才能发挥其对新农村社区建设的辐射、带动作用。农村社区体育的辐射、带动作用主要表现在以下几个方面。

（1）提高农村社区居民的综合素质。新农村社区建设是一项由以政府为主导，以全体社区居民共同参与的复杂的系统工程，社区居民的素质高低，将直接决定着新农村社区建设的成败。农村社区体育的发展能够全方位、多层面提高农村社区居民的综合素质，使社区居民的主体意识、公民意识、权利意识、民主意识和社会参与意识都得到增强，可以激发农村社区居民参与新农村社区建设的热情和积极性，在新农村社区建设中充分发挥自己的聪明才智，推动新农村社区建设的社会治理模式的构建和实现。

（2）带动新农村社区基础设施的建设。农村社区体育对农村社区公共体育场地设施建设提出了更高要求，必将促进农村社区公共体育场地设施的规划、开发和建设，作为新农村社区基础设施建设的组成部分，其本身为适应农村社区体育发展要求而使建设进程迅速推进就是新农村社区基础设施建设的巨大进步。同时，农村社区公共体育场地设施的规划和建设，需要与之相应的交通条件、水电、供暖、环境卫生等新农村社区基础设施的综合配套支撑，必将刺激新农村社区基础设施建设的发展。

（3）充实、丰富农村社区文体娱乐服务内容。农村社区体育服务本身就是新农村社区文体娱乐服务的重要内容，农村社区体育活动的繁荣发展，是新农村社区文体娱乐服务内容的极大丰富，为农村社区居民提供了多样化的娱乐、休闲生活方式，充分满足了社区居民的精神文化生活需求。另外，在新农村社区文体娱乐活动中往往文体不分家，在农村社区体育活动的开展过程中往往伴随着文艺表演活动的内容，而文艺表演活动内容中也往往包含体育活动的内容，如武术表演、太极拳表演、健身操表演，等等。因此，新农村社区体育活动开展往往会对其他文艺表演活动起着辐射、带动作用，使新农村社区文体娱乐服务的内容

进一步得到充实和丰富。

在新农村社区体育活动开展过程中，要突破农村社区体育的局限，扩大农村社区体育的社会影响，争取吸引更多的社区居民、部门、机构参与社区体育，增加农村社区体育与新农村社区建设各子系统之间的密切联系，充分发挥农村社区体育的辐射、带动作用，通过社区体育的发展，带动新农村社区建设的各项工作，加快新农村社区建设的进程。

总之，为促进新农村社区体育的共生发展，本研究结合现阶段农村社区体育发展尚处于初级阶段的现状，着眼于培育农村社区体育发展的共生要素、构建合理的农村社区体育内外共生关系和增进农村社区体育共生发展的动力，从树立农村社区体育共生发展观、培育农村社区体育共生主体、优化配置社区体育资源共生关系、健全农村社区体育共生发展的约束条件（共生规范）和优化农村社区体育共生关系五个主要方面提出了发展对策，必将推动农村社区体育的共生发展，实现新农村社区体育和谐发展的目标。

第五章　研究结论与研究展望

第一节　研究结论

新农村社区建设以改善民生为本，而农村社区居民的身心健康及生活质量的改善则是改善民生的重要表现。从农村社区居民健康及生活质量改善的角度出发，农村社区体育是我全民健身事业和新农村社区建设两大领域的交融，应该成为新农村社区建设的核心内容，在新农村社区建设的各个领域都应占有较高的地位。

新农村社区规划和建设多以对农村传统的自然村、行政村进行撤并而建成新型农村社区，使农村居民的集居程度提高，人口的数量和密度增加，为农村社区体育的开展提供了必要人口条件；新农村社区服务体系的不断健全和完善，为农村社区体育服务体系的建设提供了广阔的平台，促进了新农村社区体育服务体系的发展，为农村社区体育发展提供了组织条件；新农村社区基础设施建设将农村社区公共体育场地设施的建设列入其规划和设计的范畴之内，促进了农村社区公共体育场地设施的发展，为农村社区体育发展提供了物质条件；新农村社区民主法制建设则为农村社区体育活动的开展提供了公平、公正、公开、民主、平等、参与等文化氛围。因此，农村社区体育因我国新农村社区建设这一历史任务的提出再次焕发出生机和活力，获得了良好的发展机遇，也为本书提供了现实背景和实践依据。将社会共生理论运用到新农村社区体育发展领域，构建了新农村社区体育共生发展模式，为新农村社区体育发展搭建理论平台，丰富了农村社区体育发展的理论体系，也是对新农村社区建设理论的丰富和充实，从宏观上为新农村社区体育的发展提供理论参考。

本书研究的主要结论包括：

一　新农村社区体育的发展具有重大意义

新农村社区体育发展对于社会主义新农村建设和农村新型城镇化发展具有长远而重大的意义，有利于促进我国农业、农村、农民的现代化发展，加速我国城乡一体化发展的进程。本书认为，新农村社区体育发展的重大意义主要表现为以下三个方面：

（一）有利于促进我国农村社会结构转型

农村社区体育发展将在农村产业结构优化和调整、消除农村社会阶层分化的消极影响、促进农民价值观念的变革、培养农民的创新意识等方面促进农村社会结构转型。

（二）有利于提高农村社区居民的生活质量

农村社区体育发展有利于降低农村社区居民消费的恩格尔系数，增进农村社区居民的健康，改善农村社区居民的生活方式，提高农村社区居民的生活质量。

（三）有利于推动新农村社区建设

新农村社区体育发展在农村社区基础设施建设、社区组织建设、社区公共服务建设以及社区民主法制建设等方面促进新农村社区建设。

二　我国农村社区体育发展历程

我国农村社区体育发展历程可分为社会主义新农村建设提出之前和社会主义新农村社区建设提出之后两个阶段。社会主义新农村建设提出之前的农村体育分为农村体育的初步繁荣期、农村体育的曲折前进期、农村体育的异常兴盛期、农村体育的全面恢复和社会化发展期、农村体育深化改革和转型发展期五个时期；社会主义新农村建设提出后新农村社区体育分为农村社区体育发展的点—点布局的初级阶段和农村社区体育发展的点—面结合布局阶段两个阶段。

三　新农村社区体育发展共生关系

新农村社区体育发展过程具备社会共生发展需要的基本构成要素，同时具备了内、外共生关系建立、维系和演化的各种条件，其共生发展是一种合理的社会存在，构建新农村社区体育共生发展模式具有基本的理论假设和依据。

四　新农村社区建设示范单位的农村社区体育发展实证调查现状

（一）农村社区体育共生主体状况

农村社区居民和农村社区体育组织是农村社区体育共生发展的两大

主体要素。农村社区居民闲暇时间的支配方式以看电视为主，体育健身的生活方式尚未为大多数农村社区居民所接受；农村社区居民体育参与频率和每次持续的时间均缺乏规律性；农村社区居民每天参与体育活动的时段选择以清晨、晚饭后和傍晚最多。

农村社区居民的体育科学素养：社区居民对体育活动功能的认知程度较低，大多数局限于对体育本质功能的认知层面上，只有少数农村社区居民对体育活动的社会功能有所认识；农村社区居民的体育知识掌握状况不容乐观；农村社区体育健身指导服务受众较少。

农村社区体育组织状况：农村社区体育组织建设状况不容乐观，只有少数农村社区成立了社区体育组织；且正式组织较少，很难保证农村社区体育的组织化、规律化、正常化的需求；虽然整体上看农村社区体育组织类型呈现出多样性，种类也较为齐全，但具体到某个农村社区，社区体育组织则种类单一；多数社区体育组织缺乏专门的办公场所，组织领导缺乏专业的体育背景；农村社区体育组织职能弱化，社区体育活动开展次数少，内容和形式单一。

（二）农村社区体育共生资源状况

农村社区体育人力资源配备严重不足，有些社区没有配备社区社会体育指导员；在配备社会体育指导员的社区中，专职的少，兼职的多，女性社会体育指导员比例非常少；社会体育指导员缺乏长效的培训机制。

农村社区体育场所状况：自己家里、社区活动广场、住宅区空地等是农村社区居民体育健身的主要场所，选择农村社区体育活动站（室）和体育健身场所的比例非常低；农村体育场地设施配备总量相对不足，体育场地设施类型单一；部分农村学校体育场地设施不对社区居民开放；农村社区体育场地设施的维护、保养和管理工作被忽视，农村社区的体育场地设施建成之后闲置、损坏和废弃的现象严重。

农村社区体育项目资源比较丰富，种类比较齐全，但具体到某个社区而言，体育项目资源少且单一，跑步和散步成为居民主要健身方式；农村社区体育信息资源获取渠道。

农村社区体育经费状况：农村社区体育组织经费主要依靠政府拨款，对政府有着较大的依赖性；绝大多数农村社区体育活动的开展缺乏必要的经费支撑，社区体育活动经费资源匮乏。

（三）农村社区体育共生规范状况

群众体育政策法规的普及程度不高，绝大多数农村社区居民对我国体育政策法规不太了解；农村社区缺乏专门的体育政策法规为社区体育发展保驾护航；大多数农村社区体育组织规章制度缺失或不健全，组织效能低下。

（四）农村社区体育共生实践状况

农村社区领导与社区居民之间产生了积极的体育共生关系，能够对社区居民的体育行为起到号召、带动作用。社区领导对社区体育工作持积极态度，大部分社区领导能够积极主动地参与体育健身行为；但农村社区体育共生行为的计划性和组织性较差，表现为大部分农村社区体育缺乏专门的活动计划，社区体育的组织化程度较低，以农民自发参与为主；农村社区体育主体间缺乏互利互动关系，开展农村社区体育活动的形式主要为居民自发参加体育活动；农村社区体育主体共生知识技能获得渠道不容乐观，相当比例的居民未接受过任何形式的社区体育健身指导，虽然农村社区体育宣传形式也呈现以社区宣传栏的形式为主的多样化特点，但仍有部分农村社区没有任何形式的社区体育宣传；农村社区居民体育共生行为过程监测手段几乎处于空白，只有极少数农村社区配备了居民体质监测系统。

（五）农村社区体育共生发展影响因素

影响农村社区体育共生发展主要因素为：农村社区体育共生资源不足，如缺乏闲暇时间、社区体育场地设施不足、经费短缺、缺乏社区体育人才；农村社区体育共生主体缺失和行为意识能力不足，如社区体育组织数量少且组织能力不强、居民缺乏体育健身知识技能、社区居民参与意识不强等；农村社区体育共生环境正能量不足，如社区及周围没有体育健身活动的氛围。

五　构建新农村社区体育共生发展模式

（一）新农村社区体育共生发展模式构建的目标和指导思想

1. 新农村社区体育共生发展模式构建的总体目标

新农村社区体育共生发展的总体目标是在现有社区体育人口和组织、社区体育资源总量和社区体育政策法规体系共同推动的基础上，以社会共生理论为指导，结合新农村社区建设理论和公民社会理论等，以健全农村社区体育系统的共生要素为出发点，优化农村社区体育系统内主体要素之间的体育共生关系，规范体育共生实践，同时协调、规范、优化农村社区体育系统与新农村社区建设各子系统之间的共生关系，实现农村社区体育系统内部要素与新农村社区建设之间的共生发展。

2. 新农村社区体育共生发展模式构建的指导思想

新农村社区体育共生发展的指导思想是：新农村社区体育发展须以满足社区居民的体育与健康需求为宗旨；新农村社区体育发展应实现系统内部诸要素之间的和谐共生；新农村社区体育发展必须与新农村社区建设协调共生。

（二）分析了农村社区体育发展的共生机制

从农村社区居民多样化的体育与健康需求养成机制，农村社区体育资源配置与交换、共享机制，农村社区居民的公民意识培养机制和农村社区体育组织建设的长效机制四个方面分析了农村社区体育发展的共生机制。

（三）构建了农村社区体育共生发展体系

从农村社区体育内外共生关系出发，构建了农村社区体育的内、外共生发展体系的框架结构，并对体系的构成要素和共生关系进行了分析。

（四）提出了农村社区体育共生发展的对策

从树立社区体育共生发展观、培育农村社区体育共生主体、优化配置社区体育资源共生关系、健全农村社区体育共生发展的约束条件（共生规范）和优化农村社区体育共生关系五个方面提出了新农村社区体育共生发展的对策。

第二节　研究展望

农村社区体育是一种社会存在，其内部要素共生主体之间及其与新农村社区建设各子系统之间存在普遍的社会共生关系是一种社会必然，探索新农村社区体育共生发展规律将是一项长期而艰巨的研究任务，具有深远的研究意义和广阔的研究前景。

农村社区体育因地域分布、经济状况、民族传统、民俗习惯等不同而表现出较大的差异性，要全面研究农村社区体育共生发展的整体性和特殊性，需采用质化研究和量化研究相结合的方法，对农村社区体育进行研究。由于时间和精力所限，本书仅针对农村社区体育发展的共性特征进行了量化研究，缺少对农村社区体育个性特征的质化研究，研究方法有些单一，今后将加强农村社区体育的个案研究，来补充本研究的不足。

本书仅对山东省新农村社区建设实验全覆盖示范单位的农村社区体育进行了实证研究，缺乏对全国其他省市新农村社区建设实验全覆盖示范单位农村社区体育的实证研究，实证研究结果代表性不够全面；随着我国社会主义新农村建设进一步发展，新农村社区建设实验全覆盖示范单位将逐渐扩大，将会不断涌现新情况，带来新的研究价值。因此，继续扩大农村社区体育实证研究范围是本书的后续工作之一。

附　　录

关于新农村社区体育的调查问卷（领导卷）

尊敬的社区领导：

您好！本人正在做《新农村社区体育共生发展模式研究》的课题研究，需要对贵社区体育活动情况进行全面了解，希望得到您的帮助和支持。本人对调查资料进行严格保密，对您本人和贵社区工作不会长生任何不利影响。感谢您在百忙之中抽出时间给予大力支持。

填表说明：请您选择正确答案的序号填在题后括号内

1: 请在每个问题后面适合您或贵社区的情况的答案序号上画圈或在________上填上适当的内容。

2. 如无特殊说明，每个问题只有一个正确答案。

3. 填答问卷时请不要与他人商量。

1. 您的性别________，年龄________。

2. 您对社区体育工作的态度

A. 非常支持　B. 支持　C. 无所谓　D. 不太支持　E. 反对

3. 您本人参加体育活动的情况

A. 热衷于体育活动，积极主动参加 B. 因工作需要才参加

C. 因健康需要参加　D. 热衷于体育活动却不能经常参加

E. 对体育活动不关注，从不参加

4. 贵社区有无体育组织

A. 有　B. 无

（如果有请继续填答，如果无请从第 12 题开始填答。）

5. 贵社区体育组织的数量________个，其中正式注册的体育组织________个，自发的体育组织________个。

6. 贵社区的体育组织有无健全规范的规章制度

A. 有　B. 无

7. 贵社区体育组织的经费来源（可多选）

A. 无　B. 政府拨款　C. 企业赞助　D. 成员自筹

E. 体育组织经营收入　F. 其他

8. 贵社区体育组织有无专门的办公场所

A. 有　B. 无

9. 贵社区体育组织管理人员有无体育专业背景

A. 有　B. 无

10. 贵社区体育组织有（可多选）

A. 社区单项体协　B. 社区老年体协　C. 社区行业体协

D. 社区农民体协　E. 体育志愿者协会　F. 社区体育活动站点

G. 社区体育辅导站　H. 社区体育服务中心　I. 社区体协　J. 其他

11. 贵社区体育组织组织体育活动或比赛的频率一般是

A. 无　B. 每年 1—3 次　C. 每年 3—5 次

D. 每年 6—8 次　E. 每年 9—11 次　F. 更多

12. 贵社区拥有的体育场地设施类型（可多选）

A. 综合文体活动室　B. 室外活动广场

C. 室外健身路径　D. 篮球场（含社区学校）

E. 排球场（含社区学校）　F. 乒乓球场（含社区学校）

G. 田径场（含社区学校）　H. 游泳池（含社区学校）

I. 羽毛球场（含社区学校）　J. 无

13. 贵社区体育场地设施有无专人或部门管理

A. 有　B. 无

14. 贵社区有无社会体育指导员配备情况（可多选）

A. 无　B. 只有专职社会体育指导员

C. 只有兼职社会体育指导员　D. 专职和兼职的社会体育指导员都有

E. 有一定比例的女社会体育指导员

15. 贵社区社会体育指导员接受培训情况

A. 定期接受培训　　　　B. 不定期接受培训

C. 偶尔接受培训　　　　D. 从未接受培训

16. 贵社区开展体育健身指导的形式（可多选）

A. 无

B. 定期举办专家讲座

C. 社会体育指导员赴健身站点现场指导

D. 订制体育健身指导教材

E. 通过健身俱乐部进行指导

F. 其他

17. 贵社区体育健身活动宣传形式（可多选）

A. 社区体育宣传栏　　　　B. 组织居民观看体育电视节目

C. 订阅体育报纸杂志　　　　D. 向社区居民公布相关的体育网站

E. 聘请体育健身专家现场宣讲　　F. 通过社区体育比赛进行宣传

G. 其他　　　　H. 无

18. 贵社区居民体质监测工作情况（可多选）

A. 无

B. 只有普通的健康体检活动

C. 为社区居民建立健康档案

D. 配备体质监测系统，定期对居民进行体质监测

19. 贵社区体育活动的组织情况（可多选）

A. 居民自发参加体育活动

B. 社区体育组织举办体育活动

C. 居民委员会组织体育活动

D. 社区其他组织体育职能部门举办的体育活动

E. 组织参加上级组织的体育活动

F. 与其他农村社区联合组织体育活动

G. 与城市社区结对组织体育活动互动

H. 其他

20. 贵社区有无社区体育活动计划

A. 有　　　B. 无

21. 贵社区有无体育活动专项资金

A. 有　　　B. 无

22. 贵社区是否参加过全民健身运动会

A. 是　　　B. 否

23. 贵社区规划中有无专门的体育法规政策

A. 有　　　B. 无

24. 贵社区体育发展存在的问题有（可多选）

A. 经费不足

B. 社区居民参与意识不强

C. 社区体育组织数量少且组织能力不强

D. 缺乏较高层次的展示平台

E. 体育场地设施不足

F. 社区环境不适于开展体育活动

G. 缺乏社区体育人才

H. 缺乏社区体育政策法规的保障

I. 基层政府不重视

J. 与城市社区体育活动之间缺乏交流与互动

K. 社区居民缺乏体育健身知识和技能

L. 其他

关于新农村社区体育的调查问卷(居民卷)

亲爱的朋友：

为了本人课题研究的需要，对您参与体育活动的情况进行全面的了解，希望得到您的帮助和支持。

填表说明：

1. 请在每个问题后面适合您或贵社区的情况的答案序号上画圈或在________填上适当的内容。

2. 如无特殊说明，每个问题只有一个正确答案。

3. 填答问卷时请不要与他人商量。

1. 您的性别＿＿＿＿＿＿＿＿＿，年龄＿＿＿＿＿＿＿＿＿。
2. 您的文化程度
A. 小学　　B. 初中　　C. 高中
D. 大专　　E. 大学及以上
3. 您业余时间喜欢参加什么活动（可多选）
A. 与邻里聊天　　B. 看电视　　C. 体育健身
D. 玩棋牌　　E. 读书看报　　F. 参加其他活动
4. 您每周参加体育锻炼的次数
A. 不足 1 次　　B. 1—2 次　　C. 3—4 次
D. 几乎每天都锻炼　　E. 只在农闲季节锻炼
5. 您每次锻炼的时间
A. 30 分钟及 30 分钟以下　　B. 30 分钟至 1 小时
C. 1 小时至 1 个半小时　　D. 1 个半小时至 2 小时
E. 2 小时以上
6. 您觉得参与体育活动有哪些好处（可多选）
A. 强身健体　　B. 延年益寿　　C. 休闲娱乐
D. 预防和治疗疾病　　E. 增进人际交流，改善人际关系
F. 获得群体归属感　　G. 满足自我表现的愿望
H. 其他
7. 您一天中通常在什么时间参与体育活动（可多选）
A. 清晨　　B. 上午　　C. 中午
D. 下午　　E. 傍晚　　F. 晚饭后
8. 您通常在什么地方参加体育活动（可多选）
A. 自己家中　　B. 文体活动室
C. 住宅区空地　　D. 社区活动广场
E. 体育健身场所　　F. 收费体育场所
G. 街道、道路旁、公园
9. 您参加体育活动的项目（可多选）
A. 跑步或散步　　B. 球类项目
C. 武术、气功、太极拳　　D. 游泳
E. 有氧健美、健身操　　F. 徒手操
G. 社区（村）所在地区的民族、民俗体育项目

H. 钓鱼　　　　　　　　I. 其他

10. 您所在的社区（村）有无体育组织

A. 有　　　　　　　　B. 无

（如果有请填答第 11—17 题，如果无从第 18 题开始填答。）

11. 您和社区体育组织的关系

A. 非组织成员　　　　　　B. 普通组织成员

C. 组织骨干　　　　　　　D. 组织领导

12. 您所在社区体育组织的缴费情况

A. 定期缴纳会员费

B. 只有组织大规模活动时才缴纳一定费用

C. 自愿缴费

D. 从不缴费

13. 您所在社区体育组织活动开展情况

A. 经常自主组织体育活动

B. 只按照上级安排组织体育活动

C. 只在节庆日组织体育活动

D. 偶尔组织体育活动

E. 从不组织体育活动

14. 您所在的体育组织有无正式而健全的规章制度

A. 有　　　　　　　　B. 无

15. 您所在的体育组织有无自己专有的体育场地设施

A. 有　　　　　　　　B. 无

16. 您所在的体育组织对社区的体育公共场地设施有无使用权

A. 有　　　　　　　　B. 无

17. 您所在的体育组织有哪些特色文化（可多选）

A. 组织标志　　　　　　B. 组织口号

C. 组织成员的行为准则　　D. 组织宣传栏

E. 统一的组织服装　　　　F. 其他

18. 贵社区（村）拥有的体育场地设施类型（可多选）

A. 综合文体活动室　　　　B. 社区活动广场

C. 室外健身路径　　　　　D. 篮球场（含社区学校）

E. 排球场（含社区学校）　F. 乒乓球场（含社区学校）

G. 田径场（含社区学校） H. 游泳池（含社区学校）
I. 羽毛球场（含社区学校） J. 无
19. 您所在社区（村）内或周边学校的体育场地设施是否对外开放
A. 是 B. 否
20. 您对所从事的体育活动项目的规则了解情况
A. 非常了解 B. 了解 C. 一般
D. 不太了解 E. 毫无所知
21. 您接受体育健身指导的情况
A. 定期接受 B. 不定期接受
C. 偶尔接受 D. 从未接受
22. 您获取体育信息的渠道（可多选）
A. 学校体育教育 B. 体育健身知识讲座
C. 通过社区体育健身宣传栏
D. 通过网络、电视、报刊等媒体渠道
E. 跟社区体育健身队伍交流和学习
23. 您所在的社区（村）有无社区体育活动的政策法规
A. 有 B. 无
24. 您对我国群众体育政策法规的了解情况
A. 非常了解 B. 了解 C. 一般
D. 不太了解 E. 毫无所知
25. 您对从事体育活动环境的满意程度
A. 非常满意 B. 满意 C. 一般
D. 不满意 E. 非常不满意
26 您所在的社区（村）与邻近城市社区有无体育交流
A. 有 B. 无
27. 您所在社区（村）与邻近农村社区（村）之间有无体育交流
A. 有 B. 无
28. 您所在社区（村）是否参加过更高平台的体育活动或比赛
A. 是 B. 否
29. 您所在社区（村）体质监测的工作情况
A. 无 B. 只有普通的健康体检活动
C. 为社区居民建立健康档案

D. 配备体质监测系统，定期对居民进行体质监测

30. 您所在社区有社会体育指导员或其他指导体育活动的人

A. 无　　　　　　　　B. 1—2 个

C. 3—5 个　　　　　　D. 5 个以上

31. 影响您参与体育活动的因素有（可多选）

A. 没有闲暇时间　　　　　B. 缺乏体育健身知识技能

C. 社区（村）体育组织数量少且组织能力不强

D. 缺乏较高层次的展示平台

E. 社区体育场地设施不足

F. 社区环境不适于开展体育活动

G. 社区及周围没有体育健身活动的氛围

H. 对体育健身活动功效认识不足

I. 体育活动场所距离住所太远，不方便

J. 缺乏必要的体育消费能力

K. 患有不宜运动的疾病

L. 其他

参 考 文 献

[1] 白晋湘、杨斌等:《交互、分化、吸纳、共生——论中国传统体育与民族舞蹈的历史渊源》,《北京体育大学学报》2001 年第 2 期。

[2] 百度百科,http://baike.baidu.com/view/4946591.htm。

[3] 曹军、于军、陈辉:《社会主义新农村建设目标下发展农村体育的思考》,《中国体育科技》2006 年第 6 期。

[4] 常华、周国群:《我国群众体育的历程及发展趋势》,《体育与科学》2009 年第 5 期。

[5] 陈明泉:《村庄社区规划与管理》,高等教育出版社 2011 年版。

[6] 陈建兵:《农村体育文化建设研究——以淮安市楚州区为例》,硕士学位论文,南京农业大学,2007 年。

[7] 陈江玲、林子英:《社会学》,广东经济出版社 2000 年版。

[8] 陈秋玲:《走向共生:基于共生关系的开发区发展路径依赖》,经济管理出版社 2007 年版。

[9] 陈喜强:《中国城市社区组织身份治理与协调发展模式研究》,博士学位论文,西南交通大学,2008 年。

[10] 陈旸:《社区体育服务绩效评价》,北京师范大学出版社 2011 年版。

[11] 陈玉忠:《新一代农民工的社会阶层特征与体育需求》,《体育学刊》2010 年第 11 期。

[12] 储亚娟:《对农村社区体育设施配套建设的研究》,《吉林体育学院学报》2009 年第 2 期。

[13] 丛湖平、张爱华等:《论我国东部省份体育产业区域发展模式的构建》,《体育科学》2004 年第 12 期。

[14] 董顺波、王科飞:《中原经济区新农村社区体育的发展》,《体育学刊》2013 年第 9 期。

[15] 董新军、易锋：《苏南小城镇社区体育发展模式构建》，《北京体育大学学报》2012 年第 12 期。
[16] 董肇君：《系统工程与运筹学》，国防工业出版社 2003 年版。
[17] 杜漪：《新农村社区建设的路径选择》，《当代经济研究》2009 年第 8 期。
[18] 樊炳有、高军：《体育公共服务——内涵、目标及运行机制》，人民体育出版社 2010 年版。
[19] 樊炳有：《社区体育论》，北京体育大学出版社 2003 年版。
[20] 樊继达：《统筹城乡发展中的基本公共服务均等化》，中国财政经济出版社 2008 年版。
[21] 冯钢：《社会学》，浙江大学出版社 2004 年版。
[22] 甘信奎：《新农村社区建设模式及政策推进》，《江汉论坛》2009 年第 2 期。
[23] 甘信奎：《中国当代新农村社区建设的现实条件及路径选择》，《理论学刊》2007 年第 1 期。
[24] 谷中原：《农村社会学新论》，武汉大学出版社 2009 年版。
[25] 顾民杰：《新型农村社区体育文化服务创新体系建设研究》，《东岳论丛》2013 年第 11 期。
[26] 国家体育总局：《体育事业发展“十二五”规划》，2011 年 4 月 1 日。
[27] 《国家体育总局关于实施农民体育健身工程的意见》，2006 年 3 月 20 日。
[28] 国家体育总局：《农村体育工作暂行规定》，2004 年 4 月 12 日。
[29] 郭林璇：《社会结构转型时期社区体育的定位与价值》，《成都体育学院学报》2006 年第 2 期。
[30] 国务院：《全民健身条例》，2009 年 8 月 7 日。
[31] 郭翔宇：《统筹城乡发展：理论、机制、对策》，中国农业出版社 2007 年版。
[32] 郭修金、胡守钧：《我国教练员与运动员社会共生关系的基本要素研究》，《成都体育学院学报》2011 年第 7 期。
[33] 郝晓岑、冯国有：《首都城乡体育一体化发展审视》，《体育文化导刊》2011 年第 7 期。

[34] 何平:《中国乡村治理模式的嬗变:农村社区建设与村民自治的共生共建》,《三江论坛》2011 年第 10 期。
[35] 何增科:《公民社会与第三部门》,社会科学文献出版社 2000 年版。
[36] 侯岩:《中国城市社区服务体系建设研究报告》,中国经济出版社 2009 年版。
[37] 胡际权:《中国新型城镇化发展道路》,重庆出版社 2008 年版。
[38] 胡守钧:《社会共生论》,复旦大学出版社 2006 年版。
[39] 胡小明:《分享运动——体育可持续发展的路径》,《体育科学》2010 年第 11 期。
[40] 胡茵:《我国社区体育公共服务体系的建设与完善》,《北京体育大学学报》2009 年第 5 期。
[41] 华音、胡彪等:《体育信息资源共享的现状、问题和措施》,《体育文化导刊》2005 年第 10 期。
[42] 黄波、吴乐珍等:《非营利组织管理》,中国经济出版社 2008 年版。
[43] 黄永红:《社区建设政策与法规》,机械工业出版社 2011 年版。
[44] 焦卫宾、周登嵩:《构建我国新农村体育服务体系中的农村学校体育发展模式》,《北京体育大学学报》2008 年第 5 期。
[45] 焦卫宾:《我国新农村体育服务体系中的农村学校体育发展——以东中部农村学校为例》,博士学位论文,福建师范大学,2008 年。
[46] 李浩然:《城乡一体化与农村体育发展》,《体育文化导刊》2010 年第 10 期。
[47] 李继伟:《新农村建设中村庄重组与和谐乡村社区体育的构建》,《体育与科学》2006 年第 4 期。
[48] 李俊:《我国改革开放以来的人口流动与农村社会结构变迁》,《兰州学刊》2011 年第 10 期。
[49] 李丽、夏冬等:《对中外社区、社区体育概念界定与发展流变的若干研究》,《沈阳体育学院学报》2012 年第 5 期。
[50] 李留东、张文革:《建设社会主义新农村视角下发展农村体育的几点思考》,《成都体育学院学报》2006 年第 6 期。

[51] 李民：《民族地区高校产学研合作服务地方经济建设的理论与实践》，中南大学出版社 2010 年版。

[52] 李秋萍：《和谐社会视野下农村社区体育发展的构想》，《农业考古》2008 年第 3 期。

[53] 李伟、邹绍清：《系统共生论视野下思想政治教育新探》，《理论月刊》2010 年第 10 期。

[54] 李燕：《共生教育论纲》，博士论文，山东师范大学，2005 年。

[55] 李柱：《十一届三中全会以来我国农村体育发展的回顾与展望》，《山西师大体育学院学报》2006 年第 2 期。

[56] 梁昊：《建设新型农村社区是推进就地城镇化的有效切入点——对河南、山东、湖北等地新型农村社区改革试点的调研》，《农村财政与财务》2013 年第 5 期。

[57] 厉以宁：《中国应走农民“就地城镇化”道路》，《农村工作通讯》2013 年第 21 期。

[58] 梁丽萍：《政治社会学》，中央编译出版社 2009 年版。

[59] 凌平：《中国体育发展观念的变迁与前瞻》，《山东体育学院学报》2003 年第 1 期。

[60] 刘畅、梅洪元等：《浅析当代体育公园与城市环境的共生》，《城市建筑》2013 年第 10 期。

[61] 刘畅：《农村社会学》，华中科技大学出版社 2008 年版。

[62] 刘国富、王小垒等：《新农村建设中农村社区体育多元服务体系模式的构建》，《体育成人教育学刊》2013 年第 1 期。

[63] 刘红建、孙庆祝等：《江苏省城乡体育公共服务一体化发展研究》，《山东体育学院学报》2011 年第 6 期。

[64] 刘红建、高雯雯等：《体育公共服务城乡一体化发展的理论基础及概念解析》，《体育成人教育学刊》2011 年第 1 期。

[65] 刘红建、孙庆祝等：《共生理论视角下我国城乡群众体育的统筹发展》，《首都体育学院学报》2009 年第 5 期。

[66] 刘澜、王琳等：《交通运输系统分析》，西南交通大学出版社 2008 年版。

[67] 刘明珍：《公民社会与治理转型：发展中国家的视角》，中央编译出版社 2008 年版。

[68] 刘庆青:《农村社区体育发展的动力要素分析》,《北京体育大学学报》2007 年第 6 期。
[69] 刘庭友:《农村社区体育发展现状及在建设社会主义新农村中的作用》,《经济研究导刊》2010 年第 13 期。
[70] 刘雯雯:《浅谈"多村一社区"建设模式与当前农村社区建设》,《中国商界》2010 年第 10 期。
[71] 刘杏芝:《体育全球化——世界体育文化与民族体育文化的和谐共生》,《山东师范大学学报》(人文社会科学版) 2006 年第 4 期。
[72] 刘笑舫、李新锋:《全国农运会与农村体育发展模式研究》,《体育文化导刊》2012 年第 4 期。
[73] 娄方平:《三峡库区城乡体育一体化发展模式及对策研究》,《重庆大学学报》(社会科学版) 2009 年第 3 期。
[74] 卢文云:《新农村建设背景下西部农村居民体育活动现状、问题与对策研究》,《北京体育大学学报》2012 年第 11 期。
[75] 卢文云、熊晓正:《建国以来我国农村体育发展的历史回顾与启示》,《北京体育大学学报》2005 年第 4 期。
[76] 陆佩华、王英利等:《新农村社区建设中的村民参与问题研究》,《南通职业大学学报》2009 年第 2 期。
[77] 罗湘林:《村落体育研究——以一个自然村为个案》,博士学位论文,北京体育大学,2005 年。
[78] 骆秉全:《首都城乡体育发展一体化研究》,人民体育出版社 2011 年版。
[79] 骆慧菊:《和谐社会构建中的湖南农村体育发展模式研究》,《湖北体育科技》2011 年第 2 期。
[80] 陈亚军、魏文思:《基于社会共生理论下的南京青奥会与学校体育和谐发展研究》,《南京体育学院学报》2011 年第 6 期。
[81] 吕静、孙赫呈:《东北地区新农村社区建设模式的实践研究》,《吉林建筑工程学院学报》2011 年第 2 期。
[82] 马新民等:《建设社会主义新农村目标下构建和谐农村社区体育的思考》,《北京体育大学学报》2007 年第 9 期。
[83] 孟祥林、王印传:《新型城乡形态下的农村城镇化问题研究》,经

济科学出版社 2011 年版。
[84] 孟园园：《传播学视角下体育赛事与电视互利共生研究》，硕士学位论文，首都体育学院，2013 年。
[85] 李国、孙庆祝：《共生共荣：区域体育产业共生发展机制研究》，《武汉体育学院学报》2012 年第 9 期。
[86] 民政部：《全国和谐社区建设示范单位指导标准（试行）》，2008 年 10 月 10 日。
[87] 民政部：《全国农村社区建设实验县（市、区）实施方案》，2007 年 3 月。
[88]《民政部关于做好农村社区建设试点工作推进社会主义新农村建设的通知》，2006 年 9 月 22 日。
[89] 倪文杰、刘家丰：《现代汉语常用辞海》（第一卷），中国建材工业出版社 2001 年版。
[90] 农业部软科学委员会办公室编：《促进农民增收与全面建设小康社会》，中国农业出版社 2005 年版。
[91] 潘施伊：《新农村社区城乡结合部体育文化发展的综述思考》，《浙江体育科学》2011 年第 2 期。
[92] 潘海生：《"就地城镇化"：一条新型的城镇化道路——关于浙江省小城镇建设的调查与思考》，《中国乡镇企业》2012 年第 12 期。
[93] 彭红碧、杨峰：《新型城镇化道路的科学内涵》，《理论探索》2010 年第 4 期。
[94] 平永忠、任保国：《乡镇政府在新农村社区体育建设中的作用——以山东省为例》，《武汉体育学院学报》2011 年第 1 期。
[95] 戚学森主编：《农村社区建设理论与实务》，中国社会出版社 2008 年版。
[96] 秦丛丛：《山东省就地城镇化建设的实践及启示》，《沈阳农业大学学报》（社会科学版）2013 年第 5 期。
[97] 秦庆武：《村民自治与农村经济合作组织》，山东人民出版社 2006 年版。
[98] 秦兴洪、廖树芳等：《中国农民的变迁》，广东人民出版社 1999 年版。

［99］邱仁富：《文化共生论纲》，《兰州学刊》2008 年第 12 期。
［100］瞿静：《社区体育人力资源匮乏原因的探讨》，《南京体育学院学报》2006 年第 6 期。
［101］饶钢：《我国教育电视台发展模式之研究》，博士学位论文，复旦大学，2004 年。
［102］［日］横山宁夫：《社会学概论》，上海译文出版社 1983 年版。
［103］任保国、袁吉：《我国农村社区体育文化建设研究》，《吉林体育学院学报》2006 年第 4 期。
［104］任海、王凯珍等：《我国城市社区体育的发展模式——对我国城市社区体育的探讨之三》，《体育与科学》1998 年第 7 期。
［105］山东省住房和城乡建设厅：《山东省农村新型社区建设技术导则》，2011 年 3 月 3 日。
［106］申坤：《论新农村社区建设视野下乡镇政府职能转变的价值取向》，《安徽农业大学学报》（社会科学版）2012 年第 1 期。
［107］石良：《新农村社区建设新模式——“社区服务圈”》，《重庆科技学院学报》（社会科学版）2011 年第 20 期。
［108］单卓然、黄亚平：《“新型城镇化”概念内涵、目标内容、规划策略及认知误区解析》，《城市规划学刊》2013 年第 2 期。
［109］宋朝普、王玉等：《社会共生论视野下的当代中国新阶层分析》，《天府新论》2011 年第 2 期。
［110］宋秀丽：《新型农村社区体育研究：以东尉社区为个案》，北京体育大学出版社 2011 年版。
［111］苏国勋、张旅平等：《全球化：文化冲突与共生》，社会科学文献出版社 2006 年版。
［112］苏俊峰、宋明爽：《农村社会学》，中国农业出版社 1995 年版。
［113］孙加秀：《统筹城乡经济社会一体化发展研究》，电子科技大学出版社 2008 年版。
［114］谭政典、肖某文：《论体育与传媒的共生效应》，《广州体育学院学报》2000 年第 3 期。
［115］田雨普：《我国城乡群众体育统筹发展的战略》，《体育学刊》2008 年第 1 期。
［116］铁明太：《中国特色统筹城乡发展研究》，湖南人民出版社 2009

年版。
[117] 童星:《发展社会学与中国现代化》,社会科学文献出版社 2005 年版。
[118] 王海光:《企业集群共生治理的模式及演进研究》,经济科学出版社 2009 年版。
[119] 王欢:《基于集群理论的我国城乡群众体育发展研究》,博士学位论文,南京师范大学,2010 年。
[120] 王凯珍:《社会转型与中国城市社区体育发展》,博士学位论文,北京体育大学,2004 年。
[121] 王凯珍:《社区体育》,高等教育出版社 2004 年版。
[122] 王景全:《农村就地城镇化的有益探索——河南新型农村社区建设的调查与思考》,《洛阳师范学院学报》2014 年第 3 期。
[123] 王亮清:《新型农村社区公共体育服务"三个一"管理体制研究》,《河南科技大学学报》(社会科学版)2013 年第 6 期。
[124] 王麟:《后奥运时期体育与传媒共生效应探究》,《中国报业》2011 年 8 月。
[125] 王满福、魏烨:《美美与共:全球化背景下中西体育文化的共生》,《成都体育学院学报》2007 年第 2 期。
[126] 王旭、杨鸣亮等:《"城乡一体化"背景下四川农村体育发展研究》,《体育科技文献通报》2010 年第 12 期。
[127] 王璋:《走向城乡一体化:未来城乡群众体育发展的战略思考》,《体育与科学》2010 年第 1 期。
[128] 伍柳氏:《和而不同,多元共生——略论全球化背景下中国文化发展策略抉择》,《湖南社会科学》2011 年第 5 期。
[129] 吴能威、吴晴晴:《学区体育——社区体育发展的一种新模式》,《山东体育学院学报》2002 年第 2 期。
[130] 吴新叶:《社区管理学》,北京大学出版社 2008 年版。
[131] 邬玉波:《新农村建设中湖南乡镇体育发展模式的研究》,硕士学位论文,湖南师范大学,2007 年。
[132] 吴正中:《浅析体育与大众传媒的共生效应》,《辽宁体育科技》2005 年第 3 期。
[133] 武春友:《资源效率与生态规划管理》,清华大学出版社 2006

年版。
[134] 武俊昊、金向红等：《苏南城乡体育发展差异及一体化发展研究》，《体育科学研究》2012年第1期。
[135] 夏成前、田雨普：《新中国农村体育发展历程》，《体育科学》2007年第10期。
[136]《现代汉语大词典》（下册），汉语大词典出版社2000年版。
[137] 肖东生、石青：《基于共生理论的湖南“3+5”城市群区域合作研究》，《湖南社会科学》2011年第5期。
[138] 肖琳：《航运集群共生发展模式研究》，硕士学位论文，大连海事大学，2009年。
[139] 邢志广：《中国县域经济发展模式研究》，博士学位论文，哈尔滨工程大学，2006年。
[140] 徐东锋：《构建以农村学校为基地的农村体育发展战略思考》，《体育与科学》2008年第3期。
[141] 徐光平：《“十二五”时期协调推进新型城镇化与新农村建设研究》，《东岳论丛》2011年第8期。
[142] 徐士伟、谭小勇等：《建国以来我国群众体育与竞技体育关系演变研究——兼论后奥运我国群众体育发展的必然》，《南京体育学院学报》2009年第3期。
[143] 徐勇：《我国体育产业发展的理论研究与实证分析》，博士学位论文，武汉理工大学，2009年。
[144] 徐永祥：《社区发展论》，华东理工大学出版社2000年版。
[145] 徐振波：《从共生理论看城乡学校体育的协调发展》，《南京体育学院学报》（自然科学版）2010年第2期。
[146] 许芳：《企业共生论：和谐社会理念下的企业生态机理及生态战略研究》，中国财政经济出版社2006年版。
[147] 宣超、陈甬军：《“后危机时代”农村就地城镇化模式分析——以河南省为例》，《经济问题探索》2014年第1期。
[148] 薛明陆、刘一民等：《公民社会中新农村社区体育组织文化建设契机与策略》，《上海体育学院学报》2012年第5期。
[149] 薛明陆、刘一民：《新农村社区体育人居环境指标体系研究》，《北京体育大学学报》2013年第3期。

[150] 薛平:《资源论》,地质出版社 2004 年版。
[151] 杨洪辉:《建设新农村视野下的农村体育人力资源开发》,《体育文化导刊》2007 年第 10 期。
[152] 杨顺勇:《我国民办高等教育发展模式研究》,博士后学位论文,复旦大学,2005 年。
[153] 杨晓红、王春华:《奥妙植物学》,西南师范大学出版社 2007 年版。
[154] 杨小明、田雨普等:《城乡群众体育统筹发展的理论依据与现实条件》,《广州体育学院学报》2010 年第 1 期。
[155] 杨小明、田雨普:《传统文化视野下的农民体育辩证发展观》,《广州体育学院学报》2007 年第 1 期。
[156] 杨晓明:《中国农业循环经济发展模式研究》,博士学位论文,武汉理工大学,2010 年。
[157] 杨晓生:《中国体育现代化的基础理论研究》,博士学位论文,华南师范大学,2005 年。
[158] 杨忠伟:《当代体育的健康价值观》,博士学位论文,华南师范大学,2005 年。
[159] 姚林香:《统筹城乡发展的财政政策研究》,经济科学出版社 2007 年版。
[160] 尹宝成:《大众传媒与"阳光体育运动"的共生效应》,《传媒观察》2009 年第 8 期。
[161] 游祥斌、彭磊:《改革开放以来中国农村社会的结构转型及其意涵》,《中国行政管理》2008 年第 12 期。
[162] 余涛:《群众体育资源配置系统构建的理论研究》,《北京体育大学学报》2009 年第 12 期。
[163] 虞月君:《中国信用卡产业发展模式研究》,中国金融出版社 2004 年版。
[164] 俞可平等:《中国公民社会的制度环境》,北京大学出版社 2006 年版。
[165] 俞可平:《市场经济与公民社会》,中央编译出版社 2005 年版。
[166] 俞可平等:《中国公民社会的兴起与治理的变迁》,社会科学文献出版社 2002 年版。

[167] 袁广锋：《我国城市社区体育资源的现状与开发对策研究》，《首都体育学院学报》2003 年第 4 期。
[168] 詹成付、王景新：《中国农村社区服务体系建设研究》，中国社会科学出版社 2008 年版。
[169] 赵峰、孙庆祝等：《城乡体育公共服务一体化评估指标体系研究》，《吉林体育学院学报》2010 年第 6 期。
[170] 张春琳、王玉锋：《武汉城市圈体育旅游开发研究——基于共生理论》，《当代经济》2013 年第 18 期。
[171] 张国玉：《中国新型城镇化的推进路径："就地城镇化"与行政区划调整》，《四川行政学院学报》2014 年第 1 期。
[172] 张俊伟、苗苗等：《新农村建设中农村社区体育服务体系构建的发展模式探析》，《体育与科学》2011 年第 1 期。
[173] 张乃和：《现代公民社会的起源》，黑龙江人民出版社 2007 年版。
[174] 张诗亚：《共生教育论：西部农村贫困地区教育发展的新思路》，《当代教育与文化》2009 年第 1 期。
[175] 张清江、卢玲玲：《苏北农村社区体育多元化发展模式的探讨》，《山西师大体育学院学报》2006 年第 4 期。
[176] 张兴杰、游艳玲等：《农村社区建设与管理研究》，华南理工大学出版社 2007 年版。
[177] 张旭：《基于共生理论的城市可持续发展研究》，博士论文，东北农业大学，2004 年。
[178] 张占斌、张孝德等：《中国新型城镇化建设研究》，河北人民出版社 2013 年版。
[179] 张占斌、张青等：《城镇化发展的产业支撑研究》，河北人民出版社 2013 年版。
[180] 张志明：《基于共生理论的集群竞争力评价及其提升路径研究：安徽实证》，合肥工业大学出版社 2012 年版。
[181] 赵继伦等：《农村社会转型与农村教育》，东北师范大学出版社 2003 年版。
[182] 赵凌云：《湖北统筹城乡发展战略研究》，湖北人民出版社 2009 年版。

[183] 郑皓怀:《城市社区体育设施建设研究》,博士学位论文,同济大学,2008 年。
[184] 郑茂良:《社会学概论》,经济科学出版社 2006 年版。
[185] 郑宇:《统筹城乡视野下的中国农村体育发展研究》,博士学位论文,北京体育大学,2012 年。
[186] 钟霖、瞿静等:《社会主义新农村建设时期我国农村社区体育发展探析》,《北京体育大学学报》2008 年第 7 期。
[187] 张兆林:《非物质文化遗产领域的行业协会研究》,《美术观察》2015 年第 4 期。
[188] 中共十六届六中全会:《中共中央关于构建社会主义和谐社会若干重大问题的决定》,2006 年 10 月 18 日。
[189]《中共中央国务院关于进一步加强和改进新时期体育工作的意见》,2002 年 8 月 22 日。
[190]《中共中央关于完善社会主义市场经济体制若干问题的决定》,2003 年 10 月。
[191] 周金其:《基于共生理论的高校独立学院演变研究——以浙江省为例》,博士学位论文,浙江大学,2007 年。
[192] 周平、熊少波等:《高校体育资源服务农村社区体育现状及对策研究》,《广州体育学院学报》2011 年第 1 期。
[193] 周同芬、党晓虹等:《农村社区管理学》,知识产权出版社 2010 年版。
[194] 周涛、邱宗忠、任保国:《加快城乡结合部社区体育公共服务体系建设的几点思考》,《体育与科学》2011 年第 2 期。
[195] 朱寒笑:《中国城市体育休闲服务组织体系研究》,博士学位论文,北京体育大学,2006 年。
[196] 朱家新:《新时期农村体育发展理论与实证研究》,安徽大学出版社 2007 年版。
[197] 朱其忠、刘维兰:《中小企业的共生演化模式研究》,合肥工业大学出版社 2009 年版。
[198] 左学金、朱宇等:《中国人口城市化和城乡统筹发展》,学林出版社 2007 年版。

后　记

本书是在我的博士论文的基础上修改而成的。

本书选题过程中，与我的导师刘一民教授多次讨论、多次修改，刘一民教授对本选题给予肯定。在三年的博士学习生活中，刘老师总是在百忙之中抽出宝贵时间给予我们学术指导，并鼓励我们申报各种级别的课题，参加学术会议交流。刘老师在体育行为学和体育社会学领域有着很深的学术造诣，近年来致力于县域体育的研究，取得了丰硕的研究成果。刘老师严肃的科学态度，严谨的治学精神，渊博的学识，兢兢业业、孜孜以求的工作作风深深地感染和激励着我。在博士论文的撰写过程中从选题、开题、搜集资料，到调查问卷的设计、检验、发放、回收，再到数据的分析和处理，最后到撰写、修改、定稿，都凝聚了导师的智慧和心血，在此对刘一民教授致以深深的谢意。

本书的写作还受益于曲阜师范大学体育科学学院孙晋海教授、曹莉教授的指导和帮助！在三年的学习生活中，曲阜师范大学体育科学学院的众多老师在学术研究和日常生活中给予我无私的指引和帮助，使我能够在求学生活中用于面对困难和挑战，在逆境中奋力前行，能够顺利完成学业。曲阜师范大学体育科学学院的展利民副书记在本书调研过程中给予了大力支持，工作、生活在各地中小学以及乡镇政府的同学、师弟、师妹们在我调研中给予的大力支持，在此一并表示深深的感谢！

本书的后期修改工作是我博士毕业后回到工作单位——聊城大学体育学院之后进行的。其间本人一直跟刘一民教授和曲阜师范大学的其他老师保持密切联系，他们对本书的修改一直保持着高度的关注，并及时给予细节上的点拨。同时聊城大学各位领导、老师在本书的修改过程中也给予十分中肯的意见和建议，提供了宝贵的思路，在此表示深深的感谢！

本书在撰写过程中，我的爱人李新红女士无怨无悔地承担了孩子的抚养和教育以及所有的家务劳动，使我能够将全部精力灌注到本书的写作之中，并对本书的思路、观点提出了宝贵的建议，在稿件的校对中也付出了大量的心血，夫妻同心，其利断金，感谢我的爱人！

本书能够顺利出版，得到了中国社会科学出版社卢小生编审的许多帮助和指导，卢先生在书稿的格式、规范以及内容等方面均提出宝贵的意见和建议，并为完善本书提供了充足的时间，使本人能够在书稿的撰写过程中精益求精，在此表示衷心的感谢！

本书的撰写过程中参考了许多前辈、学者的研究成果，为本书的写作提供了选题依据、成果借鉴，提升了本书的学术价值，在此一并表示感谢！

新农村社区建设刚刚起步，新农村社区体育发展实践尚处于探索之中，新农村社区体育的研究领域依然存在着许多空白等待我们去填充，对农村社区体育的发展研究任重而道远，路漫漫其修远兮，吾将上下而求索，我将继续努力在新农村社区体育发展的研究领域奋力前行！

虽然我在本书的写作过程中倾注了大量的心血，并几经修改，但因本人学识、能力所限，本书中存在问题、偏颇甚至错误在所难免，希望广大同行不吝批评指正。

薛明陆

2017 年 1 月 11 日